「日系」をめぐることばと文化

移動する人の
創造性と
多様性

松田真希子・中井精一・坂本光代 編

Kurosio

くろしお出版

はじめに

　この本は、「日本」につながりがある人々の「移動」に注目した本です。「移動」による課題と解決のための議論をここで共有します。そして、今、日本に住んでいるすべての人と、日本国外に住んでいる日本語につながるすべての人がよりよく生きる（Well-being）ための活動へとつなげるための本です。この本は、次のような方々に読んでいただきたいと思っています。

　・言語的・文化的に多様な社会に関心がある人
　・言語文化教育（特に継承語教育）に関わっている人
　・自分は言語的・文化的に多様な社会に生きていると思う人

　今、私たちは「移動」の時代を生きています。20 世紀から交通通信技術が大きく発達したことで政治経済等が地球規模で行われるようになりました。さらに、2020 年にはじまった COVID-19 の流行によって仮想世界が一気に私たちの中心的な生活の場となりました。仮想世界でのコミュニケーションやコミュニティを前提とするデジタル社会では、どこで誰と住んでいるかだけが自分自身を説明する唯一のカテゴリーではありません。また「移動」も、空間（現実・仮想）の移動だけでなく、参加するコミュニティ間の移動や、価値観の移動など、いろいろな「移動」があります。

　今、世界には「移民」と呼ばれる国際移住者が増えています。2022 年の国連の発表（World Migration Report 2022）によると、出身国以外で暮らす人々の数は、1975 年は 8,500 万人（世界人口の 2.3%）でしたが、2020 年には 2 億 8,100 万人（世界人口の 3.6%）と推定されています。このような「移動」の時代では、言語的・文化的な多様性が日々目に見える形で現れてきます。しかし今、多くの社会で、こうした言語的・文化的多様性が歓迎されず、異質性の排除や分断に向けた動きが見られます。

　日本の現状に目を向けてみましょう。日本は現状では積極的な移民政策をとっていません。人口に占める外国人比率も 2.2% と主要先進国の中で最も

比率が低いです。とはいえ、2021 年時点で外国人登録者数は 282 万人です。10 年前に比べ、約 80 万人増えました。特に技能実習や専門的技術分野といった在留資格の、就労人材としての外国人数が増えています。

そのような中、日本では外国人住民のための公的な支援制度を整備しています。例えば、2019 年に「日本語教育の推進に関する法律（日本語教育推進法）」が施行されました。この法律により、日本語ができない人が日本語を学ぶ権利が保障されました。しかし、この法律からは「日本に住むからには日本語ができなければならない」というイデオロギーも感じられます。日本は、日本語社会への同化や排除の圧力が強い国かもしれません。

日本語以外を主要な言語レパートリーとして生きている住民の中には、日本で暮らす中で生きづらさを抱える人が少なからずいます。今、地域や学校の現場では、多様な背景をもつ人が参加しやすい環境づくりのための挑戦が続いています。その挑戦の担い手になる人々が求められています。

この本の著者らは、そうした「移動」の時代に、日本語をレパートリーの一つとして持つすべての人たちが、言語的・文化的多様性を保ちながら、平和に、かつ創造的に暮らしていくためのヒントを「日系」のことばと文化の活動に探しに行きました。

「日系」とはどのような人のことでしょうか。一般的に「日系人」とは、日本以外の国に移住し、その国の国籍または永住権を取得した日本人、そしてその子孫を指します。2021 年の統計では、世界には 134 万人の在留邦人がいます。そのうち 81 万人が長期滞在者で、53 万人が永住者です。しかし、現在は移住の形態が多様化しています。中長期の移住を繰り返す人もいます。血のつながりがなくても「日系」移住地などで、日本語をレパートリーの一つとして生きている人たちもいます。日本に暮らす「日系」人もいます。そのため、この本では「日本」とつながる人を広くとりこむ意味でカギカッコつきの「日系」としました。

この本で特に注目する「日系」人は、南米に永住している人とその子孫です。約 200 万人の「日系」人がいる南米大陸では、100 年以上の長い移住の歴史の中で、ことばと文化の理想的な共生のための挑戦が行われてきました。その挑戦には、「日本」のことばや文化とどのように「つながり」、新しいことばや文化を「つくり」、その枠組みを「超えていく」のかの知見にあ

ふれています。しかし、それらの挑戦も知見も、日本では十分に共有されているとは言えません。そのため、この本では、日系人の葛藤と挑戦、創造的な教育実践、既存の考え方に対する批判的展開をできるだけわかりやすく読んでもらうことを大切にしました。

　第1章（松田）からは、南米の「日系」の社会の特性やそこで行われることばの教育の多様性と創造性についてのイメージを得られると思います。第2章（トムソン）は、世界の「日系」の多様性や、これからのことばの教育を考える上での重要な論点を提供してくれます。第3章（福島・長谷川）は、移動する「日系」人の生き様と葛藤についての理解を深めてくれます。第4章〜第12章は、「日系」人のアイデンティティ形成と教育に関する葛藤と挑戦（第4章伊澤、第5章坂本、第6章水上）、「日系」の子どもたちの創造的で多様なことばの教育に関する実践（第8章三輪、第9章中島・櫻井）、「日系」のことばと文化の創造性と多様性に関する調査や論考（第7章定延、第10章中井、第11章白石、第12章ロング）が寄せられています。どの章も、これまでの研究や実践の歴史を踏まえつつ、独自性の高い調査研究によって、新しい研究上の知見や、発展的な提案がされています。最後の第13章（尾辻）と第14章（岡田）は、ことばと文化の見方を根本的に見直すことに挑戦しています。抽象的な内容が多いため、少し現状理解が進んだあとで読むことをお勧めします。

　そして、3名の当事者（松崎、サウセド金城、寺本）によるコラムもまた、「日系」人の創造性と多様性についての理解を深めてくれるでしょう。

　この本を読むことで、みなさんが、どうやってよりよい社会をつくっていくか、どうやって生きていくかのヒントを見つけてもらえれば、こんなにうれしいことはありません。この本がみなさんの「Well-being の発酵のもと」であることを願います。

松田真希子

目　次

目 次

第1章 南米日系日本語教育の創造性と多様性

松田真希子

キーワード

教育的トランスランゲージング（TLP）、ZPD、コミュニティ活動、
EGIDS

1 はじめに

　20世紀初頭から半ばにかけて、日本政府の移住支援を受けて南米大陸で集団移住が行われた南米大陸では、1910年代から日本語教育が行われてきました（Moriwaki & Nakata, 2008）。初期の日系移民はまず日本人会を結成し、直後に子どもの教育のための学校を開きました。その後、会館、病院、農協などが徐々に組織化され、コミュニティ（移住地）が整備されていきました。今でも多くの日系移住地では、日本語学校や体育館などの文化体育施設が維持されています（写真1、写真2）。そして南米には政府公認の日系の小中学校も数多く、日本語学校の生徒は日系4世〜5世が中心となり、そこでは非日系の学習者も増えています。

写真1　パラグアイピラポ移住地
　　　　航空写真（ピラポ資料館所蔵）

写真2　ピラポ日本語学校
　　　　（2017年11月筆者撮影）

　南米日系社会の日本語教育は、当初、生徒は日本語が話せることが前提で行われていました。そのため日本の国語の教科書を使用して、読み書きが中心的に学ばれました。国語教育としての教育だけでなく、道徳といった情操教育、移民の歴史や伝統文化学習なども行われていました。Moriwaki & Nakata（2008）によると、1970年代までは日系1世の教師が中心となり「日本人育成」「精神文化の伝承」が基軸となっていましたが、1世から2世への教師交代、日系人の都市への流動、異民族結婚の増加など、様々な要因によって学習目的が実利性を重視したものへと変わっていきました。

　2022年現在、戦後移住者が多い一部の南米地域を除き、日本語を話す家庭は非常に少なくなりました。1980年代を最後に、日本政府の施策としての南米移住は終了し、集団移住者はいなくなりました。1世の移住者も高齢化し、1990年代以降のデカセギブームで多くの日系人が南米を離れました。

　現在、南米の日系人が運営する青少年向けの日本語学校（以下、日系日本語学校）では、『みんなの日本語』『まるごと』などの日本語教科書を使った「外国語としての日本語教育」が中心に行われています。その一方、日系コミュニティでは日本的な文化行事が今でも熱心に行われています。盆踊り、運動会、敬老会、野球、和太鼓、お話大会などです（写真3）。「非日系」と呼ばれる日系人ではないブラジル人と共同開催するお祭りもあります（写真4、写真5、写真6）。日系日本語学校では、子どもたちはこうした行事の主役です。本書第6章でも述べられているように、南米日系社会では、子どもたちがこれらの文化行事の担い手となり、日本的な文化や価値観、移住の歴史を学ぶことが非常に大切にされています。日系・非日系を問わず、その地域に暮らす人たちが日本語・日本文化学習を通じて日系社会が大切にしてきたことを学ぶ教育を「人間教育としての日本語教育」（渡辺・松田 2019）と呼ぶことがあります。

写真 3　ボリビア・オキナワ第一日ボ校
のお話大会（2017 年 9 月筆者撮影）

写真 4　ブラジル・アチバイアの花祭り
（2017 年 8 月筆者撮影）

写真 5　日本料理が提供される婦人会
レストラン（2017 年 8 月筆者撮影）

写真 6　しおりに日本語の文字を書く
生徒たち（2017 年 8 月筆者撮影）

　しかし、南米日系社会の日本語教育は、世界の日本語教育の中で見た場合、遅れているという文脈で語られがちです。柴原（2016）はブラジルの日系社会の日本語教育について「文字指導中心の教育が行われており、コミュニケーション能力の育成にはつながっていないこと、文化学習の面では、時間厳守や礼儀など日本的な倫理観を重視することにより、日本社会の理想化とその対比としてブラジル文化の軽視を助長する危険性がある」と課題提起しています（柴原 2016: 93）。そして、認知発達と言語習得の 2 つを視野に入れた学習方法と、日系という文化的背景を共有する年少者と日本に興味を持つ日系以外の年少者がともに学ぶ、ブラジルの環境に合った異文化理解能力の養成を提案しています。文字指導中心の教育や日本的な倫理観の重視は、ブラジルだけではなく、南米の日系日本語学校の各地で見ること

ができます。例えば、パラグアイ
のイグアス日本語学校でも国語の
教科書を使用した文字指導中心の
教育や日本的な倫理観を重視した
教育が見られます（写真 7）。

写真 7　パラグアイ・イグアス日本語
　　　　学校（2017 年 11 月筆者撮影）

　果たして、日系社会の人間教育
としての日本語教育は「時代遅れ」
なのでしょうか。筆者は 2017 年
に約 1 年間南米に滞在し、各地
の日系移住地の日本語学校を見学

しました。その時、日系移住地で行われている人間教育としての日本語教育
は、教育的トランスランゲージング（Translanguaging Pedagogy, 以下
TLP）とよく似ていると感じました。TLP は García & Li Wei（2014）
が提案したトランスランゲージング（Translanguaging, 以下 TL）を言語
教育に適用した比較的新しい言語教育の考え方です。トランスランゲージン
グとは、複数言語話者が個別の言語の枠組みにとらわれずに、創造的・批判
的に言語活動を行うプロセスを指します。

　そこで、筆者は南米の日本語教育に関わっている先生方に声をかけ、TLP
の理念と実践について書かれた García et al.（2017）の *Translanguaging
Classroom* という本の読書会を行いました。そして、その感想を分析し、
さらに参加者から感想を聞きました。それにより、南米の抱えている日本語
教育の状況と、TLP の課題が浮かび上がってきました。そこで、本章では
まず TLP の基本的な考え方を紹介します。次に、南米で日系人を含む年少
者への日本語教育にかかわっている 13 名の方と読書会を行った結果、どん
な意見が出たかを共有します。それにより、南米の日系日本語教育のどのよ
うな特性が浮かび上がってきたのか、そして、そこから今後の南米の日本語
教育の方向性について提案したいと思います。

2　教育的トランスランゲージング（TLP）とは

　教育的な TL には、主に 4 つの目的があります。（García et al., 2017）。

　1つ目の目的は、学習者が複雑な内容や文章を理解できるように支援することです。これまでの一般的なバイリンガル教育では、ある言語を学ぶ時はその言語だけを使い、別の言語は混ぜないことが重要視されていました。混ぜたら得意なほうの言語に頼ってしまい、学習言語が上手にならないと思われていたからです。TL は、そうした考え方に反対します。教育学の重要な考えに ZPD（発達の最近接領域）という考え方があります。ZPD とは「ひとりでできること」ではなく、「支援を受けてできる領域」のことで、教育は、いかにこの ZPD を拡げ、新しいことができるように支援するかが大事だと考えられています。そのため、TL では ZPD を拡げるため、学習者の持っている言語リソース全てを使い、複雑な内容にアクセスできるように支援します（詳しくは、本書第 9 章参照）。

　2つ目の目的は、アカデミックな文脈での言語実践の力を伸ばす機会を与えることです。居住先の主要言語だけに依存せず、彼らの言語リソース全てを使う機会を提供します。もし学校で TL が認められていない場合、バイリンガルの学習者は、彼らの言語レパートリーの一部でしか評価されないため、不利な立場に置かれることになります。そこで、TL では、バイリンガルの学習者に公平な教育と評価の実践の場を作り出すことができるようにします。

　3つ目の目的は、学習者のバイリンガリズムと知識獲得の方法のための場を作ることです。TL では、学習者が言語そのものについて批判的に学ぶことができます。それにより、言語には社会的、政治的、イデオロギー的な側面があることを理解するといった、批判的なメタ言語的認識を育むことができるようになるというものです。

　4つ目の目的は、バイリンガル・アイデンティティと社会的な情緒の発達を支援することです。社会的な TL の教室では、全てのバイリンガルの学習者が自分のことばで話し、学問的な会話や作業に全面的に参加できる場を作ることで、誰もがより公正な世界の創造に積極的に参加できる模範となれることをめざします。モノリンガル版の社会に挑戦し、言語の間に立ちはだかり、権力のヒエラルキーを生み出す社会的に構築された境界線を打ち破ることができるようになることを理想とします。

　García et al.（2017）は、これら 4 つの目的は全て社会正義と密接に結

びついていると述べています。

　バイリンガル研究で有名な Cummins（2021）は、TL には二つの流れがあると述べています。一つは Unitary Translanguaging Theory（以下 UTT）、もう一つは Crosslinguistic Translanguaging Theory（以下 CTT）です。UTT は、社会的・政治的に定義された言語の境界をないものと考え、認知的な言語能力を前提にしません。一方 CTT は、人間の頭の中には認知的な言語があることを前提とします。今回の読書会で使用した García et al.（2017）の TL は、CTT に基づいています。CTT では一般言語パフォーマンス（General Linguistic Performance; GLP）と特定言語パフォーマンス（Language Specific Performance; LSP）の二つを分けて考えます。GLP は言語の境界なく話者の頭の中で起こりますが、実際に人とコミュニケーションをする時には特定の言語（ポルトガル語、日本語）で行われると考えます。

3　読書会参加者と地域の日本語使用状況

　今回の読書会は、2021 年 9 月から 3 ヵ月かけて行われ、南米 7 ヵ国から 13 名が参加しました。全員、日本語教育に関わっている方です。13 名中 7 名（表 1 内の下線）は南米生まれ南米育ちの日系 2〜3 世で、現地語と日本語のバイリンガルです。

　参加者の住んでいる地域の日本語使用状況は多様性があります。そのため、言語政策のスケールである Lewis & Simons（2010）の Expanded Graded Intergenerational Disruption Scale（EGIDS）にあてはめて紹介します（表 1）。このスケールは、マイノリティ言語が世代間でどの程度消失しているかを表す指標です。Stage 0 から 10 まであり、10 が完全に消失した段階です。日本語は世界的に見て消滅危機言語ではありませんし、デカセギ労働者の日本と南米の往還やインターネットの発達による日本語インプットなど、南米日系社会での日本語保持を促す別の要因もありますが、ほとんどの参加者が Stage8〜10 の地域に住んでいます。

表 1　研究協力者の主な居住地域属性と EGIDS（消滅危機の程度）

EGIDS	主な居住地域とその属性
Level 6a (Vigorous) 日本語が全世代で口頭で使用されている。日本語は子どもにとって第一言語。	ピラポ（パラグアイ）。日系戦後移住地。日系人口は約1000人。日系の公教育の学校はないが、日本語学校で母語・継承語としての日本語教育が行われている。（参加者：堀川）
Level 6b (Threatened) 全世代で口頭で使用されているが、親世代の一部だけが子どもに日本語を継承。	サンフアン（ボリビア）、オキナワ（ボリビア）。サンフアンの日系人口は 700 名、オキナワは約 1000 名、（福井 2017）。移住地内に公教育を行う日系の学校があり、日本語教育が行われている。オキナワでは琉球文化の保持も行われている。（参加者：本多、牧野）
Level 8a (Moribund) 祖父母世代だけがアクティブな日本語話者。	ブラジル・パラナ州マリンガなど。戦後に日系人が多く移り住んだ農村部。日系日本語学校には日系 3 世〜4 世の子どもや非日系の青少年が通っている。（参加者：横溝、古沢）
Level 9 (Dormant) Level 10 (Extinct) 日本語を使用する機会がほとんどない。	サンパウロ（ブラジル）など南米都市部。移民の言語としての日本語はほぼ消滅し、遺産言語となっている。日系人が設立した公教育の学校、日本文化教室、日本語学校は残っている。（参加者：末永、中島、松原、淀、野沢、ノゲイラ、長谷川、山本）

　オンライン読書会では、全ての章を筆者が説明し、グループディスカッションを行いました。読書会の様子は、動画として記録しました。読書会が全て終了するまで、筆者は本についての意見は言いませんでした。今回の読書会では（1）本の内容についてのコメント、（2）自分の実践を振り返ってどう思ったか、（3）他の人と議論をしてどう思ったかを聞きました。最終回には簡単なアンケートも行いました。そして参加者の発話データを文字化しました。得られたテキストデータを NVIVO というソフトウェアを使ってオープンコーディングを行いました。次の節では、代表的な意見を紹介します。

4　読書会の感想によって見えてきた南米日本語教育の特徴

4.1　TL と親和性が高かった時代は過去のものとされている

　読書会の感想の分析の結果から、TL の理念や目的は南米の日本語教育にはなじまないと考えている人が多いことが分かりました。その理由は、大き

く3つに分けられます。1つ目は南米では現地語化が進んでしまったため、南米で日本語学習を「よりよく生きていくためのエンパワーメント」として捉えられる段階にないということ。2つ目は、日系人を含め日本語を学べているのは経済的に豊かな人に限られ、日本語をレパートリーとして獲得することは付加的に文化資源を増やすことであるため、社会正義とは逆の方向性であるということ。3つ目は、現代の南米において日系人は社会的な地位が低くない、むしろ尊敬されている民族であるという考え方から、アメリカにおけるヒスパニックの社会正義のためのTLという文脈とは異なるということです。これらの意見はEGIDSでLebel 8以上の参加者の共通見解でした。以下発言を紹介します。なお、カッコ付きのものは発話を文字起こししたもの、カッコなしのものはテキストで寄せられた感想です。

[1]「日本語教育っていうのは本当にエリートの教育っていうか。Lingua addicional というか。それでソーシャルジャスティスかというと違うと思うんですね。私たちは日系人で日本語に慣れているから、日本語学校に行くことが当たり前になっていますが、よく見れば日本語学校に行けてない日系人もいっぱいいるんです。行ける人しか行ってないと思うんです。」（松原）

[2]「社会正義のための教育」と考えた時、イデオロギー的にどこまで南米に通じるのかは疑問です。南米は欧州や北米から搾取され続けている歴史があることや、民族構成や移民の受け入れ方も違います。TLはヒスパニック系が多いアメリカ社会での教育実践や社会的正義が前面に出ていますが、アメリカ社会が持つ、価値観、歴史、思想も中核に包括されていると思うので、そこから具体化されて出てきた案や道具を、南米で使用するには、適宜修正が必要かと思いました。（中島）

[3] アメリカでTranslanguagingが生まれた社会的背景と南米のそれとは違うので、ベネズエラでそのまま使うにはいくつか気をつけるべき点があるのではないかなと思った。まず、社会正義などの思想が強すぎる。ベネ（ベネズエラのこと）の生徒は別に自国の言語や文化を軽んじているわけではなく、純粋に日本文化や日本語が好きで入ってきているため、根本的にアプローチが違う。（野沢）

　また、日系として幼少期を過ごした参加者の中からは、TL が対象としている状況は自分が学習者だった時の状況に近いという発言も聞かれました。松原さんはコミュニティ言語の中で幼少期を過ごした子が学齢期でマジョリティ言語社会に巻き込まれ、適応できず苦しむという状況は 1960 年代のブラジル日系社会に似ていると言いました。それを裏づけるように、日本語使用者が多い（Level 6a）ピラポの堀川さんは今まさに TL が必要だと述べました。牧野さんも TL の実践に前向きでした。実際の発言を紹介します。

[4]「今エスピリトサントで 7 年生の教員をやってるんですけど、私の 1 年生の娘の 14 人のクラスメートの中で、日系人が 12 名なんですね。12名のうち 2 名がどっちかがパラグアイ人で 10 名が全く日本語で話している人たち、2 名はパラグアイ人で家ではグアラニー語を話すんでみんなスペイン語が弱い子なんですけど、一番いい成績の子が表彰されるんですね。そこで表彰されるのがみんな日系人なんですね。スペイン語も分からないのにどうして表彰されるのかというと、宿題ちゃんと出してるからなんですね。暗記度と提出度なんですね。それが中学校に上がってくると発表しないといけなくなる。宿題やっても発表しないといけない。スペイン語ができないので成績が高くならない。だから 12 名いる日系人たちにスペイン語を自分のものにしていくのにトランスランゲージングはいいと思う。日本語は消えていかないと思うんですが、トランスランゲージングによって考えさせる授業をやって、ことばをまぜて、スペイン語を身につけさせたいと思う。」（堀川）

[5] TL 実践は南米でもできるんじゃないかと思った。TL のスタンス・デザイン・シフトを自分なりに実践してみるのがいいのではないか。それを実践報告して議論する中で南米の TL モデルができるのではないか。文化教育、人間形成的な教育の中で TL 概念を使ってできるのではないか。まずは日系社会に対して批判的になると良いのでは。（牧野）

　そのため、参加者の語りからは、南米の日本語教育は、昔は日系社会がアクティブで、移民の社会正義としての言語教育の枠組みで捉えるべき状況にありましたが、現在はそのニーズがなくなってしまっていると言えます。

4.2　TL では高度なバイリンガルは育たない

参加者からは、TL では高度なバイリンガルは育たないという懸念を示す人が多く見られました。今回の本で紹介された実践は、大学レベルで必要なリテラシーを身につけるには甘いということ、また、実際にその教育を受けてきた学習者が、社会に出て、どこまで社会の矛盾や差別に立ち向かっていけるのかという不安も示されました。

[6] この Pedagogy で本当に高度なバイリンガルが育つのかという点に疑問を持ちました。Translanguaging Pedagogy のスタンスで授業をデザインするのは素晴らしいことだと思います。しかし、この本のシフトの例では、高度なバイリンガルに到達するにはほど遠いように感じました。（末永）

[7] 学校内、教室内で社会に対して批判的になることや、今いる世の中は多様であることを伝えていっても、実際にその教育を受けてきた学習者が、社会に出て、どこまで社会の矛盾や差別に立ち向かっていけるのか、また批判的に捉えることができるのかが不透明だと思いました。（牧野）

4.3　TL の要素は南米日系社会の日本語教育に既にある

次に、南米日系社会の日本語教育の中に TL の要素は既にあるという意見が多く聞かれました。しかし、感覚的に行われており、戦略的に行っているわけではないという意見でした。

[8] ふと、うちの文化授業で、やり方は違いますが、少し似たようなことをした覚えがあります。文化授業の生徒は年齢も能力もバラバラです。主に文化を理解してもらいたいクラスなので、さほど日本語には力を入れていないのですが、聞き慣れてもらいたいのでなるべく日本語で話しかけ、でも内容を理解してもらいたいので主にポルトガル語で説明しています。移民学習をした時に、イラストで歴史の流れを説明し、あとは

それぞれのレベルでプリントを用意しました。ポルトガル語、簡単な日本語、もう少し難しい語彙の入った日本語を使った 3 つの種類の文章とプリントを用意し、それぞれのレベルに合わせて学習してもらいました。一番進んでいる子たちだけは辞書を使って自分でやってもらう形で、あとは教師がサポートをしながらしてもらいました。（長谷川）

［9］しかし、「社会レベルでの社会正義」を目標とした教育実践だったかというとそのようなことはありません。なぜなら、そこまで意識して実践を行っていないからです。（牧野）

筆者は南米の日系社会の日本語教育は TL ではないかと感じていたので、この感想は私の予想と一致していました。しかし、参加者が、自分たちの実践に TL の要素を見出す際、学習者の言語レパートリーを全て使用して教育実践を行う点に、共通性を見出す傾向がありました。そして、スタンスに支えられていないこと、また戦略的なデザインやシフトはなく、社会正義はあまり目指されていないというコメントでした。参加者の TL のイメージは、内容統合型言語学習（CLIL）に近いかもしれません。

4.4　文化教育であれば南米でも TL が実践できる

最後に多かった意見を紹介します。それは、TL は日本語の授業ではなく文化の授業なら実践できるという意見でした。その理由は、日本語の授業ではできるだけ日本語だけを使ってもらいたい、日本語の文型を積み上げて教える方法に TL が合わないということでした。しかし、文化授業であれば、現地語と日本語がミックスで行われることが多く、すでに「TL 的」であるようです。

［10］文化授業や意見交換などをする場の日本語教育で TL の実践をしてみたいと思いました。日本語能力を伸ばすという点ではまだうまく TL の実践の適用が見えないのですが、文化授業や、何かを日本語で討論する時に TL を通して生徒たちに理解してもらう、表現してもらえるかなと思いました。（長谷川）

[11] 南米の日本語教育は、私の見ている限り、まだ文法積み上げや読み書き中心の教育が多いように感じます。このような教育にTLの概念を入れて、実践を考えようと言っても、難しいような気がします。なぜなら、文法を教える、読み書きを教える授業において、どこでTLを生かしたらよいか分からないからです（私は分かりません……）。また、コミュニカティブな教育実践をされている場合も、「日本語の授業では日本語で話させる」といった思いが強いと思うので、そこに、「あなたの持っている言語を使って話してもいいよ」とはなりづらいと思います。そのため、無理に日本語を教える中にTLの概念を組み込まなくてもいいのではないかと思いました。（牧野）

5 今後の南米の日本語教育はどうあるべきか

　前節の参加者の意見をまとめると、南米の日本語教育では、EGIDSが6である一部の日本語が残る地域を除いて、TLは該当しないということになります。そして、現地の学校の教科教育、日系日本語学校での文化学習など、日本語授業ではない授業でならTLは可能ということでした。

　筆者は、これらの意見には反論があります。EGIDSが8以上であっても、日系コミュニティがまだ存在するのであれば、日本語を含むTLPは実践可能かと思われます。そして、その際に重要なのは、今は別々になっている文化学習と日本語学習を統合することだと思います。南米日系社会は、20世紀後半、日系人子弟の学習者層が3世に移行し、家庭内言語での日本語使用率が下がっていても、日本語の口頭能力もリテラシーも身につけた学習者が多く存在します。日系3〜4世であっても高度な日本語力を口頭でもリテラシーでも維持する人口が世界に比して多いのが南米です。その日本語力を支えていたのは、日系日本語学校を起点とする日系コミュニティ活動と連動した人間教育としての日本語教育だと思われます。

　しかし、1990年頃から日本語科目と文化学習は分離し、日本語科目では文型重視の外国語教育が中心に行われるようになってきました。外国語としての日本語教育にとり替わってしまったことで、社会的な文脈から切り離された教室内での形式的な日本語学習と文化学習に分けられてしまいました。

そして、国語教育を行う教室も非常に少なくなりました。伊澤（2019）の調査にあるように、外国語教育としての日本語教育が行われている移住地の子どもたちの日本語力は非常に低いです。そして渡辺・松田（2019）の報告にあるように、昔ながらの伝統を守りながら人間教育を行っている日系移住地の子どもたちの日本語力は高いです。

　筆者は、人や地域（社会的文脈）と切断された「頭を使う学習」では道具としてのことばの力はつくかもしれませんが、「人とつながり、よりよく生きるためのことば」は身につかないように思います。ことばは人やコミュニティと切り離して存在しません。特に子どもの頃は、多くの人がかかわる現場依存性の高い活動により、できることが拡張していくはずです。TL は社会正義を志向するため南米には合わないという意見も多く見られましたが、あらゆることばの教育は、Well-being（よりよく生きる）を志向し、対話的に社会をつくる人を増やすことが目指されるものです。家庭のレベルから国家のレベルまで幅は広いですが、日系移住地のようなコミュニティも社会です。

　日系社会の日本語教育の優れたところは、日系コミュニティの活動とことばの教育が一体化した点にあったと思います。日系コミュニティの活性化を担っていたのが日本語学校の子どもたちでした。日系社会で毎週のように行われるお話大会、運動会、敬老会などの行事では、子どもたちを主役にし、いろいろな大人や仲間が支援者として参加します。そこでは、日本語やいろいろな言語が飛び交います。これらの活動の中で、子どもたちはコミュニティの成員として自分を位置づけ、「人や社会とつながることば」を獲得しています。日本語学校の教師は、子どもたちがその活動にうまく参加できるように内容面・言語面を支援します。そして「コミュニティの一員となっていくことへの意義」を感じた子どもたちは将来の日系社会の担い手となっていきます。子どもたちは多くの場合、日本語学校を卒業すると都市部の学校に進学します。しかし週末には移住地に帰省して学校の運営を手伝ったり、コミュニティの行事の運営を手伝ったりします。時には教師として関わる卒業生もいます。そして最終学歴を終え、移住地に戻って家庭を持った場合、自分たちの子どもを日本語学校に通わせ、親として学校の行事を手伝います。そしてコミュニティ運営を担う存在へと変わっていきます。

　筆者は日系社会の日本語教育とTLとの類似点は、子どもたちが支援を受けながらコミュニティ活動に公正なメンバーとして参加できるように、教師や家庭やコミュニティメンバーが「全員で一緒に」あらゆるレパートリーを使って活動している点だと思います。日系移住地という地縁コミュニティの活動をベースとした、自立共生（コンヴィヴィアル）（イリイチ2015）型の日本語教育は、南米日系日本語教育の大きな特性です。ただし、自分たちの活動や実践を批判的に検証する点に課題があるようです。そのため、今後は自分たちの教育をいかに戦略的にデザインし、批判性も盛り込みながら実践し、評価していけるかが重要ではないかと思います。つまり、従来南米の日系社会で行われていた子どもたちのコミュニティ活動や人間教育をTLPの観点で再評価し、再構成していくことが南米の子どもたちのことばの教育の理想形ではないかと思うのです。

　また、TLでは高度なバイリンガルが育たないという意見が見られましたが、「高度」とは何を意味するのかということへの問い直しも必要かと思います。重要なことは、どんな豊かな言語活動ができるかであり、それを実現する言語が何語であるかは重要ではないと思います。言語の境界を超えて、あらゆるレパートリーを使用しながら全人的に学んでいくことで、豊かな活動ができる領域が広がっているのであれば、TLでの学びは認知的な面において「高度」になりえると言えます。しかし、現状の社会では個別言語でのパフォーマンスしか評価されていません。TLの実践ではことばの力の評価もTLで、つまり彼らのもつ言語レパートリー全てを使って行われること、彼らの言語的文化的多様性が保証された環境を学校の中に整備することが非常に重要です。

　TLで評価することと関連し、南米の日本語教育においては日本語と現地語の混合言語であるコロニア語の再評価が必要だと思われます。コロニア語は1950年頃、日系社会で肯定的に受け入れられていたそうです。しかし20世紀末に日本からきた日本語の専門家（野元菊雄氏）が劣った言葉と評したこともあり、コロニア語のイメージは悪くなりました（中東2018）。20世紀末にコロニア語が評価されなくなったことは、日系社会の日本語教育の独自性が失われていったこととも連動しているかもしれません。

　日本語教師は子どもたちや地域の創造的な言語活動を承認し、共有する教

育を心がけることが必要だと思います。読書会の参加者の横溝さん（アチバイア）は、学習者が「Tabetou?（食べた？）」「Tabetei（食べた）」と日本語の「食べる」とポルトガル語の過去時制を合わせて会話していることを教えてくれました。このエピソードから、南米の日系社会で日々起こっている創造的なことばの活動を覗くことができます。日本語教師は子どもたちのこうしたやりとりを「そんなふうに日本語とポルトガル語を混ぜたらだめ」「そんな言い方はきれいな日本語じゃない」と訂正するのではなく、「その言い方はいいね」と認めたり、「他にどんな言い方がある？」と促していくことが大切だと思います。創造的な言語活動を承認し、支援することも TLP のスタンスに含まれています。

6 おわりに—南米日系日本語教育の過去に学ぶ必要性—

　本章では TLP を紹介した後、南米の日本語教師たちへの TLP の読書会での意見の分析結果について述べました。後日、この原稿を教師と共有したところ、興味深い意見をもらいました。特に興味深かったのは、1990 年頃、継承日本語教育が今のように外国語教育と文化教育に分離した理由は日本からの日本語教育支援の影響ではないかというものです。

[12] 個人的には、自分を含む南米の外から来た支援者が、外国語としての日本語教育をうたって研修等の支援をしてきたことは、南米の先生方が「国語教育や継承語教育じゃだめだ」と考える気持ちを助長したのではないかと思っています。もちろん、それによって先生達は指導技術を身につけ、効果的に覚えさせる方法は前よりは上達したと思うんですが、南米の多くの現場を見ると、文化行事やイベントは、日本語を使い、人として成長するための場所としての機能があって、そこと日本語教育はくっついていたのに、完全にその文脈を切り離してどうやって日本語を教えるかを工夫することが重要視されるようになっている。そういうふうに先生たちの価値観を変えてしまったことは、なんか罪深いんじゃないかと思っています。（中島）

　南米日系社会は、1980年頃から日本政府の支援を受け、日本に日本語教育研修生を送り、日本から日本語教師や専門家を受け入れてきました。その過程で「日本という正統性の高い国から来た正統な日本語教授法のほうが日系社会の日本語教育より優れている」というイデオロギーが生まれたのかもしれません。そして、もともと移住地の日本語教育の中にあったよい言語教育の伝統が置き換えられてしまったのかもしれません。南米に限らず、日本から来た日本語教育の知識や技術が海外の日本語教育現場に植民地のように移転されるケースは少なくないように思います。その一方、北米や欧州、豪州は、現地の言語教育観などに影響を受け、独自の日本語教育文化が発達し、日本の日本語教育にも影響を与えているように見えます。南米はコミュニティ活動との連動や人間教育の点で先進性があったにもかかわらず、その先進性を自ら承認しないまま、そして外部からも承認されないまま、外国語としての日本語教育に上書きさせてしまっていると思われます。

　今回の読書会は、言語教育の本質が何かを考え、自分たちで批判的に考え、南米にあった日本語教育を創り上げていく機会、そして世界に自分たちの新しいことばの教育のあり方を提案していく機会となったかもしれません。その際に求められるのは、学習者も、それを教える先生も、ZPDへの支援を重視することかと思います。つまり、仲間をつくり、支援者を巻き込み、自分たち自身で新しい考え方や生き方を対話的・創発的に拓いていく活動です。

　100年以上にわたり、日系移民の言語文化が変容しつつ保持されている南米日系社会には、世界が学ぶべき点があると思います。特にコミュニティ活動と人間教育、言語教育との接合です。筆者は、南米の日本語教師には、特に学習者の経験をもつ日系の教師には、自分たちが日系コミュニティで受けた教育実践を研究し、世界に向けて発信してほしいと思います。

付記

　本章は、以下の方々との共同研究です。共同研究者は以下のとおりです。古澤弥生、末永サンドラ輝美、中島永倫子、野沢真吾、ノゲイラ亜也、長谷川アレサンドラ美雪、堀川ルミ、本多由美、牧野圭二郎、モラレス松原礼子、横溝みえ、山本カリーナ、淀暢好。本研究は科学研究費補助金基盤研究（B）（20H01271）の助成を受けて行われました。

参照文献

Cummins, J. (2021). Translanguaging: A critical analysis of theoretical claims. In P. Juvonen, & M. Källkvist (Eds.), *Pedagogical translanguaging: Theoretical, methodological and empirical perspectives.* (pp.31-65). Bristol, UK: Multilingual Matters.

García, O., & Li Wei (2014). *Translanguaging: Language, bilingualism, and education.* New York, NY: Palgrave Macmillan.

García, O., Johnson, S. I., & Seltzer, K. (2017). *The translanguaging classroom.* Philadelphia, PA: Caslon.

Lewis, M. P., & Simons, G. F. (2010). Assessing endangerment: Expanding Fishman's GIDS. *Revue Roumaine de Linguistique, 55*(2), 103-120.

Moriwaki, R., & Nakata, M. (2008)『ブラジルにおける日本語教育史―その変遷と近年の動向―』Editora Unicamp.

伊澤明香（2019）「日系コロニア地域における日系ブラジル人の子どもたちの日本語会話力」『早稲田日本語教育学』26, 53-68.

イリイチ, I.（2015）『コンヴィヴィアリティのための道具』(渡辺京二・渡辺梨佐訳) 筑摩書房.

柴原智代（2016）「ブラジルの年少者に対する日本語指導の現状と課題」『国際交流基金日本語教育紀要』12, 89-96.

中東靖恵（2018）「ブラジル日系移民社会における「コロニア語」の位置」『岡山大学文学部紀要』70, 53-70.

福井千鶴（2017）「ボリビアにおける日系人移住地の歴史的形成と課題」『国際関係学部研究年報』38, 1-11.

渡辺久洋・松田真希子（2019）「人間教育としての日本語教育―ピラール・ド・スール日本語学校の実践―」『早稲田日本語教育学』26, 27-42.

第2章

ケイショウゴ教育の変遷について
―オーストラリアとブラジルを例に―

トムソン木下千尋

キーワード

オーストラリア、ライフスタイル移住、繋生語、継承語

1 はじめに―南半球の二つの国―

　私は30年近く南半球の国、オーストラリアのシドニーで大学生に日本語を教えてきました。その間、ひとりの母親として「継承語」としての日本語とも関わってきました。日本国外で育つ日本と繋がる子どもたちのことばです。近年、シドニーでも日本と繋がる子どもたちの数が増えていることを体感し、大学のコースにも日本人を親に持つ学生が履修することが多くなってきています。実は、オーストラリアは、在留邦人の数（10万人強）がアメリカ、中国に次いで世界第3位で、日本国籍を持つ永住者の数（6万人弱）に限って見ると、アメリカに次いで世界第2位です（外務省2020a）。オーストラリアは人口が日本の5分の1程度（2千5百万人）（グローバル・ノート2021）の小国であるにもかかわらず、大国のアメリカや中国と在留邦人の数で肩を並べていることになります。

　一方、2019年にもう一つの南半球の国、ブラジルを訪れる機会に恵まれました。ブラジルには、日本国外に住む推計280万人の日系人のうち、その過半数（推計150万人）が集中している（山ノ内2014）と言われています。先に挙げたオーストラリアの数字は在留邦人、つまり、日本国籍を持つ人の数ですが、ブラジルの数字は日系人の数です。日系人は、日本国外に本拠地を移し、永住目的で生活している人とその子孫で、日本国籍はなくても日本にルーツを持つ人を含むことになります。ブラジルは移民の歴史が

110 年を超えることから、ブラジル国籍の日系人が多いのです。

　本章では、ブラジルの事情に触れながらオーストラリアの事情を記述し、日本国外の日本と繋がる子どもたちの日本語教育の変遷を考察したいと思います。

2　オーストラリアの日本人

2.1　パールダイバー

　日本からブラジルへ初めて集団移住（791 名）が行われたのは、1908 年でした（山ノ内 2014）。これより一足先に、1880 年代には、オーストラリアの北部海域で真珠貝を採取する、いわゆる「パールダイバー」たちが渡豪していました。同じ頃オーストラリアの北東、クインズランド州でもサトウキビ農場で働く農夫として日本人が雇われていました。彼らは永住目的ではなく、数年間の雇用契約を結んで渡豪していました（永田 2008）。

　1901 年、オーストラリアが連邦政府として国になった時、在留邦人数は3,600 人を超えていましたが、そのほとんどがダイバーかサトウキビ農園で働く青年男子で、単身で渡豪した青年たちが現地の女性と家庭を持つケースはほとんどありませんでした（永田 2008）。「一家族三人以上の労働力」が契約移民の移住の条件（坂口 2014）だったブラジルの状況との違いがここに見えます。家族とともに移住し、しかも帰国を前提としていたブラジルの入植者にとっては子どもの日本語教育が大きな課題でしたが、単身だったオーストラリアの邦人には、その心配はありませんでした。

　立国と同時に、オーストラリアの連邦政府は白豪主義政策を開始し、有色人種である日本人労働者の数は減っていきました。1939 年に第二次世界大戦が勃発すると、すぐにオーストラリアの在留邦人の 97％が収容所に抑留され、ほとんどが帰国させられました（永田 2008）。ここで一度オーストラリアの日本人の歴史が途切れることとなります。ブラジルの日本人移民も第二次世界大戦中には、不当な家宅捜索や移民収容所への輸送を体験し、日本からブラジルへの移住は一時中断されますが、戦後直後の 1951 年には移住が再開されています（丸山 2010、仁平 2010 の書評による）。

2.2 戦争花嫁

　1945 年に第二次世界大戦が終わり、翌年にはアメリカを中心とした連合
軍からなる進駐軍にオーストラリア軍が加わって、11,000 人ほどの兵士た
ちが広島の呉に駐屯することとなります。兵士たちは日本人との接触を厳し
く規制されていたのですが、それでも日本人女性と出会い、結婚するケース
が出てきました。オーストラリア政府は、自国民の妻や婚約者であっても、
有色人種で、しかも敵国民の日本人の入国は許しませんでした。しかし、
1952 年には日豪間に平和条約が結ばれ、日本人の妻や子どもたちがオース
トラリアに渡航できるようになり、650 人ほどの戦争花嫁がオーストラリ
アに渡りました（Tamura, 2002）。

　そんな彼女らが渡った先は、白豪主義のオーストラリアでした。しかも敵
国からやってきた花嫁たちは、オーストラリア社会に同化することを要求さ
れ、彼女ら自身も、子どもがオーストラリア人として育つことを望み、自分
の名前を英語名に変え、子どもたちとは英語だけで話していました
（Tamura, 2002）。公の場で日本語を話すことはもちろん、家庭で子ども
たちに日本語を話すこともはばかられたので、日本語教育が成り立たなかっ
たことは容易に推測できます。

　オーストラリアは、1973 年、労働党政権が白豪主義移民政策との決別を
宣言し、白豪主義が終結しました。一方、ブラジルへの集団移民は 1970 年
代まで続きました（山ノ内 2014）。

2.3　ワーキングホリデー・長期滞在

　日本は戦後の高度経済成長期を経て、日豪間の経済交流も活発になり、
1980 年にはワーキングホリデー制度が始まりました。ワーキングホリデー
制度とは、二国間で協定を結び、双方の若者が一定期間、相手国に滞在し、
旅行、あるいは就労に従事することができる制度です。1980 年の初年度に
はオーストラリアへの渡航のため 884 件のワーキングホリデービザが発給
されましたが、その数は増え続け、近年ではビザの発給数が年間 1 万件を
超えています（外務省 2020b）。現在オーストラリアに永住している日本人

の中には、ワーキングホリデーで渡豪し、オーストラリアの生活を体験した後、一度日本に戻り、再度渡豪したケースがよく見られます。

　1980 年には 5,000 人程度だった在留邦人は急増し、1980 年代後半から90 年代中期には、比較的裕福なビジネスマン家庭の長期滞在やリタイヤメント世代の移住などが盛んでした。その後、日本経済のバブル崩壊で富裕層の移住者は減少することになりますが、1990 年代以降、日本人観光客、長期滞在者、移住者が増え続けていきました。この頃、1993 年には、シドニーに初めて日本語補習校ができました（長友 2013）。

3　ライフスタイル移住

　移住には、経済移住、政治移住などいくつかの形態があります。ブラジルへの集団移住は、典型的な経済移民としての移住と言えるでしょう。初期のオーストラリアの真珠貝採取のダイバーも、経済移民の一種と言えます。

　1990 年代以降には、オーストラリアに移住する比較的若い中間層が増加します。彼らは経済的でも政治的でもない動機による移住者で、移住が理想の人生やライフスタイルを叶える「手段」となっていました。この新しい移住の形態がライフスタイル移住と呼ばれるものです（長友 2013）。

　移住には、出身国のプッシュ要因と移住先のプル要因が関与しています（長友 2013）。例えば、ブラジル移民の場合、プッシュ要因は貧困であり、プル要因は補助金であったり、入植できる土地であったりしたと考えられます。

　一方、オーストラリアへの近年の移住傾向に関しては、プッシュ要因は日本における劣悪な（劣悪と当事者がとらえる）ライフスタイルであると考えることができます。日本の長時間労働や理不尽な雇用慣習などがプッシュ要因となり（長友 2013）、一方のプル要因は、オーストラリアが西洋的な都市社会であり、同時に観光やワーキングホリデーの延長上にある海辺でのレジャー活動や、リラックスしたライフスタイルがあること（Benson & O'Reilly, 2002）であると言えるでしょう。トムソン（2021a）は、毎日残業で、結婚しても夫婦で一緒に食事ができない状況が続いた結果、オーストラリアに移住した日本からのライフスタイル移民の実例を挙げています。

つまり、日本的なライフスタイルから離れ、オーストラリアのライフスタイルを消費するための移住です。

4 コミュニティと子どもたちの日本語教育

　日本国外での日本語の維持には、日本語が使われているコミュニティの存在が重要です。ブラジルの日系移民は農業を生業とする経済移民として始まり、集住地で生活し、集住地では日系移民の相互扶助団体が各種組織されました（盛岡 1983）。集住地の日系コミュニティにとって、子どもたちの教育は非常に重要で、1938 年には、日本人学校が 476 校もあった（末永 2019）ほどです。日本への帰国を前提としていた戦前のブラジルの日本語教育は、日系移民子弟の「母語教育」として始められました（福島 2019）。

　現在でもブラジルには 400 以上の日系コミュニティが存在し、その 3 割程度が日本語学校を経営しています（末永 2019）。このような日本語学校では、日本語の学習以外に、人材育成・人間教育を目的にあげ、「日本語の指導を通じて、日本の文化と伝統を伝承する心を育てる」というような標語を掲げているところもあります（柴原 2016）。

　一方、オーストラリアの日本語教育は、学校における外国語としての日本語教育が先行しました。日本語学習者の人口比が世界一と言われるオーストラリアでは、10 人に 1 人の子どもが外国語として日本語を学習し（Spence-Brown & De Kretser, 2010）、学校に日本語科目があることは全く「普通」です。日本と繋がりのある子どもたちの日本語教育は、主に日本語補習校で行われていますが、現地の学校教育では、圧倒的多数である外国語として日本語を学ぶ学習者の中に日本と繋がる子どもたちがマイノリティとして在籍することがあります。

　豪州繋生語研究会（Australian Network for Japanese as Community Language; ANJCL）の調査（2021）によると、オーストラリアには補習校が 24 校あります。そこに通う子どもたちの 90% がオーストラリア生まれ、あるいは 5 歳までにはオーストラリアに移住してきていて、その大半が国際結婚家庭の子どもたちです。そして、日本と繋がる子どもたちの中で補習校に通う子どもは少数派であると言えます。ANJCL（2020）は、

ニューサウスウェールズ州（オーストラリアで一番人口の多い州）の日本と繋がる子どものうち、補習校に在籍しているのは、わずか 10％程度だとしています。

　これには様々な背景が考えられます。オーストラリアにはもともと「ここが日本人街だ」と呼べるような確固たる集住地域はありませんでした。それに拍車をかけるように「日本生まれ」の人々の散住化が進んでいます（濱野2014）。つまり、近年のオーストラリアへの移住者が、日本人コミュニティに入らない決断をしていることを示すと考えられます。

　日本財団（2020）による日系人の意識調査では、地元の日系コミュニティに繋がりや帰属意識を感じている南米の若者は 53％だったのに比べて、オーストラリアの若者は 17％だったとあります。オーストラリアで日系コミュニティが確立されていないことも原因の一つでしょうが、日系コミュニティが育たないのは、オーストラリアに移住してくる日本人が日本から「逃げた」（長友2013）ライフスタイル移民だからだとも言えるでしょう。また、オーストラリアの邦人には女性が多いのが特徴的で（外務省2020a）、彼女らが国際結婚の家庭を築いていることが考えられます。さらに、都市部の不動産が高騰する中、彼女らが配偶者の地元に拠点を置く傾向が見えます。したがって、日本語が使われるコミュニティが育ちにくく、これが子どもたちの日本語教育にも影響を与えていると考えられます。

5　ケイショウゴ

　堅固な日系コミュニティが確立されていないオーストラリアでは、補習校が少なからずコミュニティとしての機能を果たすことになります。補習校は様々ではありますが、一般的に週末の数時間、地元の小学校の教室を間借りして、日本語指導が行われています。ちなみに、全日制の日本人学校も全国に 3 校あります。

　しかし、「日本」コミュニティに入りたくない親は、補習校に子どもを通わせることに抵抗があることが考えられます。また補習校では、親が「ボランティア」として運営に関わることが期待（強制）されることが多く、これは避けたい親がいるでしょう。さらに、補習校で教えられていることが「母

語」や「国語」としての日本語や、日本的な価値観だったとしたら、ライフスタイル移民の親でなくても、異論を持つことが考えられます。文部科学省（2021）は「補習授業校」の目的を「再び日本の学校で勉強するための学習と生活の基礎基本を身につけること」とし、補習授業校では「学習指導要領」に沿った教科書学習を期待しています。これは、オーストラリアの補習校に通う子どもたちのほとんどが永住者であることを考えると、目的設定から再考する必要があることが分かります。

ANJCL の全豪調査報告（2021）には、文部科学省の期待に応えるように「国語」教育を行っていると明言する補習校も見られ、片や、多くの保護者が補習校での授業内容が現地生まれの子どもたちにそぐわないという意見を述べていることが分かります。日本語を「国語」と捉えるということは、「日本国」という国を、自分の唯一無二の帰属先とし、そのことばを学ぶことを、そしてそのことばを育んだ社会歴史文化を知り、受け入れることを子どもたちに求めることになるのではないでしょうか。また、「国語」は日本で日本語を使って生まれ育つ子どもを対象に作られたカリキュラムで、これを標準として日本国外の子どもを指導したり、評価したりするためのものではありません。

調査対象の中には、「継承語」教育を行っているという補習校もありました。このような補習校の教師や運営者には、「母語」や「国語」教育から離れて、日本国外の子どもたちに適した日本語教育を行いたいという意欲が感じられます。しかし、「継承語」という用語には、様々な色がついてしまっていることは否めません。「継承語」教育は、過去にブラジルで行われていた、あるいは今も残っている「ブラジルで生まれたものをなんとか日本人らしく育てる」（末永 2019）ための教育になっていることがあるからです。ブラジルの日系コミュニティは混血化、現地化が進み、日本語学校で「母語」や「国語」教育を行うことが現実的に無理になり、「継承語」教育、さらに「外国語教育」への移行が試みられているのですが、それでも「継承語」教育は、言語教育であると同時に、日系社会を担う次世代への日本的倫理観や、日本文化や伝統の伝承をも担わされていると言えます（柴原 2016）。

「継承語」という用語自体を見てみても、その漢字表記から、親や、前の

世代から承り、受け継いでいく言語という意味がついてきます。祖先からの血の繋がりが示唆され、「日本人」の血統でない人々に対して排他的な用語であるとも言えます。また、「継承語」という用語は、「古き良き時代」の「正しい」日本語や、「正統的な」日本文化、「あるべき」日本的価値観など、すなわち本質的な「日本」を象徴しています。そして、理想として想定されるのが、日本の日本語母語話者の静態的な日本語であることも問題です。「継承語」は、子どもたちに「正しく」読み書きし、「正しく」立ち居振る舞うプレッシャーを与え、そして、そうできない子どもたちを黙らせてしまうのです。

　オーストラリアのライフスタイル移民や国際結婚家庭の親たちが子どもたちに望むとしたら、それは「継承語」教育ではないでしょう。ANJCL の調査（2021）から見えてきたオーストラリアの日本と繋がる子どもたちがいます。例えば、現地校の友だちとは英語を使い、英語で授業を受け、土曜日には午前中に補習校に行き、午後には日本語で教える水泳教室に通い、家庭では日本語を話す親とは日本語を使い、日本の親戚とネット電話で話し、日本のゲームやアニメを楽しんでいます。彼らが必要としているのは、オーストラリアのコミュニティの中で生きていく上で使うことばの一部としての日本語の教育でしょう。

　そこで、私は「継承語」から「繋生語」（ケイショウゴ）への考え方の転換を推奨しています。「継承語」という用語は、国語教育でも外国語教育や第二言語教育でも解明しきれない日本国外の日本と繋がる子どもたちの日本語にスポットライトを当て、その研究を進める推進力となってきた点で、すでに大きな貢献をしたと考えられます。その「継承語」に敬意を払い「ケイショウゴ」ということばを活かしながら、「繋がる」「生まれる」という意味を託して「繋生語」という新しい用語を造りました。「繋生語」は、「日本国外在住の日本と繋がる子どもたちが親から受け継ぐことばも含めて、親や家族、友だち、社会との繋がりから生まれ、さらなる繋がりを生み、そこで新しい意味を生み出し、その繋がりを次の世代に繋げていくことば」と定義しています（トムソン 2021b）。「継承語」と「繋生語」の考え方の違いは表1に示しました。さらに詳しくはトムソン（2021b）で述べています。「継承語」ということばは一般に広く使われてきているので、この表で「繋生

語」のほうにおいている実践を、「継承語」という用語で表している場合も多々あると思いますが、用語の対比のために便宜上このようにしました。

表1　「継承語」と「繋生語」（トムソン2021bより）

「継承語」／日本国外の「国語」（教育）	「繋生語」（教育）
親が子どもに伝えなければならない、子どもが学ばなければならないもの	親が子どもに伝えるものも含めて、親子が一緒に使い、育てていくもの
日本、国家、国民、国語を軸にした日本人を育てる教育	日本語をひとりひとりの複言語の一部とみなした世界市民を育てる教育
本質的（理想化された言説上だけの日本、日本語） 静態的（不変であることが理想、変化を受けつけない）	実践的（多様で正解のない、それぞれの日本、日本語） 動態的（ダイナミックに常に変化している日本、日本語）
正しい日本的価値観、望ましい日本人らしさ、正統な日本の社会歴史文化的知識の存在	実践的で動態的な日本、日本社会歴史文化、日本人、日本語の理解
血統を通しての日本との繋がり	日本との多様な繋がり
目指すのは日本の母語話者の母語としての日本語	目指すのはひとりひとりの自己実現のための言語実践としての日本語

　ブラジルでは、日系でも家庭内やコミュニティで日本語をあまり使っていない学習者や日系ではない学習者が増えています（末永2019）。オーストラリアでは「外国語」としての日本語クラスに日本と繋がる子どもたちが増え、補習校では国際結婚家庭の子どもが大半を占めます。「継承語」に張り付いた、日系には「日本人らしく」なってもらわなければというブラジルの呪縛、補習校で日本の国語教科書に沿って日本の同年代の子どもと同様に漢字を教えていかなければという、親も教師も当事者の子どもも不幸になるオーストラリアの呪縛は、「繋生語」という新しい考え方が振り払ってくれることを期待します。

　現実問題としては、たとえオーストラリアの補習校で、教師や運営者が日本の教科書を使って「国語」教育、「日本人」教育を行おうとしたとしても、その実践は日本における国語教育と同様には決してなりません。オーストラリアの補習校の授業は現地の小学校の教室を借りて週末に実施されていることが多く、オーストラリアの学校の机や椅子、スマートボードや、現地の児童たちの作品に囲まれて行われます。そこに通うのは、平日は終日現地校の英語の授業を受けている子どもたちです。しかも、前述のようにそのほ

とんどは国際結婚家庭で英語と日本語を両方使っている現地生まれの子ども
たちで、彼らの周りに確立した日本人コミュニティはありません。塩原
（2016）が指摘するように、一見、日本文化を内面化した「日本人」の再生
産の試みのように見えるオーストラリアの補習校の実践でも、実は、日本
語、日本文化を持った「ハイブリッドな」オーストラリア人を育てようとす
る実践だと言えます。そして、そこで使われる日本語は「繋生語」です。

　補習校は、「日本語を教える場」でなければならないと皆が信じ込んでい
て、それが裏目に出ているとも言えます。ANJCL（2021）の全豪調査か
ら、補習校以外にも日本語で活動を行っている多様な機関が見えてきまし
た。例えば、未就学児の集まるプレイグループや、習い事の教室や塾、国際
児童文庫などです。実は、「繋生語」が一番上手に育つのは、日本語を使っ
て様々な活動が行われている街の書道教室やテニス教室、あるいはオンライ
ン上の将棋クラブなのではないでしょうか。日本語を教えるための活動では
なく、何か別の目的を達成させるために日本語が使われる場です。オースト
ラリアのように、日系コミュニティが確立しにくい地域では、サテライト的
に散在する日本語で活動するサッカークラブのようなミニ・コミュニティに
希望が見られます。補習校も、日本語学習以外に第一の意義を置いた活動の
充実を図ることで、現地の子どもたちの「繋生語」を育てることになるで
しょう。その手本となるような実践がすでに世界各地で始まっています
（例：タイのテーマ型、体験型活動の実践（西嶋ほか 2021）、オーストラリ
アの実践「あおぞら食堂」（犬塚 2021）、スウェーデンの実践「森で遊ぼ
う」）。

　ここで一つ、オーストラリアの「あおぞら食堂」という実践を紹介しま
す。あおぞら食堂はオーストラリアのビクトリア州で実践されている日本と
繋がる子どもたちの集う場です。「ラーニングコミュニティーとしての地域
での継承語教室」（犬塚 2021、見開き）と位置づけられていますが、活動
の中心は子どもたちみんなと作り、一緒に食べて、一緒に片づける「おやつ
の時間」です。小さい子どもたちには大きいお姉さん、お兄さんたちがバ
ディーを組んで一緒に作ってくれます。材料を包丁で切ったり、大さじ小さ
じで量を測ったり、その作業の行程で使われるのは日本語です。手を使い、
体を使うプロジェクト型の実践の中で、日本語でコミュニケーションをして

いくことに重きが置かれています。まさに子どもたちのコミュニティで「繋生語」が生まれ、使われている実践ではないでしょうか。そして、それを継続することで子どもたちの記憶が育つのです。

6 おわりに

　同じ南半球に位置するオーストラリアとブラジルは、違う意味で日本語教育が盛んな国です。移民の歴史の長いブラジルでは、「母語」や「国語」としての日本語教育から始まり、日系の子どもたちを対象とした「母語／継承語」としての日本語教育が続いてきました。一方、日本人の渡豪の歴史は長いものの、オーストラリアで盛んになったのは外国語としての日本語教育で、日本と繋がる子どもたちのための日本語補習校の始まりは 1990 年代まで待たなければなりませんでした。オーストラリアとブラジルには、反面教師としての日本と、錦を飾る故郷としての日本が象徴的に存在します。しかし、その両者にとって、日本と繋がる子どものための日本語教育は、「母語」「国語」教育の時代はすでに終わり、「継承語」教育から「繋生語」教育へと転換しようとしています。

　これからの日本と繋がる子どもたちひとりひとりが「繋生語」を自分のことばのレパートリーの一部として、世界市民としての自己実現に使っていけることを祈ります。

調査資料

「あおぞら食堂」，あおぞら食堂，2021.<https://aozorashokudo.com.au/>

「海外在留邦人数調査統計」，外務省，2020a. <https://www.mofa.go.jp/mofaj/toko/tokei/hojin/index.html>

「世界の人口　国別ランキング・推移（国連）」，グローバル・ノート，2021. <https://www.globalnote.jp/post-1555.html>

「日本財団グローバル若手日系人調査概要レポート」，日本財団，2020. <https://www.nippon-foundation.or.jp/app/uploads/2020/08/who_pr_20200831_01.pdf>

「1　補習授業校の性格」，文部科学省，2021. <https://www.mext.go.jp/a_menu/shotou/clarinet/002/003/002/001.htm#top>

「森で遊ぼう」，BMCN, 2021.<https://www.bmcn-net.com/forum>

「ワーキング・ホリデー制度」，外務省，2020b. <https://www.mofa.go.jp/mofaj/toko/visa/working_h.html>

参照文献

犬塚奈緒子（2021）『ようこそ　あおぞら食堂へ——ラーニングコミュニティーとしての地域での継承語教室——』Victoria, Australia: Eureka Printing Pty Ltd.

豪州繁生語研究会（2020）『ニューサウスウェールズ州における日本語継承語話者に関する予備調査報告書』国際交流基金.

豪州繁生語研究会（2021）『豪州における日本語ケイショウゴ話者に関する第二期予備調査報告書』国際交流基金.

坂口満宏（2014）「日本におけるブラジル国策移民事業の特質——熊本県と北海道を事例に——」『史林』97(1), 133-170.

塩原良和（2016）「在豪日本人永住者と多文化主義——シドニーにおける日本語コミュニティ言語教育の発展——」長友淳（編）『オーストラリアの日本人——過去そして現在——』pp.118-133, 法律文化社.

柴原智代（2016）「ブラジルの年少者に対する日本語教育の現状と課題」『国際交流基金日本語教育紀要』12, 89-96.

末永サンドラ輝美（2019）「南米日系移民と日本語——ブラジルの日本語教育を中心に——」『早稲田日本語教育学』26, 11-23.

トムソン木下千尋（2021a）「日本語を伝える——オーストラリアにおけるケイショウゴとしての日本語——」『比較日本学教育研究部門研究年報』17, 74-84.

トムソン木下千尋（2021b）「継承語から繁生語へ——日本と繋がる子どもたちのことばを考える——」『ジャーナル「移動する子どもたち」——ことばの教育を創発する——』12, 2-23. <http://www.gsjal.jp/childforum/journal_12.html>

永田由利子（2008）「語られ始めた日本人抑留体験——オーストラリアとニューカレドニアを比較して——」『立命館言語文化研究』20, 94-102.

長友淳（2013）『日本社会を「逃れる」——オーストラリアへのライフスタイル移住——』彩流社.

西島阿弥子・深澤伸子・藤井瑞穂・ツムサターン真希子・千石昂（2021）「「言語と文化の継承」を超えた継承日本語教育とは——タイ「バイリンガルの子どものための日本語教室」における親による実践報告と親子の語りから——」『ジャーナル「移動する子どもたち」』——ことばの教育を創発する——』12, 24-56. <http://www.gsjal.jp/childforum/journal_12.html>

仁平尊明（2010）「書評　丸山浩明編著：ブラジル日本移民——百年の軌跡——. 明石書店、2010年、350p」『地理学評論』83(6), 654-655.

濱野健（2014）.『日本人女性の国際結婚と海外移住——多文化社会オーストラリアの変容する日系コミュニティ——』明石書店.

福島青史（2019）「緒言：日本の未来を映すブラジルの日本語教育」『早稲田日本語教育学　特集：移民とことば——ブラジル日系人と日本語教育を例に——』26, i-v.

丸山浩明（編著）（2010）『ブラジル日本移民——百年の軌跡——』明石書店.

盛岡通（1983）「ブラジルにおける日系移民のまちづくり——サンパウロ州レジストロでの事例研究——」『ブラジル移住地域における住文化変容に関する比較調査』（上田篤編）所収、昭和55年度科研費補助研究調査報告書、1982年.

山ノ内裕子（2014）「トランスナショナルな「居場所」における文化とアイデンティティ——日系ブラジル人の事例から——」『異文化間教育』40, 34-52.

Benson, M., & O'Reilly, K. (2002). Migration and search for a better way of life: A critical exploration of lifestyle migration. *The Sociological Review*, 57(4), 608-625.

Spence-Brown, R., & De Kretser, A. (2010). *The current state of Japanese language education in Australian schools.* Education Services Australia Ltd.

Tamura, K. (2002). War Brides break barriers. *Wartime, 20,* 49-51.

第3章　「違い」の感覚を生きる

福島青史、長谷川アレサンドラ美雪

キーワード

デュオエスノグラフィー、移動労働者、所属意識、
アイデンティティ、社会構造

1　はじめに（福島）

　世界を移動しながら生活する家族は珍しくないかもしれません。しかし、今から30年前、1990年ごろの日本では、モデルとなる家族は今ほど多くなかったと思います。少なくとも移動していた当人は、自分がこれからどのような人生を送るのか、はっきりとしたビジョンを持ち得ていませんでした。私たち（福島と長谷川）は、1990年、それぞれ自分の生まれた国を離れました。長谷川さんは、4歳でブラジルのイタペチニンガを離れ、その後、日本とブラジルの間を往復します。埼玉、長野、コチア、ソロカバ、群馬、長野、ソロカバ、茨城、そして、23歳の時にソロカバに戻りました。15歳から働きはじめ、働きながら大学を出て、現在日系日本語学校の教師をしています。一方、福島は、22歳で日本を離れ、アメリカ、メキシコ、ウズベキスタン、ロシア、ウズベキスタン、ハンガリー、イギリス、ブラジルと移動し、50歳の時に日本に戻りました。その間、仕事をはじめ、家族を持ち、二人の娘も成人しました。

　本章は、長谷川さんのライフヒストリーと、それについて二人が語ったことを記しました。移動を伴う生活には、移動を伴わない人たちが経験しない困難があります。多くの場合、これらの困難は、それぞれの社会が期待することと、移動する個人とのずれに起因します。このずれは完全には修復されることはなく、「違い」の感覚の中で生きることになります。本章では、こ

の困難が生じるできごとを通して、社会と個人の間で、人格がどのように形成されるのか、そして、ことばはどう関わるのかという、全ての人に通じる本質に迫ろうと思いました。その上で、越境を伴う生のありかたを、できるだけ悲観もせず理想化もせず、読者に提示したい。自ら移動をしている人、移動した経験を持つ人、移動する人を支援する人、移動に関心がある人などに、読者として対話に参加してもらい、それぞれの意味を感じ取ってほしいと考えています。

2 方法論（福島）

　本章では、方法論としてデュオエスノグラフィー（Sawyer & Norris, 2012）を援用しています。Sawyer & Norris は、デュオエスノグラフィーは、「社会正義に基づき、社会変革につながる行動を喚起することを目的とする」（p.27）と言います。相互に批判的なパートナーと、自己反省的・対話的に、現在の不公正を維持し、正当化する認識のありようを暴いていくものです。複数の視点や対話を採択する理由は、それぞれの筆者が前提とする認識のありようを可視化、意識化し、自らのストーリーを再認識するためです。このため、それぞれの視点は交差することはあっても一致することなく、むしろ一致を避け、視点の複数性を維持するように心がけます。さらに、この視点には、読者が主要な参加者として加わります。デュオエスノグラフィーは、筆者のみならず、読者の視点や行動に変容をもたらすことを目的としているからです。テキストに書かれた物語や対話は、読者の体験や認識に働きかけ、読者自身が内省できるよう配置されます。

　では、なぜ私たちはデュオエスノグラフィーを援用したのでしょうか。まずは、目的として挙げられる「社会正義」についてです。本章では長谷川さんのライフヒストリーのうち、長谷川さんが経験した困難を取り上げました。ただ、これらの経験について、当時の環境を糾弾する意図はありません。これらの環境は長谷川さんにとって困難なものでしたが、その経験のつながりに今の長谷川さんは存在しています。私たちが表したかったのは、人間の社会が常にだれかの困難を構造的に内包しているということと、その困難を引き受けて生きている人がいるという事実です。

　社会はその主要なメンバーの生活のために最適化されています。このため、外国人など、言語、文化、習慣などが異なるシステムに属する人が参入する際に不適合が生じます。もちろん、社会はそれら他者の困難に気づき、システムを修正してきました。例えば、「外国ルーツの子ども」に対する支援は、近年当たり前になってきています。過去に長谷川さんが経験した痛みが他者の心に届き、今の社会を変えたのかもしれません。ただ、どんなに他者に心を砕いても、社会は全ての人を等しく配慮することはできません。他者の痛みを軽減する新しいシステムを構築しても、それまでのシステムが隠蔽していた別の痛みが顕在化してきます。ただ、この繰り返しにより、人の社会は少しずつよくなるのだと思います。私たちにできることは、痛みを生じさせる社会構造について、意識的であることだと考えました。

　本章では、移動するものにとっての困難を可視化することで、その困難を生んだ社会構造や制度を、読者それぞれに内省してほしいと考えています。もちろん、困難の構造を解消することで、当人が被った痛みがなくなることはありません。ただ、それぞれの痛みを不可避なもの、仕方ないもの、と片づけず、多くの人と共有し、よりよい社会構築の原動力として還元していくことが、私たちの「社会正義」になるのだと思います。

　次にデュオエスノグラフィーの形式の面です。本章は福島が企画しました。今から 4 年前、長谷川さんの話を聞いて、その物語を書きたいと思ったからです。ただ、福島が長谷川さんの物語を聞き、解釈し、提示する形式に抵抗がありました。読者の意識から長谷川さんの姿が消えてしまうことを懸念したからです。この点、デュオエスノグラフィーは、声の複数性も、筆者の関係の不均衡性そのものも、テキストの意味として取り込むことができます。本章執筆にあたり二人でデュオエスノグラフィーの本（Sawyer & Norris, 2012）や、デュオエスノグラフィーの形式で書かれた論文を読み（Norris, Sawyer, & Lund, 2012）、互いに批判的であるという方法を確認し、常に留意したつもりです。

　本章の構成は、長谷川さんのライフヒストリー、それを踏まえた二人のダイアローグと続きます。ライフヒストリーは、長谷川さんが 13 歳でブラジルに帰国し、15 歳で日本に戻った場面を抜粋しました。長谷川さんは、ブラジルに生まれ、4 歳で日本に移動、日本の小学校、中学校と進みます。抜

33

粋場面はその後です。ダイアローグは、テーマ別に配置しました。二人のズレが修正されない部分も選んであります。また、筆者からの「結論」は明確には書きませんでした。「結論」は、読者である皆さんに到来する記憶、イメージ、情動、ことばとなります。

3 ライフヒストリー（長谷川）

3.1 ブラジル帰国
—ブラジルの学校、先進国と発展途上国（13〜15歳）—

　日本の中学2年生の2学期にあたる時期に、私はブラジルの8年生の後期に入りました。学期、残りあと2ヵ月というところで編入した珍しい時期の転校生です。おまけに日本から戻ってきたポルトガル語の話せない転校生は更に珍しかったようです。私は8年F組に入りました。後になって気が付いたのですが、A組は勉強ができるクラスで、F組は成績最下位のクラスです。初日は周りに人がバーッと集まり、他のクラスからも人が見にきました。何かを聞かれているのですが、答えられません。その場で状況を把握するのが精いっぱいで、怖いというのが正しい表現かどうかも分からないぐらい動揺しました。

　ブラジルの公立学校は、私立学校に比べると教育の質がぐんと落ちます。私が通った州立学校は、トイレにドアがありませんでした。あってもドアノブが壊れていて、鍵がかからず、外からドアを支えてもらわなければいけません。学校の机は落書きだらけで、裏側にガムがくっついています。図書館はあってないようなもので、いつも閉まっています。生徒たちは教科書を買うよう促されますが、経済状況が良くない生徒が多く、通常持っていないので（F組のクラスの子は誰ひとり持っていなかった）、授業の内容を先生が全部黒板に書きます。それを生徒たちはノートに写さなければいけません。大変だったのは先生が黒板に書かず、ディクテーションをする時でした。後から考えると、教科書がなかったからこそ、私の書く力、聞く力が培われたのかもしれません。

　日本にいた時は、世界がどのようなものか全く考えたことがありませんでした。時折テレビで世界の国々で、大変な状況にいる人々のことを見たりし

ていましたが、遠い国の話のようでちゃんと理解することはありませんでした。ちょうどその頃、ブラジルの地理の授業で、「Países desenvolvidos e subdesenvolvidos」というタイトルのついた教科書の一章のコピーをもらいました。タイトルを読んでも分かりませんでしたが、コピーには地図が載っています。ドイツ、アメリカ合衆国、日本、イギリス……よく耳にする国は「País desenvolvido」の色で塗られています。ブラジルやその他の国、特に南半球の国々は「País subdesenvolvido」で塗られています。あ、とそこで私は「先進国」と「発展途上国」について書かれていることに気が付きました。書かれていた内容は理解できませんでしたが、その地図とことばと自分が見ていたものが交差して、世の中の動きと自分の小ささと不安と不思議さとことばで表現しがたい思いが通り過ぎました。

3.2　二度目の日本
──出稼ぎの娘ではなく出稼ぎとして（15〜17歳）──

再度、日本へ

　お金が尽きる頃、また日本へ行くことになりました。低学歴の両親はブラジルで仕事を見つけるのは難しく、日本へ行ってもう一度お金を貯めて帰ってこようということになりました。私が高校 1 年を終えた後でした。

　ある日、父は私を呼んで、日本に行くことについて話しました。私が 15 歳になる 1 ヵ月前でした。日本に行ったら私も働くことになるけど、それでもいいか、と訊いてきました。体調が悪く苦しんでいる父、金銭的にもギリギリだと知っているうちの事情、私は迷いもなく「働く」と答えました。日本へ戻れるということも嬉しかったのです。

15 歳の誕生日

　1 月。2 度目の日本。凍てつく寒さが出迎えてくれました。行った先は、大きなブラジルコミュニティがあることで有名な群馬県大泉町です。着いたばかりの時は、お金がなく、派遣会社からお金を借りて必要最低限のものだけを買いました。布団、毛布、敷布団、料理道具といくつかの食器類、食料品……。一時的に泊まるためのアパートの中には机も何もありません。その時母が作った鶏肉のおかずがとても美味しかったのを覚えています。日本の

お醤油の味を舌が覚えていました。その日は、私の15歳の誕生日の1日前でした。

　翌日、私は15歳になりました。目が覚めるとアパートの窓から雪景色が見渡せました。母は、本当は私の15歳の誕生日に盛大なパーティーをしてあげたかったと言ったことがあります。ブラジルの女の子の15歳のパーティーは、日本の成人式と似たような大きなイベントです。大きなパーティーでドレスを身にまとい、アメリカのドラマに出てくるような社交界デビューのパーティーを彷彿とさせるものです。でも、私は自分のパーティーに誰を呼ぶのだろうかと思い、それができなくても悲しいとは思いませんでした。私はその日の雪景色を、自分の名前にもちなんで15歳の誕生日プレゼントとして受け取りました。

初めての仕事

　初めての仕事は基盤を製造している会社で、母と一緒に入りました。流れ作業で、慣れていないとコンベアと一緒に流されていき、次の位置にいる人の邪魔になります。私は、一日中基盤にケーブルのようなものをプチッと差し込むという単純作業をしました。文字にするととても楽な作業のようですが、慣れていない手は家に帰るととても痛みました。その日缶ジュースをもらったのですが、指先が痛すぎてジュースを開けることができませんでした。

　派遣会社からは、自分の年齢を18歳だと名乗りなさいと言われました。そうしないと残業ができないからだということです。しかし、なかなか嘘をつけない性格の私は18歳と名乗れませんでした。一度誰かが会社に来て、私の年齢を聞きました。労働局関係の人だったかもしれません。私は嘘をついたらだめなんじゃないかと思い15歳だと言いました。その次の日、母と私は別の仕事場を紹介されました。

再度、長野県へ—境界のある世界—

　長野県に家族全員に条件のいい働き口があるということで、群馬に1年弱住んだ後、再度長野県へと引っ越しました。私が育った町に戻ったのです。長野県では、私は初めに義兄と同じ会社に入りました。SDカードの表

面のロゴを印刷している会社で、シンナーの匂いが強いところでした。父は日本に来ても体調が安定せず、機械について働くのは危なかったので、主夫として家で私たちをサポートしていました。

　自分が育った町に戻ったので、時々小・中学校時代の友達と出かける時がありました。みんなは高校生です。高校生になり、みんなにはいろいろ心境の変化があったようです。友達に高校はどうかと訊くと、新しくできた友達、彼氏、部活動やアルバイトの話を聞かせてくれます。そして「高校、なんかめっちゃ楽しい！」と言うのです。その瞬間、私はナイフで心臓をぐさりと刺されたような感覚になりました。涙をこらえ、笑顔で話を聞きました。

　ある友達を通して、ひとりの男の子を紹介されました。出かけようという話になったのですが、私は残業をしたり、土曜出勤によく呼ばれていた時期でした。残業も土曜出勤もしたくてしているわけではないです。私は給与の2万円ほどだけを自分のお小遣いに当て、残りは全部家族の貯金にあてていました。今のままの生活をずっとは送りたくないので、当時はお金を貯めるのが私のしなければいけないことでした。本当に忙しい時期だったので、残業が多かったり休日出勤が多いということを伝えると「そっか、お金稼ぎ頑張ってね」とメッセージが来ました。「お金稼ぎ」ということばを選んでいるところを見ると、相手には私の生活など理解できるものではないんだろうと思いました。そして、理解してもらおうという気も出ませんでした。私の中で落胆とともに、何か境界線のようなものができました。自分はもう違う世界の人間で、私は時々向こう側へ渡ることができるけど、向こう側の人はこちらの世界に来られず、私はここの世界の住人なのです。

4　ダイアローグ（福島・長谷川）

4.1　出稼ぎ＝移動労働者の生活、不安

福　島：出稼ぎって、基本は親のストーリーですよね。家族を養わなきゃいけなくて、どっかに行ってっていうようなところがあって。お父さんも頑張って働くけど、体調も悪いし、みんなで生きていかないと

いけないから、長谷川さんが15歳で働くわけですよね。人より一歩早く大人のストーリーに組み込まれたようなところでしたね。

長 谷 川：なんか、家族を背負ったような感じはしましたね。

福　　島：出稼ぎって、どんなイメージですか。

長 谷 川：出稼ぎは、拠点があって、この間「表」と「裏」っていうことばを福島先生が使ってたと思うんですけど、本当の生活はここなんだけれども、もっとお金がもらえる所まで働きに行って帰ってきて、でも、ここが中心。ここがうまくいくようにするために、どこかへ仕事に行くっていうのが、私の中では出稼ぎの定義ですね。

福　　島：長谷川さんの場合は、子どもの頃からブラジルが「表」？　でも、その時いる場所が「表」じゃないんですか？

長 谷 川：いや、たぶん小さい時から日本は「裏」でしたね。「ブラジルに帰るよ」っていつも言われてたので。小学校2年生か3年生の時の文集に、親のコメントを載せるところがあって、父のコメントが「いつかブラジルに帰っても、子どもには日本語の教育をつづけさせたいと思ってます」というコメントが載ってるんですよ。そういうのは多分、自分で読んだりもしてるし、両親が「いつかブラジルに帰ったら自分たちのお家があって」っていう話も聞いてたので。私の中では「日本は自分の国じゃないのかな」っていうイメージでしたね。ただ、いつ帰るかっていうのがはっきりしてないので、自分は日本語しか話さないし、一応日本人の家族だし、自分はブラジル人といえるのかなあっていう疑問が、小さい頃、父にした「私は何人なの」っていう質問に直結してるんですね。

福　　島：「いつか戻る生活」ってどうでしたか？

長 谷 川：私、多分気にしいの性格なので、小さい頃から将来が見えない不安がありましたね。小さい時に両親に「いつかはブラジル帰るんだよね」っていう話をしてて、でも私が「中学入って高校出て大学出るの？　ブラジル帰ったら？」みたいな話をしてて。うちの両親は世代が違う人達で、家庭もそんな教育熱心な家庭ではなかったので「大学はどうかな。ははは」って笑ってたのを覚えてるんですね。私の中では、多分日本での進学のイメージが強かったと思うんです

けど、「え？　大学、私行かないのかな？　どういうことなんだろう？」と思いながら聞いてて、先が全く見えないので、どうしたらいいんだろうっていうような漠然としたような不安はありました。

福　　島：何歳くらいの時？

長谷川：小学校低学年から高学年だと思います。出稼ぎで行くと、目標を立てるんですよね。普通お金を貯めるのが目標なんですけど、いくら貯めればいいんだろうとか、いつまで貯めればいいんだろうって、抽象的で分からないんですね。貯めたところで必ずしもこっちで安定するかも分からないので。私の中では自分のキャリアか何か、自分にとっては学校行ったりとか、何か手に職をつけるって、自分の教育をしっかりさせないと、将来両親の代わりにもっと責任を持ちたいと思った時、私は何も手に持ってないんじゃないかっていう不安もありました。

福　　島：そうだったんですね。

長谷川：15歳の時ですね。両親が、ブラジルでずっと花屋をやってたんですね。ブラジルに帰ってきて思ったのは、厚生年金、ちゃんとかけていなかったんですね、うちの両親。厚生年金かけてなくて、年金が入ってこなくて、面倒見るのはやっぱり私たちじゃないですか。でも私、日本で出稼ぎしてて、高校も出てなくて勉強してなくて、この先どうやって面倒見てあげられるんだろうっていう不安もあったんですね。早く楽させてあげたいし、そのためには、やっぱり大学出たりしないといけないっていう考えがあったんですね。でも、出稼ぎしてて、今勉強できないですよね。だから早くブラジルに戻って教育を続けたいっていうのがありました。日本でも本当は続けたかったんですけど、そういう環境ではなかったので。うちの家の事情があって。高校行くにも行けないし。日本は高校はもう試験受からないと入れないですしね。日本での進学っていうのは私の中ではもうないだろうっていうような感覚でした。いつか永住をするのはブラジルって言ってたので、ブラジルで勉強を続けてこっちに適応しないといけないっていうような考えでしたね。

4.2 所属意識と教育制度、社会の中の壁と扉

福　島：学校制度は、その社会の人に共有されてんですよね。でも、長谷川さんは、そこに属さない人になった。教育制度は労働環境に直結するんですが、長谷川さんは、その制度から逸脱したんですね。

長 谷 川：働き始めたのは 15 歳なんですけど、多分私の中で一旦止まってるのが 13 歳なんですよ。あの移動した時、ブラジルに。あそこから学校制度からずれている感覚、止まってる感覚、失ってる感覚がある。

福　島：子どもにとって世界は学校だもんね。私は大学出てから海外を移動したけど、子どもの頃は、ずっと日本の学校にいたじゃないですか。だから安心していられた。学校制度に乗っかってるっていうことは、そこに言語とか、文化とかに透明に包まれている。長谷川さんの「属していない」っていう感覚は、具体的に「どこに」っていうことを考えると、「学校」に属さなかったってことかな。となると、「学校」って何なのっていう問いになる。ことばを共有してるとか、文化を共有してるとか、同じ年齢の子がいるとか、ある程度一定期間同じ友達がいるとかね。転校生も移動してるけど、言語が同じだったり、カリキュラムが一緒だったりすると、連続性はあるじゃないですか。周りの環境は変わるけどシステムは同じ。長谷川さんは、ある学校のシステムに入ろうと思った時に移動するから、環境も変わるし制度も変わる。「属していない」っていうのは、そこにあるのかな？

長 谷 川：要因にはなってると思いますね。大きな。大ーきな。文化とかもあるんですけど、一つの伝統的な文化とかに属してないっていうのもあると思うんですけど。

4.3 所属意識と移動の意味、並行する議論

福　島：私と長谷川さんの大きな違いは、所属意識のありかたですよね。私は透明ですよね。私は、多分、属しているっていう無意識だけど確

　　　　信的な感覚があるから、逆に属さないところに行きたがるんですよね。たぶん私そういう話してたら、「私、属さないことがアイデンティティです」って言うかもしれないけど、長谷川さんとは、意味が違うんですよね。私は属している感があるからこそ、他者と同じことに退屈して、「違い」を渇望して、「属さない」っていうのがあるかもしれないけど。

長谷川：これは私の体験もあるのかなあと思う。私の性格がこんなんなので、ブラジルでは仲間外れにされたことはないんですが、多分日本でちょこちょこあったので、それでちょっと自信をなくしてるのかな。属してないって思ってるのかな、自分……。

福　島：どっちにも所属をじんわりしてるんだけど、どっちにも所属してないっていう。「マージナル」ってことばもあるけどね。どちらにも薄くいる感じ？　「いる」という動詞を使うとどんな感じ？

長谷川：中には入ってない。線があって、その外に「いる」感じですね。ブラジルではその状況によりますね。所属部署ですか？　分からないです。今の「長谷川美雪」っていう場所にはいるよね。きっと……。

福　島：ここにいるなあっていう場所は、社会的な場所は、あんまり見当たらない感じ？

長谷川：私、あの、グループが苦手なので、あえてグループに自分から所属しない。どこに所属してるかって聞かれると……何でしょうか、ちょっと分からないですね。仕事場に所属してるかって聞かれたら……でも仕事場が日系コミュニティなので……私が共感できない「日系人とは何だろう」とか、葛藤が増えた場所ですし。企業にいた時も周りから日本語が話せる人、日本語を武器にしてる人って見られている感じがして、自分は他の周りの人と違うと感じてましたし。ここでも。分かんないですね……。「所属」っていうことばをどこに使っていいか分からないですね。居場所がないっていうわけではないんですけど、でもこのグループに所属してるかって聞かれたら、分からないです。

5 おわりに（長谷川）

　私は所属意識が幼い時からあまり感じられませんでした。田舎の町に住んでいたので、地区の集まりが結構盛んで、それぞれの地区でのお祭りや行事があったり、皆が幼稚園へ行っていて自分だけ行かなかった、何も分からないというような状況であったり、自分は外から来ていて、いつか帰るという意識がはっきりしているものだったので、自分はひとりの人間として違うという感覚ではなく（もっともその年齢でそういった思考は、特にあの頃の世代は持っていないものだと思いますが）、自分はそこにいる集団とは違う、という感覚でした。ブラジルに戻ったら、歓迎してくれているけれども、言語ができず、文化が違い過ぎてなじめない自分（＋もともとの恥ずかしがり屋気質に更に輪がかかる）、コミュニケーションにすらならない……ここでもやはり集団とは違う自分。日本へ戻ったら、今度は勉強／仕事の環境の違いで周りの自分の年代とは違う自分。また帰国することを目標にしているので、そこは自分が根付かない場所という意識もありました。ブラジルにまた戻ってきて、やっと見つけたのがありのままの自分を受け入れてくれる友達で、言語も文化も少し理解できるようになって、そこには少なからず所属意識が芽生えました。それでも、社会との関わりのスケールが友達という集団よりも大きい集団になると、今でも蟻のように右往左往します。自分を一括りで説明できる「アイデンティティ」がはっきりしていないのと、自分のアイデンティティを説明するとなると、自分でもうまく乗り越えていない、ごまかしながら折り合いをつけている感情と向き合わなければならなくなるからです。そして、それを「気にしなければいいじゃん」と言われたら、全くもってそのとおりなのです。でも、そうならないのが複雑な人間（私？）なのでしょうか。

付記

　本章は、JSPS 科研費による基盤研究（C）「移動の時代の「海外の日本語教育」の研究」（20K00709）及び基盤研究（B）「海外日本語継承語（JHL）コーパスの開発と日本語・日本語教育研究への応用」（20H01271）の研究成果の一部である。

参照文献

Norris, J., Sawyer, R. D., & Lund, D. (Eds.). (2012). *Duoethnography: Dialogic methods for social, health, and educational research.* London, UK: Taylor & Francis Group.

Sawyer, R. D., & Norris, J. (2012). *Duoethnography.* Oxford University Press.

COLUMN 1 新しい視点から 見えてきたこと

松崎かおり

私は日系2世の父親と、ブラジル人の母のもとに生まれ、日本とブラジルの2つのルーツを持っています。日本で生まれ、日本で育ち、今は日本の大学に通っています。将来は、私のように複数のルーツを持つ子どもたちの言語教育について研究したいと考えています。実は、これはずっと考えていたことではなく、大学での経験から考えるようになったことです。

　私は幼い頃から、家ではポルトガル語を使用し、それ以外の場所では日本語を使用していました。2つの言語を使用するのが好きで、幼稚園ではよく先生にポルトガル語を教えていたことを覚えています。自分で2言語に訳しながら、「同じものを指すのに、同じことを話すのに、なぜ異なる表現をするのだろうか」といつも疑問に思っていたことを記憶しています。小学校以降は英語も好きになってたくさん勉強しました。特にポルトガル語と日本語と英語の似ているところ、異なるところを見つけるのが楽しかったです。大学でも、新しい言語や文化について勉強がしたいと思い、フランス語・フランス文化を専攻しました。この「新しい言語・文化」を学ぶことが自分にとって大きな転換になったと感じます。

　フランス人の夫婦の家に1ヵ月ホームステイした時、世界各国の様々なことについて話し合いました。自分のルーツのことを話すと、非常に関心をもってくれ、「日本人としてどう思う？　ブラジル人としてはどうなの？」などと聞かれることが多くありました。しかし、そのような質問にうまく答

44

えらませんでした。自分の意見はどちらの立場の意見なのか分からなかったからです。それから、私の意見は日本人の意見になるのか？　ブラジル人の意見になるのか？　自分は一体何者なんだろう？　と自分のアイデンティティを問うようになりました。「日本でずっと暮らしているけど、よくブラジル料理を食べるし、日本のニュースはたまに見るけど、ブラジルの事情は詳しくは分からないし……」。複数の言語を使用して、いろいろな文化を知るのは楽しいけれど、どれも中途半端になってしまっているのではないかと感じるようになりました。

　しかし、自分にとって「第3の視点」であるフランスから自分を捉えなおすことは、アイデンティティのもがきだけではなく、新たな視点をもたらしました。自分はより日本人あるいはブラジル人だなどと分類できるものではなく、また日本とブラジル半分ずつでもない国の枠組みを超えた「一国際人」であると思うようになりました。国際人というのは、日本やブラジル、海外のことをたくさん知っているとか、国際機関で働いているとかではなく、その知識を通じて「再帰的に」自らのルーツを捉え直し、豊かにする人のことでもあると思います。私にとって、フランス語やフランスの文化社会の理解の深まりが、自分のルーツである日本やブラジルの言語、文化、アイデンティティについての理解を深めました。自分のルーツと関係のない言語や社会が、自分のルーツについての理解を深まらせたというのは、一見逆説的かもしれませんが、よくよく考えれば、日本でもブラジルでもない、フランスという自分にとって異質なもの、すなわち第3の視点が、私が最も親しんでいる2つの国の言語や文化を「外」から見つめなおす最高の機会になったのです。このような経験から、将来は言語的文化的に多様な子どもたちの教育に関わっていきたいと考えるようになりました。

　本書を手に取って読んでいるみなさんは、私のように言語的文化的に多様な環境で生まれ育った方かもしれませんし、人生のある地点でそのように生きるようになった方かもしれませんし、そのような環境・経験をあまりしたことがない方かもしれません。しかし、今日の社会では、そうした人と関わる機会が多くなってきています。一口に「言語的文化的に多様」と言っても、それぞれ経験していることは異なります。お互いに一歩あゆみ寄り、理解し合おうとする姿勢を大事にしていけたらいいのではないかと思います。

第4章　多様化社会のファミリー・ランゲージ・ポリシー

伊澤明香

キーワード

ファミリー・ランゲージ・ポリシー、家庭内言語、家庭内言語リソース

1 はじめに

　多様な言語文化社会の中で子どもを育てる保護者は、何を考え、何を子どものために実践しているでしょうか。近年、日本国内でも外国にルーツをもつ子どもたちが増えています。国内では日本語がマジョリティの環境ですが、外国にルーツをもつ子どもたちの母語・継承語を守るにはどうしたら良いのでしょうか。移民社会であるブラジル日系社会からこれらの点を学ぼうとすることが本章の狙いです。

　1908年に初めて日本から移民がブラジルへ渡ってから110年以上が経ち、現在のブラジルでは世界最大の日系社会を形成しています。ブラジルの日系社会では、長年にわたり子どもたちのために日本語学校創立など日本語教育を実践してきました（宮尾 2002）。行政など公的支援は少なく、移民たちは独自のネットワークの中で協力し合い、どのように日本語能力を身につけていくのかは、家庭での教育戦略に任されていました（平岩 2016）。本章では、保護者のファミリー・ランゲージ・ポリシーに着目し保護者へのアンケート調査を通して保護者の子どもへの言語教育観及び日本語に関する意識と子どもたちの家庭での言語使用及び言語環境の実態を明らかにすることを目的としています。

2 ブラジルの日系人保護者は何を考え教育してきたのか

　ブラジルの日系社会での保護者の言語教育観の研究は、(1) 保護者の日本語教育に関する意識調査と (2) 保護者の教育観の変遷に分けられます。

2.1 子どもへの日本語教育に関して保護者は何を意識してきたか

　工藤・森編 (2015) によるブラジルの日系社会での日本語教育に関する保護者への意識調査では、「子供・孫に日本語を習わせたい」と考えている保護者が多く、その理由として、「日系人としてことばを知っておくのは当然」「日本文化を理解するため」という日系人のアイデンティティに関するものが多く見られました。言語の使用に関しては、同世代に対してはポルトガル語の使用が多いですが、上の世代に対しては日本語、または日本語とポルトガル語の半々を使用する場合が多く、特に祖父母に対しての日本語の使用率は約 85％となっています。

2.2 時代によって保護者の子どもへの教育意識はどう変わってきたのか

　ブラジル日系社会における子どもたちへの保護者の教育観の変遷は、当時の社会環境に大きく影響を受けています。

　工藤・森ほか (2009) によると、戦前の 1908 年から 1910 年代前半頃までは短期的出稼ぎ戦略が重視され、学齢期の子どもが少なかったこともあり、子どもたちへの教育問題が課題として取り扱われることはありませんでした。

　しかし、1920 年代初頭から 30 年代前半には、短期的出稼ぎから中・長期滞在へと転換するなかで、子どもたちへの教育が大きな懸念事項となりました。日系 2 世に対して、バイリンガル教育を基本としながらブラジルへの同化をどの程度許容し、日本語とポルトガル語のどちらを重視し、それぞれのことばによる教育に対して、どのような役割分担をさせるかという議論が日系社会でなされました。

その後、戦時中には、日本語教育が10年以上禁止され、ポルトガル語へのシフトが加速していきました。

戦後は、ブラジルへの永住化が進み、ブラジルでの社会的経済的上昇を図っていくため、2世をいかにしてブラジル社会で成功させるかに重点がおかれるようになりました。そのためにブラジル公教育が重視され、日本語学習時間が減少していきました。

80年代になると、家庭やコミュニティでの使用言語として日本語が減少し、90年代では「外国語としての継承日本語教育」という子どもたちへの教育観が出現しました。このように、保護者の教育観は社会的変化、特に戦争という激動の時代を経て大きく変化してきました。

2.3　ファミリー・ランゲージ・ポリシーとは何か

本章のタイトルにもあるファミリー・ランゲージ・ポリシーとは何のことでしょうか。

King et al.（2008）によると、ファミリー・ランゲージ・ポリシーとは、「家庭内における家族間の言語使用や言語選択、リテラシー実践について明示的かつ暗黙的な計画」と定義されています。ファミリー・ランゲージ・ポリシーの3つの要素として、言語実践、言語の信念、言語管理が挙げられます（Spolsky, 2004）。どの言語を使用するかという決定は親によってなされ、子どもがどのように言語を習得するかは、親の信念や態度が果たす役割の影響が大きいと言われています（De Houwer, 1999）。ファミリー・ランゲージ・ポリシーは、子どもの発達過程を形成し、子どもの学校での成功に大きく関係し、マイノリティ言語の保持と将来の地位を総合的に決定するものであり、重要であるとされています。

3　調査概要について

3.1　調査地をどのように選んだのか

調査は、ブラジルの日本語学校及び日本語コース付の私立学校の計7校

で実施しました。調査地の選定については、まずはブラジル日系人人口調査（サンパウロ人文科学研究所 1988）の結果に基づいて、日系人の在留数が最も多いサンパウロ州、第 2 位のパラナ州、第 3 位のパラー州に絞りました。次に、ブラジル現地の日本語教育について詳しい国際交流基金サンパウロ日本文化センターの職員の方々に協力を仰ぎ、調査対象校候補を選定しました。調査は、学校及び保護者の承諾を得た上で行いました。最終的に、日系人人口第 2 位のパラナ州では実施できませんでしたが、日系人人口第 1 位のサンパウロ州で 4 校、第 3 位のパラー州で 3 校の調査協力を得ることができました。学校概要の詳細は表 1 のとおりです。

表 1　学校概要

	C 校	P 校	I 校	A 校	B 校	T 校	O 校
場所	サンパウロ州 （日系人人口第 1 位）				パラー州 （日系人人口第 3 位）		
種類	日本語学校			私立学校	日本語学校		私立学校
授業数	平日週 5 日	平日 週 2 日 土曜日	平日 週 2 日	土曜日	平日 週 2 日	平日 週 2 日 土曜日
時間／1 回	2 時間	2 時間	2 時間	1 時間	3 時間	3 時間	1～3 時間
移住地	戦後	戦後	戦前	戦前	戦前	戦前	戦後

3.2　アンケート調査を実施した保護者の特徴や 日本語能力とは

　2017 年 4 月から 5 月にかけて、子どもをブラジルのサンパウロ州とパラー州にある日本語学校や日本語コース付の私立学校に通わせている保護者に対してアンケート調査を実施しました。調査協力者は、53 名、40 世帯です。70 枚配布し 53 枚回収、回答率は 75% でした。調査協力者の子どもたちは、日本語学校に通学している場合は、現地の公立学校にも通っています。つまり、ポルトガル語が現地語であるブラジルに住みながらも、日本語に触れ、学ぶ環境で育っています。アンケート調査を実施する前に、65 名の日系人の子どもたちに会話力・読解力調査を実施し、その子どもたちの保護者に調査の協力を呼びかけました。アンケートはポルトガル語版と日本語版を用意しました。保護者のブラジルでの教育歴は、全体的な傾向として高

校卒、大学卒が多く比較的高学歴でした。また、現在仕事をしている父親が97%、母親が76%と共働きの家庭が多いのも特徴です。つまり、日本語学校や私立学校の学費が決して安くはないことも考慮すると、ある程度経済的に余裕のある家庭ともいえるでしょう。日本語を勉強したことがある保護者は39名で、75%に当たります。日本語を勉強したことがない保護者は、非日系の母親が大半を占めました。保護者の日本語能力を見ると、まず父親は、聴解は得意としますが、他の三技能はそれぞれ得意・不得意が半数ずつに分かれていました。また母親は、全体的に聴解と会話が得意でした。滞日経験者は、40名と8割近くを占めていました。

表2 アンケート調査協力者の属性

州	種別	学校	祖父	祖母	父	母	計
サンパウロ州	日本語学校	C校	4	4	7	8	23
		P校	0	0	8	8	16
		I校	0	0	2	5	7
	私立学校	A校	0	0	0	1	1
パラー州	日本語学校	B校	0	0	0	1	1
		T校	0	0	0	4	4
	私立学校	O校	0	0	1	0	1
計			4	4	18	27	53

　アンケートの項目に関しては、友沢（2019）にならい、子どもを日本語学校あるいは日本語コース付の私立学校に入れた動機、子どもに期待する日本語能力、保護者自身の日本語能力、家庭内言語の使用実態、家庭内の日本語のリソース、保護者による家庭内の子どもへの日本語のサポートといった事柄について盛り込みました。

4　日系人の保護者は、子どものために何を考え、何を実践しているか

4.1　日本語学校あるいは日本語コース付の私立学校に入れた動機

　友沢（2019）では、子どもの言語学習や言語保持など教育上の問題は、親の意識が大きく関わっていると指摘しています。まずは、保護者が子どもを日本語学校あるいは日本語コース付私立学校に入れた動機について自由記述（複数回答可）の形で問いました。

　その結果を「日本語学習」「日本文化」「日系人として」「カリキュラム」「本人の希望」「帰国生の適応」「その他」という 7 つのコードにコーディングしました（表 3）。一番多かったのは、日本語を習得して欲しいという「日本語学習」が 28 件でした。次に「日本文化」が 26 件と、言語だけでなく文化を理解する場としての活用が期待されていました。「日系人として」先祖の国について学んで欲しいという希望は祖父母を中心に 14 件ありました。また、日本語学校は一般的なブラジルの学校と違って、体育、音楽、演劇など日本的なカリキュラムを取り入れています。その点に魅力を感じて入学させた事例も 3 件ありました。一方、子ども自身が日本語学校で学びたいと申し出たケースも 3 件ありました。日本で就学経験のある子どもが帰国後の日本語の保持と適応の場所として自ら学校を選択したという事例も 2 件見られました。

表 3　子どもを日本語学校に入れた動機

日本語学習	日本文化	日系人として	カリキュラム	本人希望	帰国生の適応	その他
28	26	14	3	3	2	2

4.2　保護者が期待する子どもの日本語能力とは

　次に、保護者が期待する子どもの日本語能力について見ていきます。先に述べたように、日本語能力を身につけて欲しいと願い、子どもを学校に入学させた保護者が多いことが分かりました。それでは、将来的にどのレベルま

での日本語を習得して欲しいと願っているのでしょうか。結果を見ると、「ポルトガル語も日本語も同じくらい強くしたい」と答えた保護者が 46 名と全体の 86％を占めており、子どもがバイリンガルになることを希望している保護者像が浮かんできます。ポルトガル語よりも日本語を強くしたいという保護者は 2 名、日本語よりもポルトガル語を強くしたいという保護者は 5 名でした。

また、単にバイリンガルといっても「話す」「読む」「書く」の各技能に関して具体的にどのレベルまで獲得することを期待しているか見ていきます。

表 4　子どもに期待する日本語能力（話す・読む・書く）

話す	(a) 親と日常会話が問題なくできる。	(b) 親や親戚以外の日本人と日常会話が問題なくできる。	(c) 年齢相応の自分の意見を述べたり、説明したりできる。
	1	21	31
読む	(a) 日本語の漢字がある程度読める。	(b) 簡単な手紙や日常生活の中の読み物が読める。	(c) 新聞記事や専門書が読める。
	8	22	23
書く	(a) 日本語の漢字がある程度書ける。	(b) 簡単なメモや手紙が書ける。	(c) まとまりのある長い手紙や文章が書ける。
	7	21	25

上記表 4 のように、「年齢相応の会話力」が 31 名（58％）、「新聞記事や専門書レベルの読解力」が 23 名（43％）、「まとまりのある長い手紙を書く力」が 25 名（47％）といった高レベルの日本語能力を習得することを期待している様子が見られました。ここで注目したいのが「話す」の項目で、「親と日常会話が問題なくできる」を選んだ保護者が 1 名のみと、非常に少ない点です。OECD 編著（2017）でも指摘するとおり、3 世、4 世の日系人の家庭では、家庭内で継承語として日本語がそれほど使用されていないという現状が考えられます。

4.3　家庭内ではどの言語が使用されているのか

ここでは、家庭内言語について概観します。調査の結果、パートナーとポ

ルトガル語で会話している者が 30 名（62%）と半数を超えました。両言語が 11 名、日本語使用は 7 名でしたが、内訳は日本人である 1 世の祖父母同士の会話、あるいは日本人と国際結婚した 2 世と限定的でした（その他は無回答）。

　一方、子どもとの家庭内の言語使用はポルトガル語が 26 名（54%）と約半数を占めていました。両方は 16 名、日本語のみは 6 名で、祖父母と子どもたち（孫に当たる）間だけであり、親子間で日本語だけが使用されている家庭はありませんでした。工藤・森編（2015）でも、祖父母に対しては約85% が日本語を使用していたとし、1 世には日本語を使いますが、親子間ではその比率が下がると指摘しています。

　また、子どもに対して日本語とポルトガル語を混ぜて話す家庭が 33% ありました。一要因として考えられるのは、日本で就学経験があり、日本語のほうがまだ流暢な子どもの場合、家庭で日本語とポルトガル語を混ぜながら話しているという可能性が考えられます。モラレス松原（2014）では、ブラジルの日本語教育は、「継承語」としての役割から「外国語」としての役割を担ってきていると言及しています。本調査でも、日本語が必ずしも家庭で継承され、家庭内言語として使用されているわけではないことが明らかになりました。

4.4　家庭内で使用されている日本語リソースとは

　子どもたちが学校の授業で日本語に触れる以外に家庭内で日本語に意識的に触れる機会を持つことが、子どもたちの日本語能力を伸ばすのに有効であることが明らかになっています。ここでは、家庭内での日本語リソースの使用状況とリソースの種類（複数選択可）に関して着目します。日本語のリソースを使用している家庭は 38 件、使用していない家庭が 11 件、その他は無回答でした。つまり日本語リソースのある家庭は、日本語リソースがない家庭の 3 倍に上り、家庭での利用率は 73% という結果となりました。具体的なリソースの種類は、テレビ、雑誌、インターネット、音楽などでした。一番多いものはテレビで 24 件でした。具体的には NHK の衛星放送を利用していました。その次に、インターネットと音楽が 20 件ずつでした。

特にインターネットを利用し、日本のドラマ、アニメ、民放のテレビ番組を見ることができます。これはブラジルだけでなく、ドイツの日本語補習校に通っている子どもたちの家庭でも同様に積極的な活用が報告されており（日本文化言語センター 2014）、海外で継承語として日本語を学ぶ重要なツールを担っています。

4.5　家庭内で読まれている日本語の書籍とは

　Cummins（2021）では、子どもたちのリテラシー能力を獲得するには印刷物へのアクセスが重要になってくると述べています。ここでは日本語の本に絞って、家庭での活用について見ていきます。子どもが読めるような日本語の本を所有している家庭は 39 件、日本語の本がない家庭は 7 件、無回答は 7 件でした。具体的な種類については、絵本、マンガ、辞書、その他の選択肢式（複数回答可）で問いました。その結果、マンガが 23 件と一番多い結果となりました。実際、子どもたちの通う日本語学校でもマンガが教室内にあり、子どもたち同士でマンガを貸し借りするほどマンガが好きな子どもも多かったです。ブラジルで日本語の書籍を購入しようとする場合、日本の値段の 3 倍近くなり大変高価ではありますが、サンパウロの東洋人街を中心に日本語の書籍を購入できる書店自体は存在しています。また、絵本が 22 件となっていますが、絵本は、日本に親戚がいる場合は親戚から譲り受けるケースや、日本への旅行の際に入手しているケースが見られました。

4.6　家庭内で保護者が子どもへどのような日本語サポートをしているか

　家庭内で保護者が子どもへどのように日本語サポートをしているのかについて見ていきます。異国の地で子どもが日本語能力を保持しようとした場合、学校内だけでなく、家庭内でも子どもの日本語学習に保護者が関心を持ち、寄り添う姿勢が重要です。アンケートの結果、家庭で子どもたちの日本語学習のためにサポートしていると答えた保護者は 44 名、特にしていない者は 4 名でした。この 4 名の内訳は、非日系の母親や日本語学習歴がなく日本語能力が低い場合が主でした。ここでは、保護者が子どもたちへのよ

うなサポートを家庭内で実施しているかについて 9 項目に分けて見ていきます（複数回答可）。一番多いサポートは「日本語のテレビやアニメなどを見せる」で 21 件でした。家庭内の日本語リソースでもテレビの活用が最も多く、子どもの日本語学習に積極的に活用するように促していました。次に多かったのは「日本語に関する話題を採りあげて話したりする」で 19 件でした。学校での日本語学習を学校だけのものにせず、家庭でもしっかり取り上げて親子の話題にすることで、子どもの日本語学習意欲の継続に役立てている様子がうかがわれます。主に日本語学習歴のある保護者 14 名は、日本語学習を学校に任せるだけではなく、自ら「日本語の読み書きを教える」ことに努める事例も見られました。「日本語の本を買い与える」のは 12 件となり、「家庭で日本語の本を読み聞かせている」のは 8 件となりました。「なるべく日本語で話しかける」ようにしているのは 12 名で、主に祖父母や、日本語が堪能な両親が実施していました。83％の保護者が家庭内で何らかの形で日本語学習のサポートをしていることが明らかになりました。これは、日本にデカセギで来日したブラジル人の保護者が、一般的に子どもの日本語学習に関心がないと言われていることに対して、本調査結果において、家庭でも子どもたちの日本語学習に積極的に関わろうとする保護者の姿勢が見られたことは注目に値するでしょう。

5　おわりに

　最後に、本章の目的である日系社会の中で子どもを育てる保護者のファミリー・ランゲージ・ポリシー、つまり何を考え、何を子どものために実践しているのか、移民社会であるブラジル日系社会の日系人保護者へのアンケート調査から何が分かったのか、また日本国内でも外国にルーツをもつ子どもたちの教育に何が示唆されるのかを考えていきます。

　ブラジルでポルトガル語がマジョリティという環境の中でも、保護者が子どもを日本語学校及び日本語コース付私立学校に入れた動機は、日本語を学んでほしいという回答が一番多いことが分かりました。工藤・森編（2015）でも、日本語を継承する意識は強いことを指摘しています。保護者が期待する日本語能力は、ポルトガル語との高度なバイリンガルを理想としていると

いうことも見受けられました。しかし、学校に期待する点は、日本語という言語面だけでなく、日本文化という文化的側面にもありました。体育や音楽といった日本独自のカリキュラムだけでなく、学校での学びや環境から礼儀・責任・努力といった日本文化の良い側面を、日系人として得て欲しいという思いも見られます。

　中島（2016）では、異国の地で世代を超えて言語を継承することは難しく、特に３世以降は継承語を喪失しやすいと指摘しています。しかし、伊澤（2017）の調査でも言及されているように、ブラジル日系社会では珍しく３世でも日本語が保持されている現状があります。筆者は本調査をするまでは、これは家庭内で日本語を使用していることが影響しているのではと考えていました。しかし、実際には、家庭内言語は既にポルトガル語が主流であるという結果が明らかになりました。バイリンガル育成には家庭内言語の役割は大きいと言われています（中島 2016）。それでは、本調査の場合、家庭で日本語を話さずどうやってこのような日本語能力を身につけたのでしょうか。その答えの１つは、日本語学校や日本語コース付私立学校でしっかりした学びを得ていることが要因であると考えられます。子どもたちは家庭でポルトガル語を使用し、現地の学校でポルトガル語をしっかりと習得した土台の上に、授業で日本語を学んでいるからです。しかしながら、実際には、授業の学びだけで日本語能力を伸ばすことは簡単なことではありません。学校での学びや家庭内言語以外に、どのように子どもたちが日本語能力を身につけているのかをさらに探っていきます。

　子どもたちの家庭内言語環境を見てみると、実に様々な日本語のリソースを活用していました。家庭内の日本語リソースの使用率は、７割を超えました。特に現代では、インターネットの発展が言語習得にも大きな影響を与えています。具体的には、Yahoo! JAPAN といった日本語のニュース記事を読むようにしている子どももいました。自身が YouTuber となって YouTube に日本語での動画をアップしたり、日本語でブログを書いたりといった活動に取り組んでいる事例もありました。これらは、自ら興味をもって家庭でも日本語に触れ、発信する姿勢ともいえます。

　また日本語の書籍は、マンガを中心に見られました。Cummins（2021）では、子どもたちのリテラシー能力を獲得するには印刷物へのアクセスが重

要と指摘されていますが、日本にはマンガという日本語学習への興味のきっかけにもなる良い資源があることを活用したいものです。

　家庭内での日本語リソース活用が多い背景には、保護者がそのリソースを買い与えることができる経済基盤を築いていることが考えられます。日本語の書籍はサンパウロの中心部では日本の 3 倍と非常に高額ですが、豊富な品揃えで購入する環境は整っています。保護者は、中心部から離れた場所からでも買い求め、それだけでなく、日本の親戚から送ってもらったり日本に行った際に日本語の絵本を入手したりと、家庭内言語環境を整えるために保護者の熱心な姿勢が読み取れます。子どもは小学校高学年くらいになると、自発的に家庭内で日本語のリソースに触れる姿勢が育まれてきます。しかし、アニメやマンガなど子どもが自発的に興味を持つことを除いて、子どもはただ日本語リソースを買い与えられるだけでは、なかなか自ら進んで活用することは難しいのが現実です。ここで注目したいのは、ただ買い与えるだけでなく、それを子どもが活用できるように保護者自身が一工夫している点です。日本語学習経験がない保護者を除いた 83% の保護者が家庭内で何らかの形で日本語学習をサポートしており、具体的には、学校での宿題を見たり、テスト前には子どもに寄り添って教えていました。毎日、日本語の短い本を読み聞かせしているという事例もありました。授業での学びを話題に出して、子どもの日本語学習に保護者自身が関心を持っていることを伝える姿も重要です。このように、学校での学びに家庭内での日本語のインプットが重なり、日本語能力の向上に役立っていると考えられます。

　それでは、日系ブラジル社会での事例は、日本国内の外国にルーツをもつ子どもたちの教育環境や今後に何を示唆するのでしょうか。日本国内の外国人保護者の教育戦略に関する先行研究を概観すると、「外国人保護者は仕事で忙しく、子どもの教育に関心をもつ余裕がなく無計画である」というイメージが先行しているきらいがあるように感じています。しかし、本当に保護者は、子どもの学びに関心がなく、子どもの将来を考えていないのでしょうか。

　本調査から浮かび上がった保護者像は、決してそうではありませんでした。本調査の保護者は、経済的に比較的裕福な層とは述べましたが、多くが在日経験があり、全体の約 2 割が出稼ぎを経験していました。日本からの

出稼ぎから戻ってきて、子どもの言語習得や適応を考えて日本語学校や日本語コース付私立学校を選択しているケースもありました。そして、子どもがポルトガル語に慣れるまでは、家庭内で日本語も活用しながら話していました。ブラジル日系社会での保護者への子どもの言語教育観は、2.2 節で見たように、短・中・長期滞在があり、それぞれの滞在期間によって言語教育観、つまりファミリー・ランゲージ・ポリシーは大きく変わってきます。また、現代のグローバル社会では、日本とブラジルの往還といった移動を伴うライフスタイルも増えています。

　1990 年代に日本国内で急増したニューカマーの出稼ぎも、当初は大人だけの短期滞在が主流でした。その後家族滞在も増え滞在も長期化し、一時的な滞在と思われてきた子どもたちは既に日本で成人し、今では日本生まれ日本育ちの次の世代も育っています。これは、彼らの言語が「母語」から「継承語」へ、そしてやがて「外国語」として、ブラジルの日系社会と同じような経緯を歩む可能性を示唆しています。そこでのファミリー・ランゲージ・ポリシーの位置づけが、日系社会の言語教育観の変遷（2.2 節）でも見たように、滞在期間によって変化していくことは、先のブラジルの日系社会がたどったプロセスからも明らかです。そして、これらのファミリー・ランゲージ・ポリシーは「無計画」なものではなく「臨機応変にその場で一番最適なものを選ぶスタイル」とも考えられるのではないでしょうか。このように、ブラジルの日系人の子どもたちに対する言語教育の実践や保護者の家庭内サポートの姿勢は、国内外のブラジル人の子どもたちをはじめ外国にルーツをもつ子どもたちへの言語教育に必要な環境整備への示唆を与えうるでしょう。

参照文献

伊澤明香（2017）「ブラジルの日系人の子どもたちの日本語の読解力に関する一考察」『日本語・日本文化研究』27, 98-107.
OECD（編著）（2017）『移民の子どもと学校―統合を支える教育政策―』（布川あゆみ・木下江美・斎藤里美監訳）明石書店.
工藤真由美・森幸一・山東功・李吉鎔・中東靖恵（2009）『ブラジル日系・沖縄系移民社会における言語接触』ひつじ書房.
工藤真由美・森幸一（編）（2015）『日系移民社会における言語接触のダイナミズム―ブラジル・ボリビアの子供移民と沖縄系移民―』大阪大学出版会.

サンパウロ人文科学研究所（1988）『ブラジルに於ける日系人口調査報告書』サンパウロ人文科学研究所.

友沢昭江（2019）「家庭言語環境調査から見える子どもの二言語能力―1 年時と 6 年時の保護者へのアンケートとインタビューを通して―」真嶋潤子（編著）『母語をなくさない日本語教育は可能か―定住二世児の二言語能力―』pp.119-159, 大阪大学出版会.

中島和子（2016）『［完全改訂版］バイリンガル教育の方法―12 歳までに親と教師ができること―』アルク.

日本文化言語センター（2014）『つなぐ―わたし・家族・日本語―』日本文化言語センター.

平岩佐江子（2016）「日系社会における継承語教育の課題と展望―「継承語」概念の比較検討を通して―」『JICA 横浜海外移住資料館研究紀要』11, 17-38.

宮尾進（2002）『ボーダレスになる日系人―ブラジルの日系社会論集―』サンパウロ人文科学研究所.

モラレス松原礼子（2014）「ブラジルの日系人と在日ブラジル人―言語・メンタリティー―」宮崎幸江（編著）『日本に住む多文化の子どもと教育―ことばと文化のはざまで生きる―』pp.89-116, 上智大学出版.

Cummins, J. (2021). *Rethinking the education of multilingual learners: A critical analysis of theoretical concepts.* Bristol, UK: Multilingual Matters.

De Houwer, A. (1999). Environmental factors in early bilingual development: The role of parental beliefs and attitudes. In G. Extra, & L. Verhoeven (Eds.), *Bilingualism and migration* (pp.75-96). Berlin, Germany: Mouton De Gruyter.

King, A. K., Lyn, F., & Aubrey, L. T. (2008). Family language policy. *Language and Linguistics Compass, 2*(5), 907-922.

Spolsky, B. (2004). *Language policy.* Cambridge University Press.

第5章　日系4世の継承語・文化保持の可能性

坂本光代

キーワード

日系4世、ブラジル人、アイデンティティ、ナラティブ、
継承語習得・保持

1　はじめに

　継承語話者研究に従事して早 20 年以上経つ中、継承語としての日本語は
2 世代で消滅しうるという結論に達しました（Sakamoto, 2000, 2001）。
英語という権力を持ち備えた言語（フィリプソン 2013）が主要言語として
用いられる環境の中、マイノリティ言語を積極的に学び、保持する必要性を
大衆に訴求するのは簡単なことではありません。結果、日本語母語話者であ
る 1 世が家庭で日本語を使用・保持でき、その子ども世代である 2 世はバイ
リンガルに育つも、その次世代（3 世）の子育てでは日本語使用の必要性が
希薄となります。よって、英語圏の家庭内の使用言語が英語優勢となり、3
世代目は英語モノリンガルに、よくても聞いて理解することはできても発話
や作文など産出的な言語活動ができない受容型バイリンガルに育つ可能性が
高くなります。その反面、ブラジルでは、2 世はもちろん、3 世、4 世でも
日本語を保持できています（Sakamoto & Matsubara Morales, 2016）。
移住者は従前自国で培った言語・知識・学歴・職歴などから引き離された
「移民」として新たなアイデンティティのもと、新しい土地で新生活を送る
ことを余儀なくされてきました。これは植民地主義的視座からは、安価な労
働力として搾取の対象とされ、自尊心を奪われうることを意味します。しか
し、「日本にルーツを持つ人」という頑強なアイデンティティを独自に構
築・確立し、知見をつないできた日系ブラジル人は、「移民」というブラジ

60

ルが所与の前提とするカテゴリーにそのまま収まることを必ずしもしていません。祖国で培ってきた歴史を捨てず、自分たちと日本との関係性の中、自己の存在意識を見出し、日本語を継承語として保持している彼らの在り方を、彼らの置かれた文脈、そして彼らを取り巻く政治性を語らずして彼らを理解することは難しいと言えましょう。本章では、特に珍しい日系ブラジル4 世の日本語保持に着目し、日本語・日本文化の継承に成功した 2 名のナラティブ（語り）を介して、その要因について文脈・政治・社会・歴史的視点から考察します。

2　グローバル化と言語習得

2.1　言語・文化資本と新自由主義

　言語習得の動機の一つは、その経済的価値にあります。Bourdieu（1991）は、人が持ち備えている価値を「資本」としました。その対価が高ければ高いほど、それを習得・保持する動機が強まります。日本語がその社会において価値ある言語であれば、言語学習意欲は高まり、そうでなければ淘汰されます。北米ではまず英語力が問われ、学歴やキャリアに大きく影響をもたらします。よって、日本語を習得・保持したいという動機は削がれ、英語偏重となっても不思議ではありません。となると、ブラジルの公用語であるポルトガル語が、まずはブラジル社会において価値ある言語になるはずです。また、国際言語として英語力も求められましょう（Sakamoto & Matsubara Morales, 2016）。それでも、なぜ日本語が 3 世以降にも継承されるのでしょうか。

　個人の権利・自由・選択が尊重され、個人の努力によって社会的・経済的恩恵を享受することができるとする思想を自由主義と呼び、昨今のグローバル化が進む中での自由主義は新自由主義（ネオリベラリズム）と呼びます。新自由主義では、個人が日本語学習を希望し、実践、習得するのは、自由でかつ可能とされます。しかし、ブラジルでは政策的に日本語保持を推進する動きは極めて希薄であり（モラレス松原 2014）、1930 年代には言語や思想を制限する政策が取られ、日本人・日系人のブラジル社会への同化が強制さ

れました。それでもなお、日系ブラジル人は独自に日本語・日本文化を保持・継承してきました。新自由主義に基づけば、日本語習得のための動機は説明がつきません。

　個人主義・自由主義に基づく新自由主義は一見平等を約束し、より良い社会構築に向けた考えのように思えますが、ハーヴェイ（2007）は警鐘を鳴らしています。

> 新自由主義理論の真髄の1つは、自立、自由、選択、権利などの聞こえのいい言葉に満ちた善意の仮面を提供し、剥き出しの階級権力の各国および国際的な——とりわけグローバル資本主義の主要な金融中心国における——回復と再構築がもたらす悲惨な現実を隠蔽することなのである。(p. 164)

　新自由主義の根底にあるグローバル資本主義を支える上で、最も求められる言語は英語、そしてブラジルの場合はポルトガル語です。新自由主義に踊らされ、継承語を蔑ろにし、「重要語」である英語やポルトガル語のみに傾注することが容易に想像できます。結果、母語・継承語を喪失した日系ブラジル人は、「悲惨な現実」の犠牲となり、社会の底辺に留まってしまう危険性を秘めています。それでも新自由主義に翻弄されず、日本語・日本文化習得・保持に努めてきた人々の動機を解明する必要があります。

2.2　グローバル時代の文化変容

　文化人類学者アパデュライ（2004）は、グローバル時代の文化変容の特徴・要因として五つの次元（スケープ）を挙げています。それは、エスノスケープ、メディアスケープ、テクノスケープ、フィナンスケープ、イデオスケープです。エスノスケープは、観光や海外移住、海外赴任など、グローバル化が進む上で国から国へと移る人々の移動による文化変容を示唆します。メディアスケープは、SNSやオンライン情報媒体に配信される情報、テクノスケープはインターネット等技術・科学の発達・拡散、フィナンスケープは世界的に展開する経済関係、イデオスケープは、「自由」「民主主義」など

の概念の普及を指します。これら五つが複合的・複層的に作用し、現代における文化を構築しているとされます。

　1895 年、日本とブラジルの間に日伯修好通商航海条約が調印され、1907 年にはサンパウロ州農務局による日本人移民の導入契約が成立、1908 年に初の日本人移民 781 人がブラジル・サントス港に到着しました。1990 年には日本の出入国管理法が改正され、いわゆる日系人ビザが供給されるようになり、日系人が日本で長期に居住・就労しやすくなりました。経済的にブラジルが低迷していた 90 年代には、より良い仕事を求めて日系ブラジル人が「デカセギ」として多く来日したのは記憶に新しいでしょう。こうして日系人の、日本と母国間の往来が逓増していきましたが、その後2008 年のリーマン・ショックや 2011 年の東日本大震災などにより、日本を引き揚げ、ブラジルに帰国する日系ブラジル人が増えていきました。幼少時に日本で過ごしたり、日本生まれの日系ブラジル人は、日本語が優勢な子どもも多く、2008 年には「カエルプロジェクト」と称して、そんな子ども達がブラジルに順応する手助けをする NPO も創設されました。二文化・二言語の狭間で生きる子どもたちの文化・言語変容は、五つのスケープを介し、複雑で多面的なものとなっています。デカセギでなくとも、海外赴任や、海外留学など、世界をまたにかけて活躍できる機会が顕著に増えた結果、日本と海外の往来は（コロナ禍で一時的に衰退を見せたものの）昨今頻繁にされてきました。そんな国際的状況を鑑み、五つのスケープがどのように人々に作用し、具体的に継承語習得に寄与してきたのかを解明したいと考えます。

2.3　バイリンガルの言語習得・発達

　言語の習得は場面別とされており、その場面に即した言語習得パターンが発生するとされています（相補性の原理）（グロジャン 2018）。例えば学校では教科言語、家庭では家族間特有の言語使用と、各場面で求められる語彙等が違います。この考えに基づくと、学校で学ぶ言語パターンと家庭内のそれとは、重複する部分はあれども完璧に一致することはありません。また、家庭内では会話偏重で、読み書きを伴う活動は稀有です。よって、会話力は

家庭内では付くでしょうが、読み書き能力は促進されづらいです。逆に学校では会話力だけでなく作文力や、特殊な語彙力の習得も求められます。この言語スキルの違いに着目し、カミンズ（2011）は言語能力は認知・学力言語能力（Cognitive Academic Language Proficiency; CALP）と、伝達言語能力（Basic Interpersonal Communicative Skills; BICS）の二種類があるとしました。学校では BICS・CALP 共に促されるのに対し、家庭では BICS は助長されても CALP はおざなりになりがちです。結果、少数派言語を習得する際には、どうしても BICS が優勢で、CALP は劣勢となってしまいます。一般的に、親の話すことは理解ができても、それに対して継承語で発話・作文ができなくなることが多いと言われています。よって、1 世がバイリンガル子育てを実践し、2 世をバイリンガルに育てても、BICS 偏重のバイリンガルに育つ可能性が高く、CALP も伸ばすことは難しいとされます。また、CALP を習得し、高い言語能力を獲得・保持するバイリンガルでも、実は母語・継承語共独自の発達を遂げ、バイリンガル独自の言語システムが確立するとされています（Polinsky, 2018）。母語でも継承語でもない、バイリンガル特有の言語システム・言語使用を「トランスランゲージング」（García & Li Wei, 2014）と呼んでおり、バイリンガルは場面に即した言語を選択、使用するとされています。また、二言語・二文化の狭間で展開されるバイリンガル独自の空間を「第三の空間」（バーバ 2005）、もしくは「場所」（third place; Kramsch, 1993）と呼びます。

2.4　マジョリティ社会におけるマイノリティ言語習得

　ブラジルの公用語はポルトガル語であり、南米全土ではスペイン語が主流の中、日本語の需要は必ずしも高くはありません。近年、「少数言語」（マイノリティ言語）は、実際は「マイノリティ化された言語」、すなわち少数派に追いやられた言語として「マイノリタイズド言語」（minoritized language）と認識されるようになりました（Roseman, 1995: 23-24）。「マイノリティ化された」、疎外された言語とすることで、社会的・政治的な外的作用によって言語がマイノリティ化される概念を顕著に表すことができます。よって、継承語習得（もしくは喪失）は文脈的・政治的・歴史的・社

会的背景からなる紐帯とみなす必要があります。参加者の現代のナラティブ（物語）は、過去とつながり、また未来の方向性を示唆しているのです。

　また、Dörnyei（2020）は、言語習得・保持における動機の役割を長年研究してきました。そして近年では、長期的に持続する動機の重要性に着目し、それには成功例のビジョンが必要としています。そのようなビジョンを構築するには、「動機づけナラティブ」（motivational narrative）が重要であることを指摘しました（p. 53）。

　Sakamoto（2000, 2001）は、バイリンガル子育ては 2 世までで、その後は衰退するとしましたが、南米には 3 世以降でも高い日本語能力を持ち、日本文化に精通する人々がいます。本章では 4 世でありながら BICS だけでなく CALP も習得している日系ブラジル人の母語・継承語教育の変遷、第三の空間の特徴に着目し、彼らのナラティブから継承語習得の淵源について考察します。

3　研究方法

　ここでは、CLD オンライン（Culturally & Linguistically Diverse (CLD) Online）のデータを一部使用しました。CLD オンラインは、松田真希子氏（本書筆頭編著者）を中心に、南米日系人を招聘し、日本語話者になった過程を振り返り、語ってもらうオンライングループです。当初は週に 1 回、日曜日に開催され、100 回を達成しました。2020（令和 2）年 6 月に開始され、2022 年 7 月時点で 105 回目となります。主流は 2 世・3 世の人たちですが、日系 4 世のブラジル人の発表もありました。発表は全て日本語で行われ、彼らの高い日本語力がまず大きな衝撃であり、その過程を分析してみたいと思います。

　ここでは、日系 4 世の 2 名の分析を行います。まず、恵子さん（仮名）は、サンパウロ州でも大きな日系コミュニティがあることで知られるスザノ市で生まれ育ちました。市内にはお寺や日本語学校、文化会館や日系企業などが並びます。日系 3 世の父、2 世の母、三人兄弟の五人家族で、近隣には祖母や叔父家族など親戚もいました。ブラジルは公共教育が半日なので、残り半日は日本語学校で過ごし、結果 12 年間通いました。CLD オンライン

発表時はサンパウロ市内の大学でデザインを専攻している大学生でした。

　隆さん（仮名）は、3世である父親がJICA研修で日本に滞在中に日本で生まれましたが、その1年後にはブラジルに帰国し、パラナ州のマリンガ市で育ちました。マリンガ市はスザノ市同様、日系人口が多い街で、約2万人（市全体の4〜5%）が日系人といわれています。五人兄弟の長男であり、恵子さん同様、5歳の頃から高校卒業まで、現地のブラジル学校と並行して日本語学校に通いました。隆さんも発表当時は大学生で、マリンガの大学で医学を学んでいました。

　恵子さんの発表は2020（令和3）年3月7日、隆さんのは同年1月3日に行われました。

　二人のオンライン発表の内容を文字起こしし、主要テーマをカテゴリー化して、二人の物語の重複点並びに相違点を分析しました。

4　分析結果

　まず、二人とも、家庭内では徹底した日本語環境だったことが確認できました。

恵子1：家中の壁にこう、奥に見えるとおり、もうアイウエオ表？　あと漢字表？　本棚に、日本語の絵本や雑誌、あと日本語昔話のカセットテープやビデオテープだらけでした。小学校まで、お母さんが枕元でお伽話を読んでくれてたんですけど、もうそれは、いまだに、そういう昔話を思い出せるぐらい記憶に残っていますね。

　恵子さん宅の日本語のメディアスケープはかなり充実していたことが分かります。また、どちらの家庭でも日本語使用を推奨していました。

隆　1：家の中ではもう、日本語だけです……父と母が、もう、日本語だけでしゃべりなさいと。で、日本語話せる人たちとは、日本語をできるだけ使いなさい、というのがルールだったので、できるだけ日本語を使っていました。

恵 子 2：お祝いごとがある時、例えば母の日と父の日、正月の時に、毎回長男本家であるおばあちゃんの家で集まっていました。集まります、いまだに。で、そこでは全員日本語しか話しません。

　家庭内言語が日本語だったため、恵子さんも隆さんも、実際学校に進学するまでポルトガル語を話せなかったと言います。

恵 子 3：（親は）ポルトガル語はどうせ外で覚えるからというふうにいつも言って、日本語を先に教えました。で、そのせいか分からないんですけど、中学校くらいまで、ポルトガル語は、私にとっては外国語だという勘違いをしていました。

隆　　2：小学校に入った時、私、全くポルトガル語が話せませんでした。初めの頃は、言語の意思疎通とか、そういう問題がありました。……特に小さい頃は、ほんといろいろと問題がありました。学校に行きたくなかったし。あの、ブラジル学校のほうに。まず言語が分からなかったのが大きいと思うんですけれども。全くポルトガル語を話せず、小学校に入ったということは、結構それなりに辛かったと思います。

　その結果、恵子さんも隆さんも、自分のポルトガル語は「問題がある」と指摘します。

恵 子 4：ポルトガル語の発音に問題があると、クラスメイトなどに言われていましたが、遊び相手になってくれていたので、はぶられてませんでしたので、全然気にしていませんでした。いまだにポルトガル語の発音に問題はあるそうです、私は。でも、直そうと思っていません（笑）。

　隆さんも自分のポルトガル語の問題点を指摘します。

隆　　3：ことばを使う時に、発音やイントネーション。特に、RやLの発

音が非常にしにくいんですね。今も発音できないわけじゃないけど、たまに詰まったりして、することがあります。

　恵子さんと隆さんの親は、ブラジル生まれ・育ちでいながら、日葡バイリンガルに育ちました。潔く家庭内言語環境を日本語とすることに迷いがなかったのは、自身の実体験に基づいているのでしょう。しかし、日系人であるがために、家の外では隆さんは偏見や差別にあったと言います。

隆　　4：偏見や、まあ、差別って言っていいのかどうか分からないんですけども、少なからず僕もありました。顔が潰れているだとか、日系人は、めちゃくちゃ、あの、ナード、ナードっていうんですかね、ものすごく勉強する人のこと、だとか。お前日系人だから、数学めちゃくちゃできるんだろ、とか。数学できないとおかしいだろ、とか。

　逆に恵子さんは、日系企業の出張で初来日した際、日本人に「日本語ネイティブ」ではないとされた経験を語ってくれました。

恵子　5：大阪で、初めて日本人の人に、「君、日本人じゃないけど、どこから来たのか分からないね」って言われて。「宇宙人だね」って言われて。なんか、ほんとに、あれ、私ってなんなんだろって（笑）。おもしろいなと思いました。ブラジル人のアイデンティティも表していないっていう……ここで言いたいのは、初めて日本人じゃないって、日本人に言われて、私の日本語不足に悔しさはありましたが、同時に日本人ではないことを肯定されて、ほっとした気持ちになりました。それで、それ以来、私は自分のことをブラジル日系人だと名乗っています。

　恵子さんにとって、第三の空間にいる自分が自然であり、「日本人」「ブラジル人」という管見で自分のアイデンティティを狭義に定めることを絶妙に回避しています。

　そんな中、二人とも日本語を介した他者との交流を、とても大切に思っていました。

恵 子 6：私が 12 年間ほとんど通ったスザノ金剛寺学園は、もう家族のような学校で、一緒に勉強した友達との絆はすごく強いです……日本語生徒同士の交流の場を作るっていうのは本当に大事で、できれば続いて欲しいものだって、私は大切に思います。

隆　　 5：私は、そのクラスの中でも日系人が多いグループに属していたので、結構、日系人が多かったです……まあ、見てのとおり日系人のほうが多いという。多いのは、やっぱり、日本人のほうが、なんか、心が通じやすい……もっと理解しやすいということもあったんだと思います。

　実際、恵子さんも隆さんも長年培ってきた日本語・日本文化の知識を、貴重なものとして捉えていました。

恵 子 7：日本語・日本文化をブラジル・スザノ市で学んで、何が良いかと、しばらく考えてまとめてみたところ、ものの見方が広がりました……日本語学校で、書道から歌まで、本当に様々な形で、創作の心得に、モノを作ることに、こう、いろんな方法があるって見せてもらったことが大きいと思います……その結果、日本語という能力に、こう限った話になっちゃいますけど、仕事で開く扉が増えました……世界とつながる橋の、選択肢をもらった。

隆　　 6：悩みや苦労はあったけれど、最終的には（日本語は）プラスになったと、自分は思います。もう、この日本の文化を、日本語、日本文化を含む、複数の言語。文化環境についてどう思うか、っていうのについては、私は最終的にはプラスだと思います……複数の言語、文化環境の中で生きている子ども。複数の文化・言語を知るということはアドバンテージである。

　一方で、恵子さんは日本語・日本文化への傾倒のあまり、日本語を話さな

い日系人を軽蔑していた時期があったと打ち明けてくれました。

恵子8：日本語、日本語を話せないと、「悪い」という。日系人の顔をしているのに、日本語を話せないのは恥だとかいう考え方を、少し、少し、少し前までしていました……こう、その、その人の日本語を話せる・話せないという能力に固執していて、その人の心の良さとかそういうのを見つめない？　壁を作ってしまう理由になっちゃって、それは良くないなって、今は反省してますね。

　少数派言語を高レベルで習得し、保持するには、ここまで祖国への忠誠心が求められるのかもしれません。隆さんも、2018年に開催された日本語弁論大会で、祖父から伝えられた日本語保持の大切さを語っています。

隆　7：「日本語は、お前にとって、遺伝に存在するDNAのようなものだ。決して否定することはできない。同時にお前のアイデンティティ、お前の一部だ。日本語とポルトガル語は両立できる。俺の息子、娘たちは、みんな大学を卒業したし、日本語を話せる。日系人の意志も、アイデンティティも受け継いでいる。それは、日本語を知っているからこそ、幸せな家庭をもち、裕福な暮らしができるのだと信じている。」

　隆さんはこの祖父の想いを継承し、結果、日本語学習を蔑ろにせず、積極的に使用・保持してきました。
　恵子さんも隆さんも、ブラジルの一般家庭とは一線を画す、日系家庭特有の「第三の空間」にいることに、迷いがありませんでした。

隆　8：うちでは、例えば、こう、日本文化の中で生きてきたので、こんなふうにやる、例えば、これはこうやるものが普通だよね、でも家の外に出たら、いや、違う。こういうような問題もありました。でも、今はそれがある意味普通だと思っています。

　安心して「第三の空間」を構築できる環境を整えることが、いかに大事か
が分かります。

5　考察

　恵子さん、隆さんに共通している点として、以下のような点が挙げられま
す。

・就学前は家庭内で完全に日本語の生活を送っていた（よって、就学する
　までポルトガル語を使わなかった）。
・幼い頃、家庭内では徹底した日本語使用が課せられ、リテラシー力の促
　進に必要な日本語の図書などがふんだんにあった。
・日系人コミュニティが比較的大きい街に育ち、日本語・日本文化が現地
　にある程度浸透していた。
・現地校に半日、残り半日を日本語学校に通うことで、日葡両語をそれぞ
　れ習得する機会があったため、BICS だけでなく CALP も伸ばすこと
　が可能であった。
・3 世の親自身、日葡両語・日伯両文化を会得することができ、子どもた
　ちが就学前にポルトガル語ができなくても問題視しなかった。
・多言語力・多文化知識を利点と見做し、それによって構築される独特の
　世界観をかけがえのないものとしている。
・成人してもポルトガル語は日本語の影響を受けているが、それは本人た
　ちの個性であり、問題視していない。
・「日系人」というアイデンティティを肯定的に捉え、誇りに思っている。
・JICA や現地の日系企業などは、日系人が来日するための重要な足掛か
　りとして機能している。
・先代の教えが継承されているのは、その価値観を継承語話者ら自身が大
　切なものと認識しているからである。

　高度な日本語力を持ち、日本文化に精通するブラジル日系 4 世の二人で
すが、その能力に固執してしまう場合もあることが今回分かりました。隆さ

んは意志の疎通という意味では「僕は、日本語を話さない人と話す時、日本語で話せなくて、残念、悲しい（言いたいことが伝えられない）ということはありましたが、見下したり、自分より価値のない人とは思っていませんでした」（後日談）としていましたが、恵子さんは一時期、日本語・日本文化に傾倒するあまり、日系人以外の価値観を受け入れない時期があったとし、後悔しています。そこまで祖国に対する強靭な想いがなければ、継承語習得・継承文化保持は難しいのかもしれません。しかし、その後、多文化・多様性に満ちたサンパウロで、自分とは違った世界観・価値観に触れ、恵子さんは様々なものの見方を肯定・受容するようになったといいます。

　現地で最も求められる言語は、ポルトガル語、南米で主流のスペイン語、国際語である英語で、本来植民地主義に則れば、日本語は淘汰・喪失される運命にありましたが、従前の少数派言語が辿りがちな喪失への道に抗い、日系4世でも高度な継承語力・文化知識を習得することは十分可能だということをこの二人は立証しています。坂本（2019）は、継承語保持のためには、現地語と継承語を引き離し、様々な場面で伸ばすことが大切だと述べていますが、今回の恵子さんと隆さんの例のように、日本語力をまず確立させ、その後、現地語習得という継承語教育アプローチは、他国で日本語が少数派言語とされる文脈において、貴重な示唆だと考えます。

6　おわりに

　ブラジル日系4世の事例から、いくつかの共通点が見出せました。その中でも、とりわけ彼らの世代と先代や、地元日系コミュニティの紐帯が顕著でした。強い世代間のつながり、日系企業や日本語学校などのコミュニティ・インフラの整備・充実が、多様な日本語使用場面を提供し、その結果受容的言語能力や伝達言語能力（BICS）並びに認知・学力言語能力（CALP）の促進が認められました。その中でも、特に日本の漫画や絵本など日本語の書物や教材による日本語インプットの強化、そして日本語弁論大会などの日本語をアウトプットし、披露する場が、彼らの日本語習得・保持・学習動機に大きく寄与していました。

　また、先代から日系人としてのイデオロギーが継承されるのと同時に、2

世・3世のバイリンガル成功例から、親世代も、子ども世代が二言語を習得することが当たり前だとする考えが浸潤していました。バイリンガル・バイカルチャルの模範が周りにいることは、バイリンガル子育てを難しく迂遠なものと考えず、自信を持って実践することにつながり、ビジョンの明確化、そして「動機づけナラティブ」（Dörnyei, 2020）の構築に貢献していました。

　総じて、様々な社会的インフラを駆使しつつ、周りの日系人そして自分の体験を、「ポルトガル語話者」「ブラジル人」というブラジル主流の文脈だけで語るのではなく、歴史的変遷を顧み、日本とのつながりを意識して生きてきた、独自の「第三の場所」で生きる日系ブラジル4世象が浮かび上がりました。ポルトガル語が流暢な彼らにとって、日本語保持の必然性は一見低いですが、日本にルーツを持つ人々として、自分たちの考え・価値観は、ポルトガル語だけで語れるものでないことを彼らは認識しています[1]。この認識が、自分たちをその他の人種と同様「○○系ブラジル人」とするブラジル主流の抑圧的・植民地主義的なディスコースからの解放を可能にしています。

　日系人としての誇りを持ち、そして同時にブラジル人として逞しく生きる彼らの二文化・二言語の両立は、グローバル化が進む中、我々にとって貴重な示唆に富む生き方であると言えましょう。

参照文献

アパデュライ, A.（2004）『さまよえる近代―グローバル化の文化研究―』（門田健一訳）平凡社.
カミンズ, J.（2011）『言語マイノリティを支える教育』（中島和子訳著）慶應義塾大学出版.
グロジャン, F.（2018）『バイリンガルの世界へようこそ―複数の言語を話すということ―』（西山教行監訳）勁草書房.
坂本光代（2019）「バイリンガル・マルチリンガルの継承語習得」近藤ブラウン妃美・坂本光代・西川朋美（編著）『親と子をつなぐ継承語教育―日本・外国にルーツを持つ子ども―』pp.15-25, くろしお出版.
ハーヴェイ, D.（2007）『新自由主義―その歴史的展開と現在―』（渡辺治監訳）作品社.
バーバ, ホミ, K.（2005）『文化の場所―ポストコロニアリズムの位相―』（本橋哲也他訳）法政大学出版.
フィリプソン, R.（2013）『言語帝国主義―英語支配と英語教育―』（平田雅博他訳）三元社.

1　盲信的な現地語・第二言語習得の弊害については Sakamoto（2022）を参照してください。

モラレス松原礼子（2014）「ブラジルの日系人と在日ブラジル人—言語・メンタリティ—」宮崎幸江（編）『日本に住む多文化の子どもと教育—ことばと文化のはざまで生きる—』pp.89-116, 上智大学出版.

Bourdieu, P. (1991). *Language and symbolic power*. Cambridge, MA: Harvard University Press.

Dörnyei, Z. (2020). From integrative motivation to directed motivational currents: The evolution of the understanding of L2 motivation over three decades. In M. Lamb, K. Csizér, A. Henry, & S. Ryan (Eds.), *The Palgrave handbook of motivation for language learning* (pp.39-69). Cham, Switzerland: Palgrave Macmillan. https://doi.org/10.1007/978-3-030-28380-3_3

García, O., & Li Wei (2014). *Translanguaging: Language, bilingualism, and education*. New York, NY: Palgrave Macmillan.

Kramsch, C. (1993). *Context and culture in language teaching*. Oxford University Press.

Polinsky, M. (2018). *Heritage languages and their speakers*. Cambridge University Press.

Roseman, S. R. (1995). "Falamos como falamos": Linguistic revitalization and the maintenance of local vernaculars in Galicia. *Journal of Linguistic Anthropology, 5*(1), 3-32.

Sakamoto, M. (2000). *Raising bilingual and trilingual children: Japanese immigrant parents' child-rearing experiences*. Doctoral thesis. Toronto: OISE/UT.

Sakamoto, M. (2001). Exploring societal support for language learning and L1 maintenance: A socio-cultural perspective. *Australian Review of Applied Linguistics, 24*(2), 43-60.

Sakamoto, M. (2022). The missing C: Addressing criticality in CLIL. *International Journal of Bilingual Education and Bilingualism, 25*(7), 2422-2434. https://doi.org/10.1080/13670050.2021.1914540

Sakamoto, M., & Matsubara Morales, L. (2016). Ethnolinguistic vitality among Japanese-Brazilians: Challenges and possibilities. *International Journal of Bilingual Education and Bilingualism, 19*(1), 51-73. https://doi.org/10.1080/1367005 0.2014.964171

第6章 ニッケイ・アイデンティティについて考える

水上貴雄

キーワード

ニッケイ・アイデンティティ、日系社会次世代育成研修
（中学生プログラム）、価値観、日系社会研修

1 はじめに──苦悩からライフワークへ──

　私と日系社会との関わりは、1996年3月に始まります。私は、独立行政法人国際協力機構（以下JICA）が派遣するJICAボランティア（当時は「海外開発青年」）としてブラジルに赴任しました。赴任地はサンパウロに次いで日系人口の多い北パラナのマリアルバという町でした。JICAでは、現在でも中南米の日系社会にある日本語学校にJICA海外協力隊として日本語教師を派遣するなど、日系社会支援の一つの柱として日系社会の日本語教育に対する支援を行っています。1999年3月に帰国して（当時は任期が3年でした）、その年の8月から現在の所属先である海外日系人協会に入職し、日系社会関係の業務に携わってきたので、日系社会との付き合いは気がつけば25年になります。赴任当初、日系社会と私の出会いはこんなに長続きするとは想像できない、あまりよい出会いではありませんでした。それは、私の日本人移住の歴史やニッケイ・コミュニティに関する無知から来る勘違いや、ニッケイ・アイデンティティ、二つの文化を持つことの価値を理解していなかったことが原因でした。日本的な部分とブラジル的な部分を持つ「日系ブラジル人」という存在を、頭では理解しながらも、心が理解できずに苦悩したことを今でも時々思い出します。

　また、大学の主専攻課程で日本語教育について学んだ私にとって、大学で

学んだ一般的な成人を対象とする外国語、語学教育としての日本語教育と、日系日本語学校で行われる日本語教育との違いにも悩みました。お話し大会、作文コンクール、運動会、学習発表会……毎週のように行われるコミュニティの行事への参加とそのための準備に追い立てられる日々の中で「日本語を話すことができるようにする」ということは、到底不可能でした。そうであれば、何のために日本語学校が存在し、何のために自分はここにいるのだろうと考え、思い悩んでいました。

　そんな私が25年もの間、ニッケイ・コミュニティと向き合い、「ニッケイ」というアイデンティティの大切さを説き、何とかして日系日本語学校が存続するようにと様々な研修を考え、コーディネーターのような仕事をしているのですから、人生とは不思議なものです。今、振り返ってみて、何が私の気持ちを変化させたのかを考えてみると、一つのことばと一つの出来事が強く影響したと思います。

　一つのことばとは、私がJICAボランティアとして活動した3年間、現地で学務部長として私を支えてくれた平野ジョルジさんのことばです。平野さんが、私の思い悩んでいる気持ちを知っていたかどうか、今となっては聞くことができませんが、私に落ち込むような出来事があるたびに、少年が夢を語るような笑顔で「先生、僕たちはね。子どもたちに、とにかくいろいろな経験をさせてあげたいんだよ」とおっしゃっていました。「日本語学校＝日本語を学ぶところ、日本語が話せるようになるところ」と考えていた私には、この平野さんのことばがよく理解できませんでした。

　そして、このことばを理解できるようにしてくれた出来事というのは、お話し大会というブラジルの日系日本語教育でとても大切にされている伝統的な行事でのことでした。いわゆるスピーチコンテストのようなものなのですが、どれだけの生徒をこのお話し大会で入選させることができるかが、教師の力量と見られているところがありました。教師にとっても生徒にとっても非常に苦しい（？）行事です。ある年のお話し大会の日のことです。開始までまだ2時間ぐらいあるにもかかわらず、ビデオカメラを小脇に抱えたおじいさんが入ってきました。一番前の真ん中の、一番いい席にビデオカメラをセットし、満面の笑みを浮かべ、満足そうな表情をされているのを見かけました。その瞬間、私はこのような想像をしました。このおじいさんは、あ

まりポルトガル語ができず、孫との会話もままならない。しかし、お話し大会の日は孫が日本語で発表し、孫の気持ちを日本語で聞く機会となっている。おじいさんにとってお話し大会は孫と日本語でつながることができるとても大切な日になっているのではないか。ただただ苦しいだけだと思っていたお話し大会に、こんな大切で素敵な意味があったのだと雷に打たれたような衝撃を受けました。この時初めて、日系日本語学校というのは、ただ単に日本語や日本文化を学ぶだけではなく、コミュニティや世代をつなぎ、コミュニティの価値観を受け継ぐ大切な役割を果たしている、つまり人材育成、人間教育を行っているのだということに気づくことができました。そして、こんな素敵なコミュニティの中で暮らしているのかと感じるようになりました。

　この出来事をきっかけに、平野さんのことばの意味が心から理解でき、自分の JICA ボランティアとしての存在意義がはっきりと見えました。一般的に「ヨーロッパ系移民は教会を中心にコミュニティを形成するが、日本人移民は学校を中心にコミュニティを形成する」と言われています。それは今も変わりないと感じています。日本語学校があるコミュニティと日本語学校がないコミュニティを比較すると、日本語学校があるコミュニティは平野さんのような大人たちがいて（私のいたマリアルバでもそうでした）、子どもたちのために何かしなければという思いが強い分、活力があるように見えます。

　残念ながら、少子化や教師不足などの理由により閉校する学校が増えています。サンパウロ人文科学研究所が 2016 年～ 2018 年にかけて行った『多文化社会ブラジルにおける日系社会の実態調査』報告書によると、この調査に協力した日系団体 413 団体のうち約半数にあたる 48％の団体が「以前は日本語学校があったが今はない」と回答しています。戦前よりニッケイ・コミュニティで実践されてきた「コミュニティや世代をつなぐことばの教育」が失われつつあることは非常に残念です。しかし、ブラジル日系社会の日系日本語教育の 100 年を超える歴史を考えると、まだ半数の日本語学校が残っているとも言えるのかもしれません。それらの学校が、今もなお日系子弟を中心とした教育を継続しています。私はそうした学校に通う若者の教育に日本で関わっています。

2 ニッケイ・アイデンティティを育む教育とは

2.1 JICA 日系社会次世代育成研修（中学生招へい プログラム）とは

　先ほども述べましたが、私は現在、公益財団法人海外日系人協会という団体に所属しています。そこで、JICA が行うボランティア派遣事業、研修員の受け入れ事業など、様々な JICA の日系社会支援事業に関わっています。ブラジルだけではなく、様々な国や地域、様々な年代の日系人と関わるようになったことで、以前よりましてニッケイ・アイデンティティについて深く考えるようになりました。ブラジルから離れ、日本からニッケイ・コミュニティを見ることで、より客観的にニッケイ・コミュニティを捉えることができるようになり、より多くのものが見えてきたようにも感じています。

　中でも「日系社会次世代育成研修（中学生招へいプログラム）」[1] に参加した研修員と接していると、より「ニッケイ・アイデンティティ」について考えさせられることが多いです。もともとは 1987 年度に「日本語学校生徒研修」という名称で事業が開始されましたが、2012 年度に名称が「日系社会次世代育成研修」（以下「次世代育成研修」）に変更されました。年に 2 回、7 月に第 1 陣として北中米から 13 名、1 月に第 2 陣として南米から 36 名の中学生世代の日系子弟を受け入れています。2020 年度は新型コロナウィルス感染拡大によりオンラインで実施しました。2020 年度までに北中南米 10 ヵ国から 1,397 名を受け入れています。私たち海外日系人協会は、1995 年度から次世代育成研修の支援業務を JICA より受託して業務を実施し、私は約 15 年、業務責任者として関わっています。当初は、日本文化体験、社会科見学など日本語学校の修学旅行のような研修でしたが、私が関わるようになった頃から、アイデンティティやニッケイ・コミュニティ、そして将来の夢といったことを意識させる内容を取り入れるように少しずつ改善してきました。

　次世代育成研修の研修期間は 1 ヵ月弱と大変短い期間ですが、研修員の意

1　研修内容の詳細は、JICA ホームページでご覧になることができます。<https://www.jica.go.jp/regions/america/middle_school.html>

識の変化はとても大きいと感じています。研修員を送り出す側のニッケイ・コミュニティの先生方からも「次世代育成研修に参加する前と後では目の色が違う。意識が高くなっている」といった声を聞くことがあります。このような変容を研修員自身にも感じてもらうため、この変容を可視化できるよう、私たちは数年前から、研修開始時と終了時にアンケートを行っています。質問は、①あなたは何人？（例：○○人　○○％、日本人　○○％）、②日本とのつながりを感じますか？　③日系人であることを意識しますか？などです。①は自由回答で、②③は5段階評価とそのように評価した理由について書いてもらっています。

　アンケートをすると、①の質問に対しては「○○人50％、日本人50％」のように半々、あるいは6：4や4：6ぐらいの割合で回答する研修員が大半です。このグループをAグループとします。中には「日系という意識はない」（Bグループ）であるとか、「○○に住んでいる日本人」（Cグループ）というような答え方をする研修員もいます。研修開始時と研修終了時で大半の研修員の回答が数字的に劇的に変化するというわけでは必ずしもありません。劇的に変化するのは、選択した理由です。例えば、Aグループでは研修開始時の①の理由として「顔が日本人だから」とか「（居住国で）周りの人と違うから」のように外見や他者と比較する答えが目立ちます。こうした消極的な選択により○○人でもない、日本人でもない半々の「日系」というアイデンティティを選択しています。しかし、研修終了時の理由を見ると「二つの文化を持っているから」とか「日系人が好き」、中には「○○人100％・日本人100％ではなくて日系人」と回答する研修員もいました。これは「日系」というアイデンティティの消極的選択から積極的選択への変化であると考えています。

　それでは、B、Cグループはどうでしょうか。Bグループの研修員は、両親のどちらかが日系人ではなく、いわゆる日本人顔でない研修員がこのグループに入ることが多いです。つまり、顔が日本人ではないから「自分は日系人ではない」と判断しているようです。しかし、研修終了時になると、自分の中の日本的な価値観に気づき、「私は日本人に似ていないけど、研修で日本の日常生活を体験し、少し日系人だと思うようになりました」と回答するようになります。また、Cグループの研修員は、居住国の文化、習慣、

価値観に対しての否定的な気持ちからだったり、ただ単に家庭内の言語が日本語、食事も日本食、友人関係も日本人日系人が多いというケースであったりします。このようなCグループの研修員も、次世代育成研修を通じて、居住国のよさに気づくケースが多々見られます。日本での生活、日本人との交流の中で居住国のあたりまえが実はあたりまえではなく、長所であることに気づく。特にCグループの例として挙げた前者の研修員は、日本はアニメやマンガの世界のような夢の国(「神様の国」と表現した研修員もいました)だと考えていることがあり、研修を通して日本にもよい所があれば悪い所もある、同じように居住国にもよい所があれば悪い所もあるということに気づきます。私たちはこのような気づきも大切にしています。

2.2 ニッケイ・アイデンティティを育む教育の価値観とデザイン

このようなアイデンティティの醸成を促すために、私たち研修担当者が意識している「ニッケイ・アイデンティティを育む三つの要素」というものがあります。それらを満たすようプログラムを構成します。その三つの要素とは、以下のとおりです。

①敬意：日本人移住や日系社会の歴史を知り、先人に対する敬意
②誇り：日本的価値観や日本とのつながりに対する誇り
③絆　：日本との絆。ニッケイの絆

この三つの要素を満たすために、次のようなプログラムデザインを行っています。

まず最初に「敬意」です。次世代育成研修の中には私たちが「移住学習」と呼んで実施している学習プログラムがあります。これは、人の移動がもたらす意味や、日本人移住、日系社会の歴史を学びコミュニティへの参加意識を高めるためのワークショップを中心とした学習プログラムです。この学習の中で、先人がどのような思いをもって海を越えてアメリカ大陸に移住したのか、移住した土地でどのようなことがあり、どのようにして今があるのかを知ることで、先人たちの思いを感じ取り、今を生きる自分たちは何をすべ

きか、そして 30 年後、自分が所属するコミュニティがどのようなコミュニティになっていてほしいかなどを考える活動を行います。この研修は、JICA 横浜センターで行われているのですが、JICA 横浜センターには海外移住資料館があり、学習活動を行うためのリソースがたくさんあること、横浜が神戸と並ぶ日本人移民、移住者の出発の地であり、その名残を残す地域であることというのが、この移住学習を行う上での重要なポイントとなっています。プログラム後の研修員の感想を読んでみると、「帰国したら、おじいさん、おばあさんのお話をもっと聞いてみたい」「自分のコミュニティのことなのに知らないことが多かった。自分でも調べてみたい」という感想に出会うことができます。

　次に、「誇り」についてです。「誇り」ではグループ活動や文化施設の視察、一般のご家庭へのホームステイ、横浜市中区の中学校への体験入学を通して「日本のイイな」と思うところがどこから来ているのかということを探してもらう活動を行っています。それにより日本的価値観や日本とのつながりに対する誇りが持てるようになることを目指しています。多くの研修員たちが日本の生活で驚くのが日本の街の清潔感と時間が守られていること、街中に自動販売機があり、壊されることなく稼働しているということです。メキシコから来ていた研修員が「僕の国（メキシコ）は、街中にゴミ箱がたくさん設置されているのに、道にゴミがたくさん落ちています。でも、日本は街にゴミ箱がほとんどないのに、道にゴミ一つ落ちていません」と言っていたのがとても印象に残っています。私はこの、街の清潔感、時間が守られる、自動販売機というのは、ある意味、日本の「和」という価値観を象徴していると考えています。そういった「和」という価値観を感じてもらうため、研修員をいくつかのグループに分け、班長、副班長、先生お助け係など各人が何らかの役割をもってグループで協力するという活動を入れています。日本の教育を受けた人にとっては当たり前のことかもしれませんが、ラテンアメリカの学校では体験できない体験になっていると聞いています。

　そして最後の「絆」です。「ニッケイ」という価値を認める、そのような雰囲気を醸成する必要があるということと、ニッケイ・コミュニティの横のつながり、ニッケイ・コミュニティ間の絆を感じることが重要です。特に後者が重要で、研修員たちを見ていて感じるのは、国や地域は違っても、自分

と同じような境遇で、自分と同じように日系日本語学校で日本語や日本文化を学んでいる同世代の仲間がいるのだという気づきが研修員の経験としてとても大きいものとなっています。次世代育成研修の最後に研修のまとめの作文を書くのですが、その中で「私たちは日本語でつながっている」と表現した研修員がいました。研修を通して「日本語」あるいは「日本」でつながっているという感覚を得るのだろうと私たちは考えています。

さらに、日本の大学や大学院に在学している日系留学生に来てもらい、日本でどんなことを学んでいるのか、日本に留学するためにどんなことをしてきたかなどの体験談を話してもらい、ワークショップをしながらアイデンティティや将来の夢について考えるプログラムも取り入れています。30年以上続いているプログラムなので、次世代育成研修に参加し、その時にお兄さん、お姉さん世代の日系留学生の話を聞いたことで実際に日本留学を実現させたという留学生もいるため、そういった人材を活用できるというのがこの研修の強みでもあります。

初めて会った者同士が1ヵ月弱の間、一つ屋根の下で24時間ほぼ一緒にいるため、研修期間中、些細なことから喧嘩になることもあります。しかし、どんなに喧嘩をしたとしても帰る時にはいつも涙涙のお別れで、成田空港まで見送りに行くスタッフは抱き合う子どもたちを引きはがして搭乗ゲートに向かわせるのに毎回一苦労しています。それだけの強い絆がこの研修で育まれている証拠ではないかと考えています。

2.3　日系社会次世代育成研修の経験を生かして

私自身、多くの次世代育成研修の研修員と接してきましたが、その中でも特に印象に残っている研修員のひとりがメキシコから参加した中村剛之さんです。2011年度に次世代育成研修に参加した剛之さんですが、2021年7月、10年ぶりにお母さんと一緒にJICA横浜センターまであいさつに来てくれ、次世代育成研修で感じたことやその後の生活についての話を聞かせてくれました。剛之さんは2021年現在、大学を卒業し、日系企業に就職した社会人1年生です。彼のお父さん、お母さんは日本人ですので、彼は2世にあたります。研修に参加する前はメキシコで生まれた日本人という意識し

かなく、「ニッケイ」であるとか、「日本」と「メキシコ」という二つの文化の中で生活しているという意識は全くなかったそうです。つまり、前述のCグループに属する意識だったと言えます。そんな剛之さんの来日は、この研修参加が初めてということではなかったのですが、研修に参加したことで「ニッケイ」という意識が芽生え、ニッケイ・コミュニティのイベントに積極的に参加するようになり、メキシコ日系団体の青年部でも活動するようになったそうです。このメキシコ日系青年部の活動の目的は、以下のとおりです。

　　　①日系社会の未来を担うリーダーの育成
　　　②日系人との出会いの場を設け、アイデンティティを再認識する
　　　③他地域や他国の日系社会との連携を図る
　　　④人生の目標達成を共に叶える仲間をつくる

　まさに若い世代の「ニッケイ」の絆を育む活動を行っています。そして、青年部の主な活動として、Vibra Joven（日系人若者キャンプ）という活動があります。このキャンプでは、日系人の先輩などの講義やリーダー育成、チームビルディングのためのワークショップ、交流会などが行われます。ここに、メキシコだけでなく他国から次世代育成研修に参加したことのある元研修員たちが参加することもあるようです。2020年、2021年は新型コロナウィルスの世界的な感染拡大のため、実際に集まってのVibra Jovenは行われなかったのですが、2021年に関してはVibra Joven「オンライン・キャンプ」が行われました。オンラインで行ったことにより、従来はメキシコ以外の国からの参加者が全体の10％であったのに対して、「オンライン・キャンプ」では、参加者の約半数がメキシコ以外からの参加者となり、オンラインならではの国を越えた連携が構築されました。
　剛之さんは、「ニッケイ」という意識を持つ強みは「両方持っていること」だと言います。日本とメキシコのいいところを持って、日本とメキシコの悪いところをなくす、そんな人間になりたいと考えているそうです。これはまさに、私たちが次世代育成研修で研修員に一番伝えたいことです。中学生の剛之さんが次世代育成研修のあとすぐにそのような考えに至ったわけではな

いと思いますが、そのような考えに至るきっかけの一つにはなっているのではないかと思います。

　近年、中学生時代に次世代育成研修に参加して日本に対する関心や「ニッケイ」という意識を高め、大学卒業後に日本の大学院に留学する人、自分の専門性を高めるためにJICAが行っている日系社会研修に参加する人などが増えています。また、次世代育成研修で出会った二人が「ファッションを通して日本文化や日本的価値観を広げる」ことを目指して、ファッションブランドを立ち上げたという事例も出てきました。このように、次世代のニッケイ・コミュニティを担う人材が、次世代育成研修を通じて育ってきていることを実感できる一方、ニッケイ・コミュニティから離れる若者が多いことも、残念ながら事実です。日系人の若者のニッケイ・コミュニティに対する意識が「二極化している」と言ってよいのかもしれません。

3　日系人からニッケイジン・NIKKEIJINへ。ニッケイ・アイデンティティの広がり

　日系人の若者のニッケイ・コミュニティに対する意識が「二極化している」ということを前項の最後に述べましたが、ここで改めて「日系人とは？」というところに立ち返ってみたいと思います。

　外務省から出ている『海外在留邦人数調査統計』では、1981（昭和56）年まで日系人も統計に含まれていて、「日系人」を「日本国籍は有しないが民族的に日本系とみなし得る者（例えば帰化1世あるいは2、3世）」と定義していました。1982年以降は、日系人を明確に定義できないとして統計に含めないこととしています。日系人という定義は非常に難しいですが、少なくとも入管法上は、例えば日系3世に発給される「定住者」という査証は祖父母のいずれかが日本人でなければならないということを考えると、日系人の定義は血統主義をとっていると言えます。私自身も様々な状況を考えると血統主義をとらざるを得ないのではないかと考えていました。

　しかし、2016年に業務で日系団体を訪問した際に、ある役員の方から「日本人の血は引いていないけれど、日系人以上に日系団体の活動を一生懸命やってくれるブラジル人がいる。そういう人たちもJICAの研修に参加

できるようにしてくれないか」という切なる訴えを聞きました。それを聞いて、2001 年にニューヨークで開かれたパンアメリカン日系人大会（COPANI）で"NIKKEI"が次のように定義づけされたことを思い出しました。

A Nikkei is anyone who has one or more ancestors from Japan, and / or anyone who self-identifies as a Nikkei.
（日系とはひとりもしくはそれ以上の日本人の祖先を持つ人、または自分自身が"NIKKEI"と認識している人）（著者訳）

初めてこの定義を聞いた時、そういう考え方もあるだろうけれど「血」はどうしようもないのではないかという意識が心の片隅にありました。しかし、前述したとおりニッケイ・コミュニティの生の声として聞くことで、この定義するところの意味が本当の意味で理解でき、以来、私はそれまで「日系」や「日系社会」と言っていたところを原則、血統や血に関係なく日系団体が行うコミュニティ活動に参加する人も含める意味で、カタカナで「ニッケイ」や「ニッケイ・コミュニティ」と表現するようにしています。

外務省に設置された「中南米の日系社会との連携に関する有識者懇談会」から 2017 年に出された最終報告書（外務省 2017）には「日系諸団体（文化団体、福祉団体、スポーツ団体等）についても、非日系人の参加が見られる。非日系の配偶者や家族だけでなく、地域の非日系住民が参加するケースもあり、日系社会の外縁は確実に拡大している」という記述があります。この報告書を受け、JICA がこれまで中南米の日系人を対象として実施してきた研修事業を、2019 年度より日系団体で活動する日本人の祖先を持たない人、いわゆる非日系人も参加することができるようになりました。

私たち海外日系人協会もこの研修事業の中でいくつかのコースを実施していて、今まで数名の非日系人の研修員を受け入れています。アルゼンチンのある地方の日系団体から参加してくれた研修員のことばがとても印象的だったのですが、彼女は日系団体の日系人のメンバーから「あなたは私たちよりも日系人。Corazon Nikkei（日系人の心）」だと言われていることに誇りを持っていると話してくれました。

　このように日本人移民、日本人移住者が持ち込んだ日本語や日本文化、そ
れらの礎となる価値観[2] に共感し、それを次の世代に引き継いでいく努力を
しているのは日本人を祖先に持つ人たちだけではありません。私が定義した
ように日本的価値観と居住国の価値観の両方を持つことを「ニッケイ・アイ
デンティティ」とするならば、日本人を祖先に持たない彼女のような人も
「ニッケイ・アイデンティティ」を持っていると言えるのではないかと考え
ています[3]。

　もうおひとり、紹介したい人がいます。ブラジルのサンパウロ市で日本語
学校を経営しているブラジル人のシルバ・フェリッペさんです。子どもの頃
にブラジルに移住された日系 1 世の先生が開いた明日香塾[4] という日本語学
校に通い、その先生がその学校を閉めて日本に帰国するのを機に、明日香塾
の看板を引き継ぎました。フェリッペさんは子どもの頃にその先生から教え
られた「あおいくま」ということばを受け継ぎ、今でも学校の標語として、
現在の明日香塾の生徒たちに 1 世の先生の教えを伝えています。「あおいく
ま」とは、「あせるな」「おこるな」「いばるな」「くさるな」「まけるな」の
頭文字をとったものです。とても日本的な価値観であるような気がします。
フェリッペさんは織田信長が大好きで、お話しし
ていると「サムライ」のような方なので「ニッケ
イ・アイデンティティ」というよりは「サムラ
イ・アイデンティティ」といえるかもしれませ
ん。私は一度、明日香塾を見学させてもらったこ
とがあるのですが、明日香塾の生徒たちはフェ
リッペさんから日本語を学ぶだけでなく、フェ

あせるな
おこるな
いばるな
くさるな
まけるな
©明日香塾

2　ブラジルで行われた世代間プロジェクト（Plojeto Geração）において日系ブラジル人が共
　有する 8 つの価値観を選ぶワークショップが、2018 年に行われました。そこで選ばれた 8 つ
　の価値観とは、① Responsabilidade（責任感）、② Aprendizado（学習）、③ Integridade
　（誠実さ）、④ Perseverança（忍耐）、⑤ Coletividade（協同・協働）、⑥ Gratidão（感謝）、
　⑦ Gentileza（親切）、⑧ Respeito（尊敬）（森本 2021）。
3　ブラジルでは "Nikkei" ということばは「血」のつながりが前提であるため、新しいことばを
　作る必要があると考え、"newkei" という造語を用いるグループもあります（Minatogawa,
　2020）。
4　明日香塾 Web サイト <https://www.asukajyuku.com/>

リッペさんを通して日本的な価値観に触れることで、生徒たちにとって明日香塾という学校がとても居心地のよい、幸せな気持ちになれる場所となっているように感じました。

4　ニッケイ・アイデンティティを持つことの意味

　日本的な価値観と、居住国の価値観の両方を持っていること。それが「ニッケイ・アイデンティティである」と述べてきましたが、例えば、ラテンアメリカ的価値観と比較すると、この二つの価値観というのは対極にある価値観であるように感じています。例えば、日本では個人主義というよりは集団主義であるのに対し、ラテンアメリカではその逆といったことから想像してみると「対極にある価値観」ということがイメージできるのではないかと思います。

　この対極の価値観を持つということは、ある種自分の中に矛盾を持つことのように感じますが、そうではなくて多様な価値観、あるいは価値観の幅を広げるということにつながると考えています。このような価値観の多様化、幅広い価値観を持つことは、ある意味「幸せになる確率を上げる」ということにつながるのでは？　というのが、私が考えるニッケイ・アイデンティティを持つことの一つ目の意味です。例えば、「お金」にしか価値を見いだせない人はお金を失ったとたん、自分は不幸であると感じます。しかし、お金だけでなく「友情」にも価値を感じることができる人は、お金を失ったとしても自分にはこれだけの友人がいるから幸せだ、と感じることができるのではないでしょうか。だから、多様な価値観を持つことが幸せになる確率を上げる、と言えるのではないかというロジックです。

　もう一つのニッケイ・アイデンティティを持つことの意味ですが、ニッケイ・アイデンティティはソーシャル・イノベーションの源泉になるのではないかと考えています。そもそも「問題」とは何かと考えた時、「問題とは現実の姿と理想の姿に"差"があった場合に初めて"問題"と認識される」と言えます。言い方を変えると「差がない」ということは「問題がない」ということです。ある価値観だけで考えると「問題がない」となるかもしれませんが、別の価値観で考えると「問題がある」ということになる場合がありま

す。これは多様な価値観を持つニッケイジンだからこそ、気づくことができ、問題があると気づけた時に初めて社会をよくしようとする力、ソーシャル・イノベーションが起こることになります。これは「誰ひとり取り残さない社会を創る」という SDGs 的な発想にもつながるため、「ニッケイジン」は SDGs 人材としても貴重な存在となるのではないかと考えています。

5 おわりに

　ここまで、ニッケイ・コミュニティとニッケイ・アイデンティティの持つ価値について述べてきました。最後に、これらを価値づけている「コミュニティや世代をつなぐためのことばの教育」について、私自身がどのように考えているかについて述べたいと思います。

　コミュニティや世代をつなぐためのことばの教育とは、自分らしい生き方やあり方を、「ことばを学ぶこと」を通して発見し、アイデンティティを育み、地域コミュニティや世界に貢献する意識を醸成する教育であると考えています。今風で言うとソーシャルイノベーターや SDGs 人材を育成するということなのかもしれませんが、実は、ニッケイ・コミュニティは戦前戦後を通してそのような教育を実践してきたのです。そのため、ニッケイ・コミュニティやニッケイ・アイデンティティについて学ぶことは、過去への回帰ではなく、これから始まる、あるいはこれから必要となる新しい世界の扉を開くことにつながるのかもしれません。

参照文献

外務省（2017）「中南米日系社会との連携に関する有識者懇談会」報告書 <https://www.mofa.go.jp/mofaj/press/release/press4_004582.html>（2022 年 8 月 29 日閲覧）
外務大臣官房領事移住部領事第二課（1981）「海外在留邦人数調査統計」
サンパウロ人文科学研究所（2021）『多文化社会ブラジルにおける日系社会の実態調査』報告書 <https://nw.org.br/report/report/#1>（2022 年 8 月 29 日閲覧）
森本昌義（2021）「ブラジル日系人が子孫に伝えたい日本の 8 つの価値観」『Discover Nikkei』<https://www.discovernikkei.org/ja/journal/2021/4/5/eight-values-brazilian-nikkeis/>（2022 年 8 月 29 日閲覧）
Minatogawa, H. (2020). Celebration of International Nikkei Day in Brazil. *Discover Nikkei*. <http://www.discovernikkei.org/en/journal/2020/8/24/dia-do-Nikkei/>（2022 年 8 月 29 日閲覧）

第 7 章

スタイル万能神話の崩壊
―状況に応じて、話す言語に応じて、人間（キャラ）が非意図的に変わるということ―

定延利之

キーワード

スタイル、人格、意図、約束、道具論的言語観

1 はじめに

　この論文で私が論じるのは、「人間というものは、状況に応じて、また、話す言語に応じて、非意図的に変わるものだ」ということです。多くの人、特に若者がこのことで苦しんでいますが、我々はそれを見過ごしがちで、気づいても無視しがちです。一体どうなっているのでしょうか？

2 自我アイデンティティ

　「自分という人間は、これこれこういう人間だ。こういう道を進んで、こうなりたい。生き甲斐はこれ」と、自信を持って答えられる人は、自分というものを社会の中にうまく位置づけられています。こういう状態を「自我アイデンティティが確立できている」（Erickson, 1959, 1968）と言います。しかし、現実には自我アイデンティティの確立は難しそうです。そして日本では、こういう議論に「キャラ」が持ち出されることがあります。「キャラ」とは何でしょう？

3 キャラ

　「キャラ」ということばには多くの意味がありますが（定延 2011, 2020,

2021)、ここで取り上げる「キャラ」は、人間の一部分で、「人格以上、スタイル未満」の可変性を持っています。「スタイル」から紹介していきます。

3.1　スタイル

ある人物が、得意先に向かって「あの件どうかよろしくお願いいたします」と丁寧なスタイルで頭を下げて言い、他方、自分の部下に「君もよろしくな」と、ぞんざいなスタイルで肩を叩いて言ったとします（図1）。

どうかよろしく
お願いいたします。

君もヨロシクな。

丁寧なスタイル　　　　　　　　　ぞんざいなスタイル

図1　スタイルの例（定延 2020: 72 改変）

この人物は、得意先に向かって丁寧な話し方をしているところを、自分の部下に見られても、別にはずかしくありません。また、自分の部下に向かってぞんざいな話し方をしているところを、得意先に見られても、問題はありません。この人物はただ、言動のスタイルを柔軟に変えているだけです。

このように人間は、「話し相手が目上か目下か」など、状況に応じて、言動のスタイルを意図的にコントロールして、公然と変えることができます。

スタイルの変化は、言動の変化です。人間自体の変化ではありません。

3.2　人格

例えば成長して落ち着いた大人になる、老化して怒りっぽくなるといった、長期にわたっての人格の変化を別とすれば、人格は普段、そう簡単には変わりません。それが短時間で変わるのは、人格の分裂（解離性同一性障害）という病理現象です。小説から例（1）を挙げます。

(1)「わたしが悪かった。行かないで下さい。あやまります。行かないで下さい」

　　　　　　　　　[中略]

　だきとめられると、ナスは両手でガラス戸を無茶に叩き、「アンマー」と叫んだ。妙に幼い声であった。ナスの故郷の島では母親のことをそう呼んだ。ナスは巳一の腕をふりもぎろうとした。

　それには馬鹿力があった。巳一は真剣になって押えようと抱きしめた。

「アンマイ、ワンダカ、テレティタボレ」

　　　　　　　　　[中略]

「ハゲ、ヌーガカヤ、何かしたのかしら、どうかしたの？　わたしはどこに居るの？　ここはどこ？」

（島尾敏雄 1955「帰巣者の憂鬱」『出発は遂に訪れず』新潮社、1964、文庫版 pp. 221-223）

　これは、島尾敏雄の小説から取った一断片です。ここでは、ある夫婦が喧嘩しているうちに、ナスという妻の人格が変化する様子が描かれています。

　ナスは最初、「わたしが悪かった」などと、共通語で話していました。が、そのうちに、「アンマー（お母さん）」「アンマイ、ワンダカ、テレティタボレ（お母さん、私を、連れていって）」のように、出身の島のことばを話します。やがて、「何かしたのかしら、どうかしたの？」などと、再び共通語に戻ります。しかし、その発話の内容から察せられるように、島のことばをしゃべっていた間の記憶は引き継がれていません（図 2）。

人格 A（共通語）　　　人格 B（島ことば）　　　人格 A（共通語）
　　　　　　　　　　　　　　　　　　　　　　人格 B の記憶なし

図 2　人格の例（定延 2020: 74 改変）

　ここで「人格」と呼ぶのは、このような人間の根本的な部分のことです。人格は、記憶や言語ごとに変わります。人格は、意図的に切り替えることは

91

普通できません。その変化は意図的なものではありません。

3.3 キャラに関する悩み

では「キャラ」は、以上で紹介したスタイルや人格と、どのように違っているのでしょうか？「キャラが変わってしまう」と嘆く若者の悩みを見てみましょう（以下の例内の下線は私が引いたものです）。

(2) 現在 24 歳の会社員です。私は自分と話す相手によって、自分の振る舞いが自然と大きく変わります。無意識に相手とテンションを合わせることはもちろん、自分の趣味趣向、キャラクターまで大胆に変わる時があります。［中略］コミュニケーションする相手によって<u>性格を変えようと意識している訳ではないのに、コントロールできません。</u>
（https://counselor.excite.co.jp/freec/1391008/
最終確認日：2021 年 12 月 8 日）

例（2）では、自身のキャラの変化が「変えようと意識している訳ではない」「コントロールできません」と記されています。したがって、キャラ（クター）の変化は意図的なものではないと判断してよいでしょう。この例のような変化は、相手に期待されるとおりに動く中で生じることが多そうです。が、その場合でも、その変化はあくまで非意図的に、思わず生じるもので、だからこそ、それが悩みの種になるのでしょう。

(3) 大学一年の女です。私は相手によって性格というか<u>キャラが変わってしまう</u>ようで、そのことで<u>最近ずっと悩んでいます</u>…。
変わってしまうと言っても、嫌な人に対して愛想悪く接するとか、そういうことではありません。ある人にはいじられ、ある人の前では盛り上げ、ある人の前では控えめに…というような感じです。
（https://detail.chiebukuro.yahoo.co.jp/qa/question_detail/q1244934162
最終確認日：2021 年 12 月 8 日）

　例（3）で述べられているキャラの変化も、相手との関係の中で自分が「変わってしまうようで」と書かれており、完全に自覚的なものではないと判断できます。また、「ずっと悩んで」いるとされることから、意図されたものでもないと判断できます。

（4）こないだの温泉同好会ではかなりひかえた
　　12歳も年下の男子を引き連れて温泉行くなんて犯罪だわ〜と思っていたから。でもでも、なぜか「姉御キャラ」になっていく私　これが諸悪の根源ですよ［中略］別に奥ゆかしくもないし、静かでもないけど私は姉御でもなけりゃあ、肉食系女子でもないんです
　　（http://ameblo.jp/kschaitian/entry-11170734947.html
　　最終確認日：2012年5月3日）

　例（4）は、内容が特に具体的なので、イラストをつけてみます（図3）。

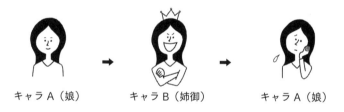

キャラA（娘）　　　キャラB（姉御）　　　キャラA（娘）

図3　キャラの例（定延 2020: 74 改変）

　この例の書き手（この人も一応「若者」とします）の変化も、意図的ではありません。この書き手は、自分が特定の人たちと会っているうちに女王様のような「姉御キャラ」になっていくことについて、その理由が分からず（「なぜか」）、望むところでもない（「諸悪の根源」）と述べているからです。
　以上の3つの書き込みに示されているように、キャラは、人間のうち、人格とは別の、非意図的に変わる部分を指しています。「場面に応じて、たくみにキャラを切り替える／使い分ける」といった表現を日常、耳にすることがあるかもしれませんが、それはここで取り上げていない、別の「キャラ」（偽装された人格も含めて、人格を広く意味する「キャラ」）であること

に注意してください。上の例（2）（3）（4）の書き手たちが悩んでいるのは、自分が意図していないのにキャラが変わってしまうからです。

3.4 ここまでのまとめ—状況に対応する調節器—

　キャラはスタイルと同じように、状況によって変わります。他方、キャラは、人格と同様、人間の一部分を指しています。

　もっとも、人間が様々な状況に対応してやっていく調節器であるという点では、キャラはスタイルや人格と変わるものではありません。ちょうど、肘関節が肩や手首の関節と同様、人間の手の動きを調節しているのと同じです。気絶している人でも、腕を持って動かせば普通に動くように、これらの調節器は当人の意図なしでも動きます。それと同じように、状況に応じて、キャラがひとりでに発動され、そのキャラから、ふさわしいスタイルが、これもひとりでに繰り出されます（図4）。

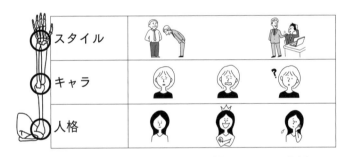

図4　状況に対応する3つの調節器（定延 2020: 76 改変）

　人格の分裂は1970年代以降のアメリカに多く、日本では少ないそうで、「日本人はキャラをよく変化させて、人格の分裂を免れているのでは」という見解もあります（斎藤 2011: 230, 文庫版 2014: 274）。これは、肘関節をよく動かして肩関節の負担を軽減し、肩の脱臼を免れているとたとえることもできるでしょう。日常生活では、例えば「あえて重い負担を受け入れ、つらいキャラを意図的に演じる」といった表現を耳にすることがあるかもしれません。が、その「キャラ」は、先ほども断った別の「キャラ」、つまり偽装人格も含めて人格を広く意味する「キャラ」です。

3.5　なぜキャラの変化を悩むのか？―意図に基づく人間観―

　では、例（2）（3）（4）の書き手たちは、状況に応じて彼らのキャラが変化することを、なぜ悩むのでしょうか？

　それは、書き手たちが、彼らのキャラ変化が社会的には受け入れられないということを知っているからです。知っているから、自分たちの悩みを、大っぴらに言えず、匿名性の高いネットでつぶやくしかないのです。

　我々の社会は「約束」で成り立っています。約束したことは、その後の状況変化に影響されずに、履行日にきちんと果たさねばなりません。こういう社会では意図に基づく人間観が前提となります。人間の調節器といえば「スタイル」で、それに病理的な特例として「人格」を加えてもいいが、「キャラ」などというものは存在しない（図5）というのがこの人間観です。

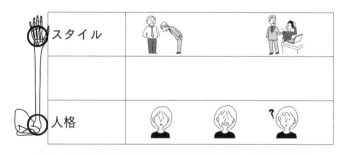

図 5　意図に基づく伝統的な人間観（定延 2020: 89 改変）

　意図に基づく人間観は、自ら約束を守り、他者にもそれを期待する「立派な大人」にとっては当然の人間観です。しかし、状況に応じて非意図的に変わる人間は、この人間観によって排除されてしまいます。

4　人間（キャラ）が非意図的に変わることに関する調査

　問題は、たった3人の若者たちの書き込みに過ぎない、と皆さんは思うかもしれません。そこで、これらの書き込みが特殊なものかどうか明らかにするために、アンケート調査を行いました。

4.1 調査方法

　調査は、2021 年の 7 月から 8 月にかけて、web ページを介して実施され、379 人から回答を得ました。回答の内訳は、表 1 のとおりです。

表 1　回答の母語別・年代別・性別（男性／女性 無回答）の内訳（単位：人）

母語＼年代	10 -19	20 -29	30 -39	40 -49	50 -59	60 -69	70 -	無回答	計
日本語	3 2/1	19 10/9	33 13/18 2	39 17/22	33 12/21	25 12/13	0 0/0	1 0/1	153 66/85 2
英語	0 0/0	22 10/12	42 23/19	40 13/27	31 22/9	13 8/5	0 0/0	1 0/0	149 76/72 1
中国語	0 0/0	7 3/4	16 8/8	12 4/8	3 2/1	1 0/1	0 0/0	1 1/0	40 18/22
日系南米移民	0 0/0	10 4/5 1	7 3/4	6 1/5	3 1/2	1 0/1	2 1/1	1 0/1	30 10/19 1
タガログ語	0 0/0	0 0/0	3 2/1	0 0/0	0 0/0	0 0/0	0 0/0	0 0/0	3 2/1
ウルドゥー語	0 0/0	0 0/0	0 0/0	1 1/0	0 0/0	0 0/0	0 0/0	0 0/0	1 1/0
無回答	0 0/0	0 0/0	0 0/0	1 1/0	1 0/1	1 0/1	0 0/0	0 0/0	3 1/2
計	3 2/1	58 27/30 1	101 49/50 2	99 37/62	71 37/34	41 20/21	2 1/1	4 1/2	379 174/201 4

　日系南米移民 30 人は独立した一つのグループとして別立てし、日本語母語話者であっても表の「日本語母語話者」には含めていないことに注意してください。日系南米移民を別立てしている意味は後述します。

　回答者の多くは、日本語母語話者（153 人）・英語母語話者（149 人）・中国語母語話者（40 人）・日系南米移民（30 人）で、タガログ語母語話者（3 人）・ウルドゥー語母語話者（1 人）・母語不明（無回答）の話者（3 人）

とは数が大きく異なります。年代・性別を見ても、タガログ語母語話者 3
人（いずれも 30 代。男性 2 人、女性 1 人）、ウルドゥー語母語話者 1 人
（40 代男性）、母語不明（無回答）の話者 3 人（40 代 1 人、50 代 1 人、60
代 1 人。男性 1 人、女性 2 人）と異なり、上記 4 グループは特定の年代や
性別に偏っていません。そこで、以下ではこれら 4 グループの回答に絞っ
て述べることにします。

　回答者に回答してもらう web ページとしては、日本語版・英語版・中国
語版・ポルトガル語版・スペイン語版を用意し、日本語母語話者には日本語
版のみ、英語母語話者には英語版のみ、中国語母語話者には中国語版のみを
示しました。日系南米移民には、日本語版・英語版・ポルトガル語版・スペ
イン語版を示し、その結果 30 人中 21 人が日本語版、7 人がポルトガル語
版、2 人がスペイン語版に回答しました。英語版を選んだ話者はいませんで
した。

　彼らは、上記の例 (2)(3)(4) を見せられ、自分も同じようなことがあ
るかどうか回答するよう要請されました。もっとも、例 (2)(3)(4) 中の
「キャラ」という語は、日本語版以外の web ページでは出していません。こ
の「キャラ」は日本で新しく生まれた語で、翻訳が難しいからです。

　回答は、5 つの選択肢①〜⑤から 1 つを選ぶ方式でした。選択肢①は「自
分はこのようなことはまったくない」、選択肢③は「自分もこのようなこと
がある程度ある」、選択肢⑤は「自分もこのようなことがいつもある」で、
選択肢②は「①と③の中間」、選択肢④は「③と⑤の中間」でした。「わから
ない」という選択肢は設けませんでした。時間制限はなく、前の例に戻っ
て、記入した回答を修正することも可能でした。

4.2　調査結果

　選択肢③④⑤を選んだ、つまり「3 つの書き込みと同じようなことが、あ
る程度以上ある」と答えた回答者は、無視できないほど多いという結果が得
られました。その数を例 (2)(3)(4) の順に言うと、日系南米移民は 30
人中 21 人（70%）・18 人（60%）・5 人（17%）、日本語母語話者は 153
人中 58 人（38%）・48 人（31%）・21 人（14%）、英語母語話者は 149

人中 75 人（50%）・60 人（40%）・22 人（15%）、中国語母語話者は 40
人中 15 人（38%）・15 人（38%）・13 人（33%）でした。「温泉同好会で
姉御キャラになる」という、内容が極度に絞り込まれた例（4）について
は、選択肢③④⑤を選んだ回答者の数は多くありません。が、例（2）と例
（3）の場合、選択肢③④⑤を選んだ回答者は 3 割を超え、特に日系南米移
民の場合は過半数に至っています。

4.3　調査結果から考えられること

　調査結果から考えらえるのは、インターネットの 3 つの書き込みは特殊
なものではないということです。「自分は状況に応じて非意図的に変わる」
と自覚している人間は、母語を問わず、無視できないほど存在します。人間
は、人格の分裂（解離性同一性障害）という病理的な場合だけでなく、日常
的な場合にも、状況に応じてキャラが変わり得るものです。このことは、複
数の言語文化に日常的にさらされている日系南米移民の人たちも同じです。
　彼らは、状況に影響されない一貫した自分を確立しているわけでは必ずし
もなく、「状況に応じて自分が揺れ動いている」という自覚を一般の日本語
母語話者以上に持ちやすいようです（「日系南米移民」を独立したグループ
として別立てした目的は、この点を確かめることにありました）。
　キャラを認めない、意図に基づく伝統的な人間観は、約束をお互いに守り
合おうとする「立派な大人」にとっては、好ましいかもしれません。しか
し、多くの人間の実態と合わない人間観は、再考すべきでしょう。

5　言語とアイデンティティ

　続いて、「自分は○○語を話す人間だ。○○語の社会の一員だ」というよ
うな、言語を通して確立されるアイデンティティを考えてみましょう。ここ
でも、意図に基づく考え（道具論的な言語観「言語とは、人間が目的を達成
するために使う道具だ」）の限界が示されることになります。
　道具論的な言語観は、一見もっともらしく思えますが、実は、世界の言語
の多様性を守りにくくする考えとして、既に問題視されています（宮岡

2015: 9-10)。この言語観によれば、話者数が少ない言語は互換性が低い不便な道具に過ぎず、他の言語に乗り換えて当然、となってしまうからです。

　道具論的な言語観は、話し手のアイデンティティに関しても問題があるのではないか。それを調べるためにアンケート調査を行いました。

5.1　調査方法

　この調査は、先ほど紹介した調査と同時に行われました。しかし、設問は以下のとおり、複数の言語を日常的に話している回答者だけを前提にしているので、回答者の数は、先ほどの調査よりも少なくなっています。

　　　設問１：あなたは、「話す言語が変わると、まるで違う人間のようだ」
　　　　　　　と家族や友人などから言われたことはありますか？
　　　設問２：あなた自身は、「話す言語が変わると、違う人間のようだ」
　　　　　　　と感じますか？（１対１の対話場面を想定してください。）

　選択肢①〜⑤は先の調査と共通です。選択肢③④⑤を選んだ（つまり「ある程度以上」の）回答者には、具体的に記述してもらうことにしました。

5.2　調査結果

　母語による違いや、移住の有無という家族史の違いはあっても、選択肢③④⑤を選んだ回答者が相当数確認できました。その比率を設問１・２の順に言うと、日系南米移民が 30 人中 13 人（43%）・14 人（47%）、日本語母語話者が 35 人中 13 人（37%）・17 人（49%）、英語母語話者が 115 人中 44 人（38%）・56 人（49%）、中国語母語話者が 27 人中 8 人（30%）・7 人（26%）です。

　そして、変化内容の自由記述には、「意図的な使い分け」とは思われないものが多数見られました。その例を（5）に挙げておきます（書き込みの和訳は私が行いました。以下の例も同様です）。

(5) a. ドイツ語を話している時は、英語を話している時よりも自信ありげだ
　　　と言われる。日本語を話している時はドイツ語の時とは違って、控え
　　　めで、時には明らかに丁寧だと言われる。(30 代男性・英語母語話
　　　者)

　　b. 日本語を話している時は控えめで、英語を話している時は怒っている
　　　ようだと言われる。(30 代男性・英語母語話者)

　　c. 日本語を話している時は丁寧で、英語を話している時は面白い人だと
　　　言われる。(40 代女性・英語母語話者)

　　d. ポルトガル語を話している時は積極的で、日本語を話している時は他
　　　人に同調しやすい。(20 代女性・日系南米移民)

　　e. 中国語を話している時は話好き。日本語を話している時は控えめ。
　　　(30 代女性・日本語母語話者)

　　f. 言語ごとに、人格や態度が違う。(20 代女性・日本語母語話者)

　　g. 相手次第で言語が変わり、それで自分の人格や態度も変わる。(50 代
　　　男性・日本語母語話者)

　念のために言うと、(f) や (g) の書き手が「人格」と表現しているもの
は、我々の用語(第 3 節)なら、「人格」ではなく「キャラ」に該当するで
しょう。これらの書き手たちは、言語を切り替えても、別の言語を話してい
た時の記憶まで失ってしまうわけではないからです。

5.3　調査結果から考えられること

　調査結果によれば、他者から指摘された形であれ(設問 1)、自覚してい
る形であれ(設問 2)、「話す言語が変わると自分も(キャラが)変わる」と
いう回答者の数は、いずれの話者グループでも無視できません。キャラの存
在を受け入れられない、意図基盤の道具論的な言語観は再考すべきでしょ
う。

　「言語は自身のアイデンティティを表示・表現・主張するための道具だ」
(Le Page & Tabouret-Keller, 1985) という考えは、卓見だと思います。
ただし、最後の「ための道具」という部分は別です。言語はそもそも「道

具」という枠にはおさまりきらないのではないでしょうか。

　社会言語学者のアンドレイ・ベケシュ（Andrej Bekeš, 2018）氏は、キャラが「ハビタス」（habitus; Bourdieu, 1980）と親和的な関係にあると指摘しています。ハビタスとは、習い性のようなもの、つまり個人が日常的な経験を積む中で、その個人が置かれている社会の特定の思考や言動の方式が個人に染み込み、個人を彫琢していくことを指しています。話す言語が変わると彫琢も変わるという考えは、確かに調査の結果と合致しているようです。

6　まとめ

　この章で述べたことは、3点にまとめられます。

　第1点。意図に基づく人間観には限界があります。人間は意図的にスタイルを切り替えるだけでなく、非意図的にキャラが変わることもあり得ます。

　第2点。意図に基づく人間観は無視できません。「約束」で成立している社会では、この人間観が当然視されているからです。キャラが変わることに若者が悩み、それを電子掲示板でしか吐露できないのは、自分がこの人間観に当てはまらず、それを公にすれば疎外されると知っているからです。

　第3点。意図に基づく道具論的な言語観にも限界があります。人間は話す言語に応じて非意図的に、キャラの部分が変わり得ます。人間にとって言語は道具というより、身体に染み付いている自身の一部です。

　この章、特に後半部は、バイリンガル話者の自己の複数性（bilingual selves）に関する研究（例：Ervin, 1964, Pavlenko, 2006, Koven, 2007）や、日本語学習者の発話形式（発話キャラクタ）に関する研究（例：山元 2018, 荒井 2019）と近いと言えます。が、それらの研究にも「使い分け」「機能」「手段」「コントロール」「意図」という概念が多かれ少なかれ組み込まれています。ここで問題にしたのはそういうことです。我々は、法廷で緊張のあまり上ずった声が出ても「声を使い分けた」とは言いません。また、例えば「14歳にはどのような機能があるか？」「秋の日はどのような機能をはたしているか？」と、14歳や秋の日の「機能」を問うこともありませ

ん。「使い分け」「機能」「手段」「コントロール」「意図」などの概念は、意図を前提とする目的論的・道具論的な概念です。そのことを我々はよく知っているはずです。

　ここで話したのは、日本という奇妙な国の特殊事情ではありません。キャラはどの文化圏の人間にもある普遍的なものです。ただ、それが顕在化して人々に気づかれたのは、日本が早いというだけです。そういうわけで私は、日本語社会に暮らす言語学者として、キャラを世界に紹介しているのです。

付記

　有益なコメントをくださった坂本光代先生と、アンケート調査にご協力くださった回答者の方々にお礼申し上げたい。この論文は東京カレッジの講演の一部を簡略化した上で若干の補足を施したものであり、JSPS 科研費による基盤研究（B）「海外日本語継承語（JHL）コーパスの開発と日本語・日本語教育研究への応用」（課題番号：20H01271、研究代表者：松田真希子）、基盤研究（S）「非流暢な発話パターンに関する学際的・実証的研究」（課題番号：20H05630、研究代表者：定延利之）、国立国語研究所の共同研究プロジェクト「対照言語学の観点から見た日本語の音声と文法」「日本語学習者のコミュニケーションの多角的解明」の成果の一部を含んでいる。

参照文献

荒井美咲（2019）「日本語母語話者と日本語非母語話者のキャラクタ表出の比較―スピーチスタイルに着目した談話分析による質的研究―」『社会言語科学会第 43 回大会発表論文集』pp.42-45.

斎藤環（2011）『キャラクター精神分析―マンガ・文学・日本人―』筑摩書房.

定延利之（2011）『日本語社会 のぞきキャラくり―顔つき・カラダつき・ことばつき―』三省堂.

定延利之（2020）『コミュニケーションと言語におけるキャラ』三省堂.

定延利之（2021）「キャラとは何か」『日本語学』40(1), 14-25.

ベケシュ，A.（2018）「ブルデューの「ハビトゥス」と定延の「キャラ」との出会い」定延利之（編）『「キャラ」概念の広がりと深まりに向けて』pp.134-153, 三省堂.

宮岡伯人（2015）『「語」とはなにか・再考―日本語文法と「文字の陥穽」―』三省堂.

山元淑乃（2018）「発話キャラクタは異なる言語間で変わりえるか―日本人英語学習者 A に関するフォーカスグループの質的分析から―」『琉球大学国際教育センター紀要』2, 18-38.

Bourdieu, P. (1980). *Le sens pratique. Les éditions de minuit.* [Bourdieu, Pierre. *The logic of practice.* English translation by Richard Nice. Polity, 1990.]

Erickson, E. H. (1959). *Identity and the life cycle.* Madison, CT: International Universities Press. [エリクソン，E. H.（1982）『自我同一性―アイデンティティとライフ・サイクル―[新装版]』（小此木啓吾訳編，小川捷之・岩田寿美子訳）誠信書房.]

Erickson, E. H. (1968). *Identity: Youth and crisis.* New York, NY: W. W. Norton & Company. [エリクソン，E. H.（2017）『アイデンティティ―青年と危機―』（中島由恵訳）新曜社.]

Ervin, S. M. (1964). Language and TAT content in bilinguals. *Language of Abnormal and Social Psychology, 68*(5), 500-507.

Koven, M. (2007). *Selves in two languages: Bilinguals' verbal enactments of identity in French and Portuguese.* Amsterdam, Netherlands: John Benjamins.

Le Page, R. B., & Tabouret-Keller, A. (1985). *Acts of identity: Creole-based approaches to language and ethnicity.* Cambridge University Press.

Pavlenko, A. (2006). Bilingual selves. In A. Pavlenko (Ed.), *Bilingual minds: Emotional experience, expressions and representation* (pp.1-33). Bristol, UK: Multilingual Matters.

第8章

自分のことばを
つくっていく意味

三輪聖

キーワード

継承日本語、複言語・複文化主義、出自言語教育、わたし語

1 はじめに

　ドイツをはじめ、ヨーロッパには移民背景を持つ人たちが多くいます。学校にも移民背景を持つ子どもたちが多く在籍しており、日本に関係のある子どもたちの数も少なくありません。「海外在留児童・生徒数・在外教育施設数」（文部科学省 2019）によると、現在 17,770 人の学齢児童生徒がヨーロッパで生活しています。そして、文部科学省の在外教育施設である日本人学校の在籍者は 2,586 人、同じく在外教育施設の日本語補習授業校の在籍者数は 4,637 人にのぼります。つまり、一万人以上の子どもたちが在外教育施設とは異なる現地で運営されている教育施設に通うか、あるいはそのような教育機関には通わないという選択をしていることが見て取れます。後者のように学校に通わないことに決めた家庭の中には、子どもの日本語とどう向き合えばいいか分からず、必死に情報を集めては孤軍奮闘しているケースが多く見られます。そこで、筆者はこのような家庭でのことばの学びを支援できるようなツールを作ることにしました。それが本章で紹介する『わたし語ポートフォリオ』です。

　筆者はドイツ補習授業校の現場で教員及び保護者として子どもたちと向き合う機会があったのですが、その際にいろいろなことを考えさせられました。現在、ドイツでは主に 2 世の子どもたちが、そして徐々に 3 世の子どもたちも補習授業校に来るようになってきています。この点に関して 3 世、

4 世の子どもたちが中心の南米とヨーロッパでは状況が異なっていると言えるでしょう。ドイツの補習授業校は、文部科学省、外務省から援助を受けている教育施設であるため、基本的に日本国内の学習指導要領に則ったシラバスが組まれており、日本の教科書をベースに授業が行われています。平日の昼間は現地校に通い、週に 1 回だけ数時間、主に国語の勉強をしに補習授業校に通う子どもたちにとって、日本の指導要綱に沿った国語の教科書で日本語を勉強することはたやすいことではありませんでした。同じ境遇で生きている仲間と会えることを楽しみに学校に通っている子どもたちが多く、登下校時や休憩時間などにとても楽しそうにクラスメートとおしゃべりをしている様子を目にしていました。しかし、授業になるとほとんど発言せず、ただ静かに時間が過ぎるのを待つといった子どもたちも少なくありませんでした。先生から「ついてくることができない子ども」のための補助教材をもらい、活発に授業に参加しているクラスメートの様子を静観し、自分の意見はあっても日本語では言えないから諦めて黙ってしまい、学校内で日本語以外の言語を使うと先生に厳しく注意されるため、先生が見ていない所で隠れて現地語や英語を使うというのはよく見られる光景でした。このような子どもたちは、次第に「日本語を使う場面になると、自分は『できない子』だと感じる」ようになっていたのではないかと思います。そのような状況を目の当たりにして、現地校ではのびのびと活躍している子どもたちが補習授業校では小さくなって下を向いているという現状を何とかしたいと思うようになりました。

　移動を繰り返す子どもたちは、新しい言語や文化と出会い、それを自分の中に取り込んでいくといった経験を重ね、言語や文化の境界を越えて生きてきていると言えます。私たちが今すべきことは、このような子どもたちが重ねてきた経験、作り上げてきた「自分」をありのまま発揮し、他者から認められるような場をつくることなのではないでしょうか。

　本章では、多様な言語や文化に囲まれて生きる子どもたちが持つ様々な言語的、文化的なリソースを総動員して発揮し、具体的な行動に繋げていけるような、子どもたちが主体のことばの教育の方向性を提案したいと思います。先に少し述べたように、南米とヨーロッパとでは状況が異なってはいますが、複数の言語や文化の中で生きる子どもたちの「ことばの力」をどのよ

うに捉えるといいのか、どのように育んでいくことができるのか、といった視点は共通していると考えています。いろいろな地域の人たちがこの共通の視点から共に考えることができたらと願っています。

2　自分のことば

　子どもたちはひとりひとり、それぞれの人生経験を積み重ねていく中で多様な文化や言語などをレパートリーとして自分の中に取り込み、いろいろなスキル、価値観、考え方、姿勢などを形作っていっています。その子ならではの「自分のことば」のことを、本章では「わたし語」（奥村 2019）と呼びます。それぞれのことばがどのぐらいできるか、そして、それぞれのことばの位置付けは様々であり、複数のことばが混ざった自分独自の状態を積極的に認めようとするものです。

　図1は、日本と関係のある子どもが持っている「わたし語」の例です。日本語や日本の習慣などを一つのレパートリーとして持っており、他の言語や方言、キャラ語などを含めたあらゆるレパートリーを一つの総体として「自分のことば」を形作っていると言えます。「〜語」といった国単位でカテゴライズされることばだけでなく、自分が生活の中で使い分けているあらゆることばのバリエーションに目を向けることが大切です。

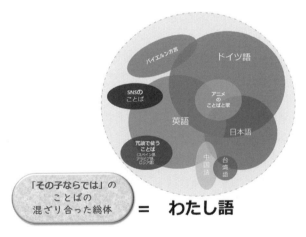

図1　ドイツ在住のある子どもの「わたし語」の例

3 複言語主義という考え方

3.1 複言語主義とは？

　2 節で提示した「わたし語」は、「わたし語ポートフォリオ」の制作チームが用いている呼称ですが、その概念はヨーロッパの「複言語主義」の発想に基づいています。ヨーロッパでは、欧州評議会（Council of Europe）が複言語主義の理念に基づいた言語教育を推奨しています。欧州評議会は、1949 年に人権、民主主義、法の支配という共有の価値を掲げて創設されたヨーロッパの統合に取り組む国際機関で、言語教育に関しては「複言語主義」「言語的多様性」「相互理解」「民主的シティズンシップ」「社会的結束」の促進を図る政策を取っています。個人の中に混在する多様な特徴を持つ複数の言語を一つの総体とみなし、そのあり方を尊重する複言語主義の概念を根幹に据え、言語の多様性を促進することで、相互理解を図ることを目指しているのです。さらに、ヨーロッパでは積極的かつ民主的に社会的・政治的プロセスに参加することを目的とする民主的シティズンシップ教育が推進されています。自分とは異なる多様なあり方を尊重し、認め、自ら歩み寄ることで相互に理解しようとする複言語主義的な態度や姿勢は、民主的な社会を他者と共に創る際に大切な役割を果たすでしょう。

　こうした複言語主義に基づく言語教育は、一言で言えば、ヨーロッパにおける様々な異なる言語や文化、複数性に対する意識を高め、尊重を促すものということになるでしょう。複言語主義的言語教育を進めることで、言語や文化、人に対する一定の偏見や差別から人々が解放され、互いに人が人として尊厳を持って共に生きていくことができるような社会を目指そうとしているのです。ヨーロッパ市民の間でこのような複言語主義に基づく価値の共有がなされていることは、実に示唆的だと言えるでしょう。また、教育現場においてもこの理念は理想的な言語教育的価値観として共有されています。ドイツの公教育の中にも浸透しており、子どもたちが出自の言語を学ぶ場となっている授業の指導要領にも明確にその理念が反映されていることはヨーロッパの特徴と言えるかもしれません。出自言語教育については 4 節で紹介します。

3.2　複言語主義に基づいた言語教育

　では、複言語主義に基づいた言語教育とは、どのようなものなのでしょうか。複言語・複文化能力とは、あらゆる言語に同等の価値を認め、尊重する寛容な姿勢があり、さらに複数の言語を知り、複数の文化的経験を持ち、それらの資源を駆使してコミュニケーションをすることができる力です。複言語教育はそのような力を育むことを目指すわけですが、欧州評議会は、複言語教育によって促進させられる能力や姿勢として次のような内容を挙げています。

　　　・学習する言語として選択した理由と学習プロセスに対する意識
　　　・他の言語学習にも応用できるスキルに対する意識とそれを用いる能力
　　　・一般的に認識されている言語の社会的地位とは関係のない、他者の複言語性、様々な言語や言語変種が持つ価値の尊重
　　　・様々な言語がもつ文化や他者の文化的アイデンティティの尊重
　　　・様々な言語や文化の間にある関係性を理解し、それらを仲介する能力
　　　・カリキュラムにおける言語教育の包括的で統合されたアプローチ
　　　(Language Policy Division, Council of Europe, 2006: 5　筆者抄訳)

　複数の言語ができるようになることも複言語能力の一つですが、それだけでは複言語主義が目指す理念にはたどり着けません。自らの複言語・複文化能力に自覚的になることで、自分が学習している言語の意味づけができるようになること、また、他者の複言語性、様々な言語の価値を認められることで、寛容な態度が育つことを示しています。それこそが複言語能力として重視すべきポイントだと言えます。さらに、複数の言語や文化を関係づけたうえで仲介できるような能力が重要だとされています。このような能力は、文化と文化、人と人をつなぎ、平和な社会づくりへと導いていくことを可能にします。

　このような側面は、従来のことばの教育においてはあまり光が当てられていなかったように思います。しかし、このような意識的な姿勢、能力の育成を目指すことは、ことばの教育において重要になってくるのではないかと思います。日本語が個人の「わたし語」に加わることで、複言語・複文化能力がより豊かになることは間違いないでしょう。子どもたちの出自の言語を学ぶ授業においても、このような姿勢や能力を育むことが目指されています。

4　ドイツの移民背景を持つ子どもたちの出自の ことばの教育

4.1　「出自言語教育」とは

　筆者が在住するドイツにおける移民背景を持つ子どもたちに対する出自言語の教育では、複言語・複文化教育と重なる理念が見られます。ドイツの多くの州では、公教育の枠組みの中でいわゆる「継承語教育」に近い「出自言語の授業（Herkunftssprachlicher Unterricht）」が提供されています。ドイツへの移住者がドイツで生活するために必要なドイツ語教育として「第二言語としてのドイツ語」（Deutsch als Zweitsprache）の授業がありますが、同時に「出自言語の授業」も正式に用意されています。ドイツでは、これまで多数の「出稼ぎ労働者」を受け入れてきたことによって、労働者家族の子どもが出身国に戻った後に再適応しやすくなることを目的とした授業を求める声が各所から出てくるようになり、1977 年に発表されたヨーロッパ共同体理事会指令の規定によって正式な授業として公教育において開講されることとなりました。

　しかし、「出稼ぎ労働者」の大多数はドイツに留まっており、出身国に戻った後の再適応を目指して導入された「出自言語教育」の授業のあり方は問い直される必要が出てきました。そこで、「出自言語教育」では移民背景をもつ子どもたちの家族の言語や出自言語の能力、アイデンティティを育むことに主眼が置かれるようになりました。

4.2 「出自言語教育」が目指す方向性

　「出自言語教育」の指導要領は、ドイツ各州から個別に出されています。本章では一例としてハンブルク州及びノルトライン＝ヴェストファーレン州における指導要領を取り上げ、「出自言語教育」がどのような教育方針のもとに実践されているかを概観したいと思います。

　　　ギムナジウムにおける出自語の授業では、子どもたちの様々な生活の中で獲得された様々な言語の能力に結びつけて、話す、聞く、読む、書く、言語について考えること、そして仲介といった全ての基礎的な能力を伸ばしていくことを目指す。

　　　　　　　　　（ハンブルク州、出自言語教育指導要領：11　筆者抄訳）

　このように、指導要領では出自言語をドイツ語や他の言語と関連づけて扱っていくことが勧められています。つまり、子どもが生きていく中で自分の中に取り込んできた複数のことばを交差させていくということです。それによってメタ言語的能力が育成されるのと同時に、複言語能力が育まれることも期待できます。
　さらに、同指導要領には相互文化的能力（Interkulturelle Kompetenzen）を育てることも明記されています。

　　　出自言語の授業では、子どもの個人的な経験について話せるような雰囲気と時間をつくり、（子どもたちから出てきた話の）情報を比較させたり、いろいろな国や地域の事情に関する知識を教えたり、様々な言語的、民族的、宗教的、社会的、文化的な要因に対応していけるようなサポートを行う。加えて、子どもたちが自身の家族の歴史、そして同じルーツをもつ集団の伝統や規範、価値観についても考えられるようにする。それによって、文化的な仲介者として主体的に行動し、異なる文化間に起こった誤解や摩擦にうまく対応できる能力をつける。　（ハンブルク州、出自言語教育指導要領：14-15　筆者抄訳）

　様々な文化や経験、価値観、宗教を知り、それらを関連づけ比較して考えることで、メタ的な思考が進むと同時に、異なるものへの理解を示す態度や寛容性が育ち、複文化能力に自覚的になれます。また、複数の言語・文化の中における自分の位置づけを認識するきっかけとなり、自身のアイデンティティについて深く考えることにもつながるでしょう。さらに、指導要領の「文化的な仲介者」という表現から読み取れるように、日本語を出自言語として学ぶことは、複数の文化の間の仲介者として主体的に行動し、摩擦や誤解に対処できる能力を育むことにつながります。このような能力は様々な問題を解決に向かわせることになり、相互理解を図る平和なコミュニティや社会を築き上げていく力となっていくことが期待できます。このような教育指針は子どもが生きている生活の文脈から出発しており、子どもの力をホリスティックに捉えた発想であると言えるでしょう。帰国後の出自国の教育に再適応できることを目指したかつての指針から大きく変化した様子が見受けられます。

　また、「出自言語教育」では、複数の生活環境を越境するのに求められる「相互文化的行動能力（interkulturelle Handlungsfähigkeit）」の育成が初等教育から取り入れられています。ノルトライン＝ヴェストファーレン州の指導要領には、相互文化的学習の目標として、次のような点が挙げられています。

・自分自身や自分の家族を異なる観点から見ることができる。
・文化の相違による相互理解の難しさを予測したり、回避したり、修復したりできる。
・自分のプロフィールが他の子どもと違う理由を知り、その理由をプロフィールから導き出すことができる。
・自分のルーツがある集団の文化的伝統を家族の出自国における生活環境と関連づけ、歴史的な観点から説明できる。
・獲得したストラテジーを用いて、期待、関心、規範の対立の中で自らの道を模索し、交渉できる。
・マイノリティーへの差別に対して、人権に基づいて向き合うことができる。

　　　　　　　（ノルトライン＝ヴェストファーレン州、母語教室指導要領：13
　　　　　　　　　　　　　　　　　　　　　　　　　　　　　筆者抄訳）

　複数の文化と言語に囲まれて育っている子どもの出自言語の教育では何を
目指せばいいのかという問いは、子どもの現実の生活世界を見つめ、子ども
の将来像を考えることにつながるでしょう。そうすると、子どもの複言語能
力、仲介能力、相互文化的（行動）能力を育むことが教育の目的と考えるの
は自然なことに思えます。しかし、多くの「継承日本語」の教育現場におい
ては、このような目的が共有されていないように見受けられます。そこで、
筆者は同じ志を持つ仲間とともにプロジェクトを立ち上げ、出自言語教育で
掲げられている理念の「継承日本語」の分野への文脈化を試みました。それ
が『わたし語ポートフォリオ』の提案になります。

5　『わたし語ポートフォリオ』の提案

　ヨーロッパの言語教育理念やドイツの移民に対する出自言語教育の理念を
目の当たりにした「チーム・もっとつなぐ」[1]は、複数の文化と言語に囲まれ
て育っている子どもたちの「わたし語」を育む実践につながるようなカリ
キュラムやツールが必要だと強く感じました。そこで、チームは3節と4
節で概観した理念をもとに『わたし語ポートフォリオ』作成プロジェクトを
開始し、試用版の作成を経て、2021年3月に公開版を完成・公開しました。

図2　『わたし語ポートフォリオ』

1　ドイツで活動中の「チーム・もっとつなぐ」メンバー（2021）：勝部和花子、札谷緑、田川
　ひかり、松尾馨、三輪聖

　同ポートフォリオは、図2のように「わたしのプロフィール」「できることファイル」「わたしの作品集」から成る三部作となっています。また、これらを使用するにあたって読んでいただきたい活用ガイドもあります。これらは全て「複言語ファミリーをつなぐポータルサイト『つなぐ』」から無料でダウンロードできるようになっています[2]。本節では、『わたし語ポートフォリオ』の「わたしのプロフィール」と「できることファイル」からいくつかのシートを紹介したいと思います。

5.1　「わたしのプロフィール」

　まず、「わたしのプロフィール」の趣旨を説明します。「わたしのプロフィール」では、「今」の「わたし」と「ことば」の関係性を記録していきます。自分自身の「中」と「周り」にある「ことばや文化」と向き合い、可視化することで、様々な気づきが促されます。基本的には家庭で親子で対話をしながら取り組むことが勧められています。親も同じように活動に取り組み、親子で成果物を共有してお互いの違いや共通点について話し合うこともできると思います。親子でお互いの複言語・複文化の状態を知ることができ、様々な気づきが得られるでしょう。

　次に、「わたしのプロフィール」から一例として「言語ポートレート」のシートを紹介します（図3）。

　「わたしの中のことば」は、言語ポートレートとも呼ばれるシートで、自分の中にあることばを体の部分と関連づけて描き出すことで、今の「わたし語」のあり方を可視化する活動です。子どもが自

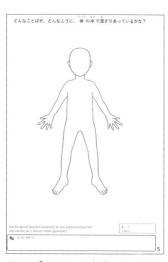

図3　「わたしの〈中〉のことば」
（「わたしのプロフィール」より）

2　複言語ファミリーをつなぐポータルサイト「つなぐ」（国際交流基金ケルン日本文化会館とチーム・もっとつなぐが共催で運営）<https://tsunagu-jki.de/>

身の「わたし語」の中のそれぞれのことばに対して、どのような意味づけをしているのかが見えてきます。

5.2 「できることファイル」

「できることファイル」では、たくさんの「できること」を集め、記録していきます。日本語を使って「できること」、歌を歌ったりお箸を使ったりするというようなスキルとして「できること」、知識として「知っていること」を集めていきます。さらに、何かを覚えようとする「姿勢」や大切にしたいと思うような「気持ち」を親子で共有し、記録していったりすることで、自己肯定感やアイデンティティを育むことを目指しています。また、複数の言語を使って異なる言語を話す人の間をつないだりするような「仲介」という行動を促す活動もあります。「仲介」については5.3節で詳述します。

この「できることファイル」には、5つのトピックがあり、各トピックごとに様々な場面を設定し、全部で11の異なる場面のカテゴリーに分けてあります（表1）。

表1 「できることファイル」の目次

トピック	カテゴリー
わたしの居場所	・わたしと家族　・身近な人たち　・わたしの気持ちと言葉
わたしの生活	・わたしの毎日　・特別な日
わたしの趣味	・好きなこと、好きなもの
学びと仕事	・習いごと、稽古ごと　・わたしと学校　・家の手伝い
共に生きる	・一歩そとに出て　・広いつながりの中で

一例として「わたしの居場所」のトピックから「わたしと家族」のカテゴリーのシートを紹介します（図4）。1つのカテゴリーごとに2枚のシートが用意されており、図4の左のシートでは、家族といっしょにいる場面で日本語を使ってできることを集めて書き込んでいきます。できることは増えていくはずなので、時間が経ってから再度同じシートに追記していくことをお勧めします。どんな小さいことでも「できる」こととして認め、それを親子で確認することは、子どもにとって大きな自信につながるでしょう。しか

し、「できること」を見つけるのが難しい時もあると思います。そのような
時は、「できること」の例示リストを参考にすることもできます。「わたし語
ポートフォリオ活用ガイド」に掲載されている例示リストは、これまで行っ
てきた複言語ファミリーの保護者や継承語の教育機関の教師を対象とした
ワークショップで集めてきた「複言語キッズのできること」のリストです。
ただ、これは「できなければいけない」ことのリストではなく、あくまでも
参考にするものであり、自分もできるようになりたいことを見つけたり、視
野を広げたりするきっかけとして使っていただきたいと思います。

　図 4 の右のシートでは、家族と一緒にして楽しかったこと、これからし
たいことなどについて親子でおしゃべりしながら記録していきます。また、
家族に「子どもの時のこと」についてインタビューをする活動もあります。
ここでは、日本語を話さない家族に他の言語でインタビューをして、その結
果を日本語でメモしたり、日本語を話す親に伝えたりすることで、子どもの
仲介活動も促されます。

図 4 「わたしの居場所：わたしと家族」（「できることファイル」より）

　その他の活動として、四季折々に行う行事で知っていることを書き出すも
のがあります。例えば、日本とドイツの行事を比較して相違点や類似点につ

いて親子で話し合うといろいろな発見があるでしょう。さらに、一歩そとに
出てどんな人と話したか、どんな町や自然の景色を見たか、異なる地域や国
によって何が違っていたかなど、自身の経験をいろいろな角度から振り返っ
てみることができます。振り返って考えたこと、話したことをポートフォリ
オに記録することは、その子どもの人生史を残すことになり、後々この記録
を読み返すことで自分の次の人生の道筋を考えられるようになるかもしれま
せん。『わたし語ポートフォリオ』は、次の学びや人生に繋げるための記録
なのです。

5.3 「仲介活動」とは

「できることファイル」では、子どもの仲介能力も大切にしています。欧
州評議会が掲げている複言語教育の内容にも含まれている仲介活動とは、自
分自身が発信者として言語活動に参加するのではなく、媒介したりつないだ
りする活動のことです。この活動は、橋渡し以上の役割を担っているものだ
と言えます。言語的な変換や言い換えに加えて、文化的なアドバイスをした
り複数の情報をうまく提供したりして、二者の間の雰囲気も快適にしつつ関
係性を調整し、二者を近づけます。

例えば、「ドイツのレストランで、日本から来た祖父母にドイツ語で書か
れたメニューを日本語で説明し、二人の食べたいものを注文してあげること
ができる」といった経験は多くの子どもたちがしているのではないでしょう
か。これは、複数の言語や文化に囲まれて育っている子どものあらゆる力が
フルに活かされた仲介活動で、家族の一員を異文化とつなげる仲介スキルが
発揮されていると言えます。

また、ドイツ語を話す父親と日本語を話す母親が喧嘩をした時に、仲を取
り持ってくれたという興味深いエピソードがあります。子どもがドイツ語と
日本語を使い分けてそれぞれの親とやりとりを行い、父親から聞いた事情を
母親の気持ちを配慮しつつ上手に伝え、逆に母親から聞いた事情を父親に工
夫して伝えるというようなことをこっそりしていたそうです。その結果、父
親と母親は仲直りをすることができたようです。この子どもは、両親が平和
な関係に戻れるように関係修復の仲介活動を行っていたと言えます。意見の

相違があるコミュニケーションを円滑にしたり、仲をとりもったりする仲介スキルも立派な能力の一つです。

　『わたし語ポートフォリオ』では、子どもたちが持つこのような能力にもっと目を向けることを提案しており、「わたし語」でいろいろな人や文化をつないでいっている子どもたちの姿を浮き彫りにすることを目指しています。

6　おわりに─まとめにかえて─

　本章ではドイツにおける主に移民 2 世か 3 世の子どもたちを対象とした実践の提案をしましたが、多様な言語や文化に囲まれて生きる子どもたちの「わたし語」をトータルで育み、子どもたちが「わたし語」を使って行っている言語活動やあらゆる力に目を向けるといった視点から捉えると、移住の歴史が異なる南米の子どもたちに対しても同様の実践が可能だと言えるのではないでしょうか。

　また、ホリスティックに捉える「わたし語」の教育は、「どのような子どもに育てたいのか」という問題意識にもつながり、さらにこの種の教育には 4 節の「出自言語教育」で見たように移民の少数言語の教育も含まれることから、言語間の社会的不平等に対して批判的に考えることになり、どのような社会を構築したいのかという信念に関わるテーマにもなってきます。このように従来の「継承語教育」をより広い観点から考察し、子どもにとって日本語を学ぶ意味は何か、そのことばを学ぶこと／教えることは社会でどのような意味があるのかを問い続けることを軸に据えた実践を行うことができれば、子どもたちの幸せ、平和な社会構築が現実となるのではないかと期待しています。

参照文献
奥村三菜子（2019）「欧州における継承日本語教育と欧州言語共通参照枠（CEFR）」近藤ブラウン妃美・坂本光代・西川朋美（編）『親と子をつなぐ継承語教育─日本・外国にルーツを持つ子ども─』pp.175-189，くろしお出版．
チーム・もっとつなぐ（2021）「わたし語の広場」『つなぐ』<https://tsunagu-jki.de/watashigo/>（2022 年 8 月 31 日閲覧）

文部科学省「海外在留児童・生徒数・在外教育施設数」(2019) <https://www.mext.go.jp/b_menu/toukei/002/002b/1417059.htm> (2022年7月23日閲覧)

Council of Europe (2020). *Common European Framework of Reference for Languages: Learning, teaching, assessment-Companion volume.* Council of Europe Publishing. <www.coe.int/lang-cefr>

Council of Europe, Language Policy Division (2006). *Plurilingual Education.* Strasbourg: Language Policy Division, Council of Europe.

Ministerium für Schule und Weiterbildung des Landes Nordrhein-Westfalen (2016). Kernlehrplan für den Muttersprachlichen Unterricht in der Sekundarstufe I und für den Unterricht in der Muttersprache anstelle einer zweiten oder dritten Pflichtfremdsprache für die Klassen 7-10. Ritterbach Verlag. (ノルトライン＝ヴェストファーレン州、母語教室指導要領) <www.schulentwicklung.nrw.de/materialdatenbank/material/download/3759>

Freie und Hansestadt Hamburg Behörde für Schule und Berufsbildung (2011). Herkunftssprachen des Bildungsplans Gymnasium Sek. I. Landesinstitut für Lehrerbildung und Schulentwicklung. (ハンブルク州、出自言語教育指導要領) <https://www.hamburg.de/steigerung-der-bildungschancen/14243862/herkunftssprachenunterricht/>

第9章

CLD児のことばの可視化と全人的教育

中島永倫子、櫻井千穂

キーワード

子どもの継承日本語教育、文化的言語的に多様な子ども（CLD児）、
「南米子ども複言語コーパス」

1 はじめに

南米の日本語教育は日本人移住者の子弟教育から始まり、現在でも多くの子どもの学習者がいると言われています。独立行政法人国際交流基金（以下JF）の2018年の機関調査では、南米の日本語学習者数は42,226人で、うち少なくとも三分の一は初等から中等段階の学習者であることが分かりますが、実際に彼らはどんな子どもなのでしょうか。ただ外国語を教室の中だけで学習するのではなく、実際の生活の中で複数の文化と言語に触れて育つ子どもたちのことを、文化的言語的に多様な（Culturally and Linguistically Diverse）子どもという意味で、英語の頭文字を取ってCLD児という呼び方で呼ぶことがあります。

筆者（中島）は、日本政府の外郭団体からの派遣により、8年間南米の日本語教育に携わりました。その過程で、日系、日本人を親に持つ、日本で就学経験がある等、様々な背景をもちながら日本語を学習しているCLD児たちに出会いました。また、日本にルーツはないがマンガやアニメへの興味がある等の理由で、外国語としての日本語を学ぶ子どもたちにも出会いました。南米ではこのような子どもたちが一緒の教室で日本語を学んでいます。この子どもたちの「数」はデータ化できますが、ひとりひとりの「人物像」や「背景」、どのような「言語活動」をしているのかを知ることは、容易ではありません。しかし、彼らの教師や支援者にとって、これらの情報を得る

119

ことはとても大切です。

　本章で紹介する「南米子ども複言語コーパス」[1] は、国際交流基金サンパウロ日本文化センター（以下 FJSP）が大学の研究チームと連携して行ったプロジェクトです。このプロジェクトは、南米の様々な環境で日本語を学ぶ子どもたちの話しことばを収集し、コーパス化することで、彼らがどのように日本語を使っているのかという実態を可視化し、現場で日本語教育に携わる教師や支援者と共有することを目的に行われました。そしてこのコーパスは、子どもの持つことばの一部分だけ切り抜いて分析するためというよりは、ひとりひとりのデータを通して彼らの「言語活動」の実態を理解し、彼らができることを認め、さらに支援するためのツールとして使用していただけることを目指しています。

　ここではこのようなコーパス開発の経緯や方法を実践例として紹介し、その利点や課題を検討することで、複数言語環境で育つ CLD 児たちの全人的な成長を目指したことばの教育に貢献するためのコーパスの活用方法ついて考察したいと思います。

2　南米における子どもの日本語教育実践の変遷

2.1　歴史的背景

　南米の日本語教育は日本人移住者の国語教育を基盤に発展したため（第 1 章参照）、スーパーダイバシティ（坂本 2016）が進む現在でも子どもの学習者が多く存在します。この背景には日本人の集団移住があり、家庭や地域社会での日本語使用があった時代の日本語学校は、ことばを使用する場として機能していました（モラレス松原 2014, 末永 2019）。世代を経て日系社会での日本語使用が減少すると、子どもたちが日本語に触れる機会も減り、1970 年以降日系社会の日本語学校でも外国語としての日本語教育の導入が始まりました（末永 2019）。そして 1990 年以降、日系社会が運営する日

1　「南米子ども複言語コーパス」のリンクは国際交流基金サンパウロ日本文化センターの Web サイトにてご確認ください。

本語学校だけではなく、小・中学校などの公教育校でも日本語教育が導入されるようになったことで日系人以外の学習者も増加し（吉川 2019）、様々な学習者層や日本語教育機関が存在しています。またグローバル化によって人の往来が容易になり、自由意思で南米に移り住み、国際結婚等の家庭で日本語を継承する子どもや、親の就労で日本と南米を行き来する子どもも見られます。

　一般的に、移住者が持ち込んだことばが失われるスピードは非常に早く、3 世代で喪失すると言われています（中島 2016）。子ども自身が親と一緒に移動を経験する 1.5 世代は、移動年齢によっては日本語が自分自身を最も表現でき、認知的発達を支える第一言語となる可能性もあるかもしれません。一方、2 世の子どもの場合、社会や学校で使用される現地語が第一言語となり、日本語はというと、親の家庭内での言語選択の方針や環境によって日常的な会話を聞いて分かるだけのレベルから、聞いて話せる、読み書きまでできるレベルまで様々です。さらに 3 世以降の場合は、家族やコミュニティ内で日本語に触れる機会があれば保持できるケースもありますが、全く分からない、聞くだけという人の割合も高くなってきます。ただ、それでも、日常の何気ない場面に日本の文化的要素が溶け込んでいたり、日本との心理的距離が近かったりするケースが多いです。本章では、このようにレベルは様々でも家族やコミュニティと何らかのつながりのある日本語を継承語として扱い、教室の中だけで学習する外国語としての日本語とは区別して考えます。

　以上のように、現在の南米の日本語学校は目的も背景も全く違う子どもたちが一堂に会する場であり、それぞれの子どもにとって、第一言語、継承語、外国語といった異なる捉え方での日本語が学ばれているのです。

2.2　教師が抱える課題

　この子どもたちにどのように日本語を指導するのかは学校や教師に委ねられることが多く、より良い指導法の模索の中で、例えば、順番に課題を与えて黙々と作業をするような独自の複式授業（鈴木 2003）を行う学校から、人間教育を目的に日本語教育に取り組む学校（渡辺・松田 2019）まで、

様々な実践が行われています。

　JICA（国際協力機構）や JF が実施する研修の後押しもあり、南米の日本語教育がより多数派の 3 世以降の子どもや非日系の子どもに合わせた外国語教育へと大きくシフトしていく中で、教師たちは新しい知識や指導法を学び、それらは大変有効であったと考えられます。しかし、それでもなお、「日本語の捉え方が学習者である子どものおかれた環境によって異なる」といった現状は現場の教師を悩ませ続けます。実際に多くの現場で「日本語が外国語とは言い切れない子どもたちに、外国語として語彙や文法を教え、問題を解いたり会話の練習をしたりしているが、これでよいのかと感じる」という教師の声を何度も耳にしました。日本語を学ぶ子どもたちを支援する時「ことばの学びを通して人としての成長も支える授業がしたい」と教師は願うものです。しかし、現場の状況、子どもの年齢層や背景がこれほどまでに異なってしまうと、「人としての成長を支える授業」がいったい何であるかを突き詰めることは容易いことではないのです。

3　「南米子ども複言語コーパス」の開発

3.1　コーパス開発の背景

　コーパスの作成に至ったきっかけに、2016 年から FJSP の末永サンドラ輝美講師と筆者（中島）が実施したブラジルの小学校の日本語教育に携わる教師支援プロジェクトがありました。現場では「国の教育制度に則った外国語教育のカリキュラムがなく初等教育段階に特化した日本語教材が少ない」等の問題から、既述のとおり、教師は独自に自身の成人や中等段階での指導経験や、成人の教科書に出てくる日本語を参考に授業を組み立てていました。そこで勉強会を結成し、「子ども Can-do」（中島・末永 2018）という、学校の教育理念から日本語教育の意義を見出し、課題遂行型の授業案を考えるための思考ツールを教師たちと作成しました。しかし、授業案を教師たちが考える時「子どもは実際にはどのようなことばを話すのか」という疑問が出ました。が、子ども達の発話状況が分かる基礎的な言語資料がなかったため、FJSP でコーパスを作成することとなりました。

3.2　コーパス開発の手順

　コーパス開発は、大学の研究チームの助言を得て、インタビューデータの収集、書き起こし、データベース化という手順で行いました。2019 年 9 月から 2020 年 2 月にかけて、南米に在住し、日本語を学ぶ 4 から 17 歳の子ども 124 人（ウルグアイ 4 人、コロンビア 9 人、チリ 6 人、ブラジル 47 人、パラグアイ 58 人）に対して、1 対 1 の対面で約 30 分のインタビューを実施し、データを収集しました。インタビューツールには、CLD 児の言語能力評価ツールである「外国人児童生徒のための JSL 対話型アセスメント DLA（以下 DLA）」（文部科学省 2014）の〈はじめの一歩〉と〈話す〉及び「Oral Proficiency Assessment for Bilingual Children」（以下 OBC）（カナダ日本語教育振興会 2000）のタスクを用いました。具体的には、DLA から、基礎タスク 3 種（「教室」「スポーツ」「日課」）、対話タスク 2 種（「先生に質問」「新しい先生」）、認知タスク 2 種（「お話」「環境問題」）を、OBC から 5 種（「職業」「誘う」「授業におくれる」「自己紹介」「あやまる」）のタスクを選択して行いました。

　2 名のバイリンガル・インタビュアー（ブラジルはポルトガル語と日本語（末永サンドラ輝美担当）、スペイン語圏の国は、スペイン語と日本語（中島永倫子担当））により、各国の教師や保護者に協力を依頼し、同意を得た上で、現地の学校や自宅でインタビューをビデオ録画しました。会話は、準備したカードを全て実施するのではなく、子どもの年齢や日本語レベルに合わせ、必要に応じて選択しました。インタビューの収集で工夫したところは、第一言語の使用を推奨したことです。具体的には「（第一言語がスペイン語の場合）インタビューはできる限り日本語で話すけれど、日本語で答えられない場合はスペイン語で話してもいいですよ」ということを開始前に説明し、子どもたちがそれを理解してから始めるようにしました。また、インタビュアーの間で収集するデータの内容に大きな違いが出ないよう、細かくルールを決めました。例えば、質問や指示の出し方、どのようなタイミングでことばをシフトするのか等を決め、できるだけ子どもが自分の選択で、話しやすいことばで話してもらい、彼らの複言語話者としての実態に即した会話となるよう努力しました。

　プロジェクトの開始当初は、二つのことばで別々にインタビューをしていましたが、時間が30分を超えてしまうケースが多く、また日本語で答えられない時に「分かりません」と言わなくてはならない等、子どもに負担がかかる問題がありました。そこでインタビューがネガティブな体験にならないことを第一に考え、日本語で回答できないところは第一言語で話してもらうことにしました。すると、子どもにとっては「話せた」という経験になり、子どもとの交流を尊重した収集ができるようになりました。

　「書き起こし」には、ビデオデータと Elan というアノテーションソフトを使用しました。子どもとインタビュアーの発話の文字化に加え、表1の非言語やコミュニケーションストラテジーについても注釈をつけました。そうすることで、CLD 児のマルチモーダルなコミュニケーションが可視化できることを目指しました。

表1　書き起こした非言語とストラテジーの項目

対象	項目	リスト
子ども	非言語	指差し、頷き、首をふる、視線、手／腕の動き、体の向きや動き、笑い、沈黙（10秒以内）、沈黙（10秒以上）
	ストラテジー	【課題達成のためのストラテジー】 パラフレーズ、第一言語にアクセス、単語の意味を聞く、モニターする、考える、理解したことの表見、時間を稼ぐためのリアクション、発話のサポート、わからないことの表現 【回避のストラテジー】 避ける、拒否する
インタビュアー	非言語	指差し、頷き、首をふる、視線、手／腕の動き、体の向きや動き、笑い
	ストラテジー	【課題達成のためのストラテジー】 パラフレーズ、第一言語にアクセス、リキャスト、発話のサポート 【協調ストラテジー】 褒める、コメントする、承認する、励ます 【項目想起ストラテジー】 待つ、ヒントを出す

　Elan 上に書き起こした発話、非言語、ストラテジーは、Excel 上にスクリプトを作成し、音声データと併せてデータベース化しました。また、子どもの概要として、国、地域、年齢、母語、その他話せる言語、日本在住歴、国籍、日本語学習歴を記載しました。

　当初の計画では、南米 10 ヵ国での収集を目指していましたが、新型コロナウィスルの感性拡大の影響のため、上述のとおり、2020 年 2 月までに収集できた 5 ヵ国 124 人のデータを公開しました。ブラジルとパラグアイの数が多いのは、子どもの学習者数が多いこと、及び日系団体が運営する日本語学校から協力を得てインタビューを収集したことが関係しています。今後、より南米の現状を反映するには、子どもの学習者が多いペルー、アルゼンチン、ボリビアでも収集し、各国の公教育校などで外国語として日本語を学ぶ子ども、日本で就学経験がある子ども、国際結婚等の家庭で日本語に触れている子どものデータが増えればよいと考えます。

4 「南米子ども複言語コーパス」の概要

4.1　コーパスの全体像

　完成した「南米子ども複言語コーパス」は、FJSP のホームページからアクセスすることができます。データベースの検索画面では、上段の国や地域などの子どもの概要を選択すると、絞り込み検索ができるようになっていて、子どもがインタビューでどのタスクができたのかも確認することができます（「✓」が入っているのが実施したタスク）。データ公開にあたっては保護者から同意を得ていますが、個人が特定されないように動画は公開せず、個人情報の秘匿化処理をした音声と文字化データを公開しています。

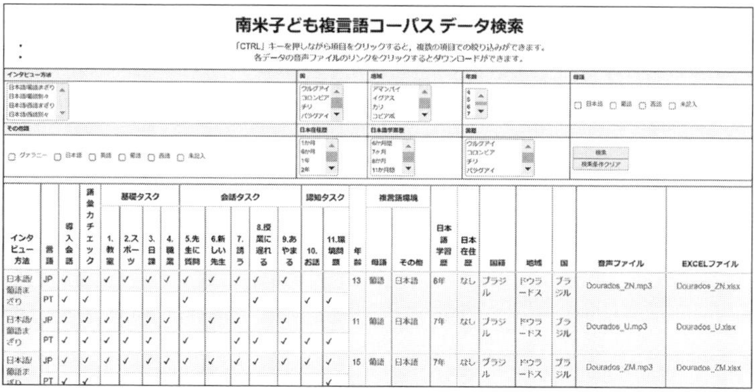

図 1　「南米子ども複言語コーパス」のデータ検索画面

4.2 収集データの具体事例

　では、ここで発話例を一つ見てみましょう。次のデータは、幼稚園から日本語を学んでいる 12 歳のあいこ（仮名）の認知タスク「環境問題」の文字化データの一部です。「南米子ども複言語コーパス」では、既述のとおり、観察された非言語行動やコミュニケーションストラテジーも書き起こしていますが、紙幅の関係でここでは発話の部分のみ提示します。あいこは、スペイン語、ポルトガル語、ガラニー語が使用されているパラグアイのアマンバイという町に住んでいます。日系で祖父との会話では日本語を最も使用しますが、彼女にとって自己を表現しやすい第一言語はスペイン語です。

資料 1　あいこ（12 歳）の認知タスク「環境問題」の発話データ

1I	：	これ何か分かりますか？
2A	：	木を切ります、ええ。
5I	：	これ、なあに？
6A	：	Planeta.（地球）
9I	：	地球ね、地球が今……
10A	：	病気、と、泣いています。
11I	：	泣いていますね。どうして泣いていますか？
12A	：	木を切ってると、車が、humo（煙）が、suelta（放つ）やってると、fabrica（工場）が、producto químico（化学製品）が川に…
13I	：	ああ
14A	：	川においてると、え、もっと fumasa（煙）が…
15I	：	ああ。そっか。じゃあ、どうしたらいいと思いますか？
16A	：	木を切らないと、もっと自転車で、自転車に行こうと、fabrica（工場）が、もっと、ええ。もっと humo（煙）が、出ないことがやって、と、producto químico（化学製品）も投げない。
19I	：	これ日本語で地球温暖化って言います。スペイン語で、地球温暖化 calentamiento global（地球温暖化）って言う？
20A	：	Uh huh.
21I	：	勉強した？　学校で勉強した？
22A	：	確か、はい。もう忘れ、No me recuerdo.（覚えてない）
25I	：	でも ¿Estudiaste ya en la escuela?（もう学校で勉強した？）
26A	：	はい。

27I : ああ。¿Puedes explicarlo por qué ocurre este calentamiento global? (どうして地球温暖化が起こるのか説明できる?)

28A : Por causa que cae los, están derrumbando los árboles, y están haciendo que, el auto consuma más petróleo y más gasolina y más gasolina y juntos se torna un producto fuerte humo y que agarra el aire está contaminando todo. (木が倒れ、木が伐採されて車がもっとたくさんの石油やガソリンを消費して、それでもっと煙が強くなって、空気を全て汚染してる。)

29I : うん

30A : Las fábricas están soltando los productos químicos como mercurio y algunas cosas malas al rio y la tierra que hace que la tierra no funcione más bien y que humo que sale de las fábricas haga que caiga tormentas eléctricas. Algunas cosas así. (工場は水銀などの化学物質や悪いものを川や土壌に流し、土地はこれ以上うまく機能しなくなって、工場から出る煙は雷雨を降らせてる。そんな感じ。)

Iはインタビュアー、Aはあいこ、( ) 内は日本語訳を示す。

　ご覧のとおり、この発話データでは第一言語のスペイン語の言語資源へのアクセスが頻繁に起こっています。12A、14A、16A などでは、humo (煙)、suelta (放つ)、fabrica (工場)、producto químico (化学製品)、fumasa (煙) という彼女にとって日本語では馴染みの薄い語彙の部分のみスペイン語の言語資源を使いつつも、環境問題の説明と対策を主に日本語で表現しようとしています。そして、後半の 28A、30A では、27I の促しを受けて、環境問題の原因を全てスペイン語で説明しています。日本語では「学校で勉強した?」(21I) と聞かれて、「もう忘れ、No me recuerdo. (覚えてない)」(22A) と答えていますが、スペイン語で聞かれるとすぐに答えていることから、工業化がもたらす水質や土壌汚染の問題の知識がある程度あり、忘れたわけではないことが分かります。

　あいこは、生活の一部に日本語が入り込んでおり、日常的な会話は日本語でも流暢にできますが、教科学習に関わる内容の表出はスペイン語の方が強いといった、日本語を継承語とする CLD 児の特徴がよく表れています。

　3 節で述べたように、今回のデータ収集では、日本語での表出に子どもが限界を感じた時に積極的に第一言語の言語資源を使うように促しました。「言いたいことがあるのに言えない」というフラストレーションを軽減させるという情意面の配慮です。またこうすることで、複数言語環境で育つ CLD 児が普段当たり前のこととして行っている複数の言語資源へのアクセ

スといった言語行動の可視化が一部可能となりました。さらには、あいこの例からも分かるように、表面的なことばの使用だけでなく、頭の中でどのように理解し、考えているかといった認知的な活動を観察することもできました。

5 「南米子ども複言語コーパス」の意義と課題

これまで、「南米子ども複言語コーパス」の開発の経緯と公開したコーパスの一部を紹介しました。本節では、「南米子ども複言語コーパス」の意義と課題、すなわちこのコーパスが、子どもの全人的成長を目指した教育実践にどのように貢献できるのかということについて述べたいと思います。

まず、この「南米子ども複言語コーパス」は、海外で日本語を学ぶ子どもの話しことばのデータを公開できたという点で画期的と言えるでしょう。一般的に子どもの話しことばのデータは、収集の難しさやプライバシー保護の観点から世界的にもあまり数がありません。1984 年にアメリカで作成された Child Language Data Exchange System（CHILDES）に 12 本の日本語データがありますが、日本語モノリンガルの乳幼児から 7 歳以下の子どもの発話のデータで、複数言語環境で日本語に触れて育つ CLD 児のデータではありません。また南米では、2011 年に日系人児童の口頭言語能力の調査として OBC を使用して計 52 人のデータが収集されましたが（佐々木・島田・竹村 2011）、そのデータは一般には公開されていません。学習者に合った教育活動は学習者の実態を知ってこそ実現可能となるので、その意味で今回のプロジェクトにより、一歩を踏み出せたと言えるのではないでしょうか。

また、3 節に述べたとおり、この度のデータ収集では、OBC と、OBC をベースとして開発された DLA を用いました。これらは言語能力評価ツールといっても、子どもの持っていることばの知識を点数化・序列化することが目的ではなく、子どもの年齢に伴う発達に応じて、そのことばを使って何ができるかということ、そして、「ひとりでできること」に加え、「支援を得てできること」を、対話を通して引き出す支援付きの評価ツールです。このように、実施過程で評価者が支援を与えつつ、子どもの「発達の最近接領域

(Zone of Proximal Development; ZPD)」（ヴィゴツキー 2001）を見極めようとするアセスメントはダイナミック・アセスメント（Haywood & Lidz, 2007）と呼ばれ、学習としての評価（assessment as learning）として注目されています。今回はさらに、対象となる子どもが複数言語環境に育つ CLD 児であるため、彼ら自身が持つ全ての言語レパートリーを活用しうるトランスランゲージング（García & Li Wei, 2014：本書第 1 章参照）を取り入れ、あらゆる言語レパートリーを用いた最大限のパフォーマンス、つまりバイリンガル ZPD（Moll, 2014）での活動を促すことを意図しています。

　これらのツールを用いたことで、標準化テストを用いた場合より実際の言語活動に近いデータを収集できたと言えるでしょう。さらにトランスランゲージングを取り入れたことにより、日本語だけではできなくても、もう一つの言語を含むレパートリーを使ってできることが観察でき、それぞれの子どもの最大限の認知活動の一部の可視化にもつながったと言えるでしょう。

　一方で、話しことばの収集にこれらのツールを用いたことの限界も同時に指摘しなければなりません。まず、上述のとおり、インタビュアーとの相互行為によって子どもから産出される発話が変わるため、Bachman & Palmer（1996）がテストの「有用性」の一側面として指摘する「信頼性」（測定すべきものをいつも一貫して測定しているか）という観点からは、その質が十分に保証されているとは言えません。資料 1（p. 126）を例に挙げるなら、30A「humo que sale de las fábricas haga que caiga tormentas eléctricas（工場から出る煙は雷雨を降らせてる）」の後に、仮にインタビュアーが「どうして工場からの煙が雷雨を降らせるのか」という趣旨の質問を追加すれば、さらにディスカッションを深めることができ、詳しい知識や論理的思考力がどの程度あるかという情報を得られた（つまり、バイリンガル ZPD の上限が確認できた）かもしれませんが、このやりとりはそこまで至ってはいません。

　もう 1 点は、OBC や DLA がいくらダイナミック・アセスメント、学習としての評価であるとはいえ、それでもなお、学校教育の枠組みの中で活用される評価ツールであることには変わりないということの限界です。すなわち、社会的規範やその社会の一員となるために必要であると定められた知識

や技能の習得を目的とした学校教育の呪縛から解き放たれてはいないということです。子どもたちの実態は実に多様です。学校教育で求められる能力はそのほんの一部であり、子どもたちがより輝きを持って生きる道を探るためには不十分であることを念頭に置いておく必要があるでしょう。

　さらに、124人の背景（年齢や言語接触の量と質など）があまりに多様であり、その背景によって言語活動の実態が大きく異なるため、このコーパスを量的に処理してある集団（例えば、日本語を継承語として学ぶCLD児）の日本語能力のレベル判定や言語的特徴の一般化に用いようとするのは適切ではないということです。あくまで、南米で日本語を学ぶ多様な背景を持つ子どもたちの言語行動のサンプルデータとして参照すべきでしょう。

6　おわりに―子どもの全人的成長を目指した教育実践にむけて―

　複数言語環境に育つCLD児は、成人とは違ってどの言語も発達の途中にあります。そこには、ことばを使って周囲の人や社会とつながり、考え、また考えたこと、感じたことをことばにするといった「活動」があります。子どもたちにとってのことばは、借り物ではなく、自分自身の今を生きる「生」そのものです。

　このように考えていくと、子どもの日本語教育に携わる私たちに求められているのは、表面的なラベルとしての「言語」を「教える」という発想から脱却することなのではないでしょうか。もちろん、日本語が十全に使用されていない地域で「権威ある言語」としての日本語を「継承」していくためには、正しいラベルとしての日本語を教えなければならないと感じるかもしれません。しかし、意味を伴ったことばの継承とは、ある箱（継承する側）から別の箱（継承される側）に中身（結果としての言語）を移動しさえすればよいといったものではなく、そこには必ず継承していく人々の「生」が関わってくるのです。そのことばの活動が子どもの「生」と密接に結びついていれば結びついているほど、言語をただのラベルとして教える言語教育のあり方は実態にそぐわないもの（子どもが言語を覚えることに価値を見出せない、民族アイデンティティの強要と感じてしまう）になるのではないでしょ

うか。この「南米子ども複言語コーパス」も、結果や表面的なラベルとしての「言語」データとして見るのではなく、ことばを使って子どもたちが何をやっているか、何を考えているか、何を感じているかという活動の過程、子どもたちの「生（せい）」の実態を見ようという視点を持って眺めてもらえるといいのではないかと思います。子どもたちの「生（せい）」の実態をつぶさに見つめ、そこで行われていることばを使った活動を捉えることが、子どもたちの全人的成長を支えることばの教育の出発点になると思います。

付記

　1、2、3 節を中島が、4、5、6 節を櫻井が分担執筆した。本章は、JSPS 科研費による基盤研究（B）16H05676「南米日系社会における複言語話者の日本語使用特性の研究」及び基盤研究（C）17K02875「文化言語の多様な子どものための対話型アセスメントの教育的効果に関する実証研究」の研究成果の一部である。

参照文献

ヴィゴツキー，L.（2001）『[新訳版] 思考と言語』（柴田義松訳）新読書社.

カナダ日本語教育振興会（2000）『子どもの会話力の見方と評価―バイリンガル会話テスト（OBC）の開発―』<https://www.cajle.info/publications/other-publications/>（2022 年 2 月 20 日閲覧）

坂本光代（2016）「日系ブラジル人コミュニティにおけるスーパーダイバーシティ―ニューカマー・オールドカマーの日本文化・日本語保持―」本田弘之・松田真希子（編）『複言語・複文化時代の日本語教育』pp.163-181，凡人社.

佐々木倫子・島田美幸・竹村德倫（2011）「南米在住の日系児童生徒の口頭言語能力調査―日本語語彙データを中心に―」『言語教育研究』2, 55-64.

末永サンドラ輝美（2019）「南米日系移民と日本語―ブラジルの日本語教育を中心に―」『早稲田日本語教育学』26, 1-13.

鈴木順吉（2003）「ブラジルの日本語教育における「複式授業」―異能力混在型学級の指導法の改善を目指して―」『へき地教育研究』58, 109-116.

中島永倫子・末永サンドラ輝美（2018）「ブラジル初等教育の「子ども Can-do」―「人を育てる」日本語教育をめざして―」『国際交流基金日本語教育紀要』14, 19-34.

中島和子（2016）『[完全改訂版] バイリンガル教育の方法―12 歳までに親と教師ができること―』アルク.

モラレス松原礼子（2014）「ブラジル日系人と在日ブラジル人―言語・メンタリティ―」宮澤幸江（編）『日本に住む多文化の子どもと教育―ことばと文化のはざまで生きる―』pp.89-116, 上智大学出版.

吉川―甲真由美エジナ（2019）「現在のブラジル日本語教育の概容―公教育への日系コミュニティーの貢献―」『早稲田日本語教育学』26, 15-26.

文部科学省（2014）「外国人児童生徒のための JSL 対話型アセスメント DLA」<https://www.

mext.go.jp/a_menu/shotou/clarinet/003/1345413.htm>（2022 年 2 月 20 日閲覧）

渡辺久洋・松田真希子（2019）「人間教育としての日本語教育—ピラール・ド・スール日本語学校の実践—」『早稲田日本語教育学』26, 27-42.

Bachman, L. F., & Palmer, A. (1996). *Language testing in practice: Designing and developing useful language tests.* Cambridge University Press.

García, O., & Li Wei (2014). *Translanguaging: Language, bilingualism and education.* Basingstoke, UK: Palgrave Pivot.

Haywood, H. C., & Lidz, C. S. (2007). *Dynamic assessment in practice: Clinical and educational applications.* New York, NY: Cambridge University Press.

Moll, L. C. (2014). *L. S. Vygotsky and education.* New York, NY: Routledge.

離れて眺めて、混ざる良さに気づく

サウセド金城晃アレックス

　僕はボリビア多民族国コロニアオキナワ[1]に生まれて育った、沖縄系日系3世です。母は日系2世、父はボリビア人で、ダブル、ハーフです。今は沖縄の調理師専門学校に留学して琉球料理や日本料理を学んでいます。

　僕の子どもの頃のことですが、家の中はスペイン語でした。父は日本に10年間出稼ぎに行っていたので、日本語は理解はできますが、話すのが苦手で、親からは自分はボリビアにいるんだからスペイン語が話せなきゃダメだと言われてました。それで4歳くらいまではスペイン語しか話せなかったのですが、おばあちゃんが日本語の「しまじろう」のビデオを見せてくれたり、移住地の友達と話したりして、だんだん日本語を話すようになりました。

　僕はおばあちゃんと一緒にいることが多かったのですが、おばあちゃんからは沖縄の戦争の辛い話をたくさん聞かされていて、沖縄に暗いイメージがありました。でも、6歳の時、NHKのドラマで「ちゅらさん」を見て、沖縄の海とかきれいなものを見て、イメージが変わりました。

　僕はオキナワ移住地の小中学校（オキナワ第一日ボ校）で育ちました。そこは午前中がスペイン語での授業、午後は日本語（国語）の授業でした。12名の同級生のうち9名が純日本人、2名がボリビア人、僕だけがハーフ

1　ボリビアにある日本人移民の入植地。

でした。そこでは日本語が多かったので、僕のスペイン語力は弱かったです。また、その学校は沖縄県から先生がいつも派遣されていて沖縄の授業があったんですがその時は全然興味が持てませんでした。

　小中学校時代は自分だけがハーフであったことに対して、すごくコンプレックスでした。なぜ自分だけ違うんだろうって。同級生にも2人ボリビア人がいましたが、その人とも違う。中学校を卒業するまでは、そういったコンプレックスを持ってました。父や母にはそういうことを言えず、モヤモヤした気持ちを持っていました。それで、高校の同級生や地元の先輩が誰もいない高校に行きました。そして、日系の友達とは交流がなくなって、オキナワ移住地から離れた時期がありました。

　そうしたら、かえって日系人の良さや、ボリビアの父の血が入っていることなどに誇らしさを持つようになりました。高校でみんなが普通に接してくれるのが嬉しくて、そこから自分のことを冷静に見ることができたと思います。そうしたら祖父母の出身地、沖縄県のことがパッと思い出されて、中学時代、なんてもったいないことしたんだろう。せっかく沖縄県から先生が来ていたのに、やんちゃばかりして話を聞かなかったことの後悔が大きくなって、いつか沖縄に行ってやろうと思うようになりました。

　そこで、高校を卒業してボリビアの調理師学校に入って、休学して県費留学に申し込んで、沖縄に1年留学に行きました。そうしたら、アメリカとか中国とか世界中の沖縄につながる人たちがその留学に来ていました。その人たちとの交流で沖縄の良さに気づいたり、またボリビアから外に出ることで、ボリビアの良さにも気づけるようになりました。

　将来は、琉球料理のすばらしさをボリビアに伝える人になりたいと思っています。琉球料理の良さはいろいろあるのですが、僕はいろいろな地域の料理をうまく取り入れているところにあると思います。例えば、沖縄は昆布をよく使うのですが、実は沖縄では昆布が取れません。琉球王国時代に北海道から輸入し、そして昆布を食べる健康料理がたくさん発達しました。その他にも日本本土や中国などから調理法や材料などを取り入れ、自分たちの文化にしていきました。このように、いろいろな地域の料理や食材を取り込み、伝統をしっかりと受け継ぎつつ、新しいことにも挑戦していきたいと思います。

第10章

日系ブラジル人にとっての「日本」、そして「郷土」

中井精一

キーワード

日本祭、県人会、郷土料理、B級グルメ、伝統方言

1 はじめに

　南米日系人社会とは、どのような社会なのか。日系人と私たちとは、どこが同じで、どこが違っているのか。以下では、ブラジル日系人社会での調査を通して、彼らにとっての故国や故郷、故国の日本語や故郷の日本語について、社会言語学的観点から分析し、南米日系人社会における「日本」及び「郷土」について考えてみたいと思います。

　1908（明治41）年、サントス港に初のブラジル移民791人を乗せた「笠戸丸」が入港してから、110数年が経過しました。彼らの多くは、富をえて、錦の旗を掲げて、日本に帰ることを思う出稼ぎ者でした。ただ第二次世界大戦で日本が敗れたことで、ブラジルを第二の祖国として選ばざるをえない状況に追い込まれたと言います。また敗戦直後の日本は、焦土と化し、今では想像できないようなひどい社会状況で、経済も混乱していました。加えて外地からの引き揚げ及び復員による過剰人口を抱え、戦前にも増して海外への移住が注目されるようになりました。例えば、パウリスタ養蚕移民（1953（昭和28）年）、コチア青年移民（1955（昭和30）年）で、多くの農業移民を南米に送り出したのでした（富山県海外移住家族会 2011: 44-46）。

　移住した人びとはブラジル各地でいくつもの組織を創ったのですが、日本とのつながり深い行事は、「日系5団体」と呼ばれるブラジル日本文化福祉

協会、ブラジル日本都道府県人会連合会、サンパウロ日伯援護協会、ブラジル日本商工会議所、日伯文化連盟（アリアンサ）が申し合わせて計画しています。なかでも各都道府県出身者の親睦や協力、郷土への貢献等を目的とした「県人会」の連合組織であるブラジル日本都道府県人会連合会は、例年7月にサンパウロ市で行われる「日本祭（フェスティバル・ド・ジャポン）」を運営していることでよく知られています。

　そこで本章では、ブラジル日系人の「日本」や「日本語」について、「県人会」を一つの調査単位としてとらえ、以下のことを考えていきます。

1) フェスティバル・ド・ジャポンにおける各都道府県人会の「日本料理・郷土料理」をもとに、日系人にとっての「郷土」とはいかなるものなのか、また彼らにとっての「日本」とはどのようなものであるかというのを考えること。
2) 在ブラジル「県人会」のなかでも顕著な活動をみせる富山県人会の関係者に対して実施した日本語及び富山県方言に関する知識や運用に関する調査をもとに、日系ブラジル人にとっての「日本語」及び「郷土の日本語」について考えたい。

2 フェスティバル・ド・ジャポン（FESTIVAL DO JAPAO）と郷土料理

2.1 フェスティバル・ド・ジャポン

　第20回フェスティバル・ド・ジャポンは、2017年7月7日〜9日、São Paulo Exhibition & Convention Center で、市川利雄実行委員長（富山県人会長）が中心となって開催されました。フェスティバル・ド・ジャポン（日本祭）は、1998年にブラジル日本移民90周年を記念して『第1回　日本郷土食・郷土芸能まつり』として開催されたことにはじまります。都道府県人会を通じて受け継がれている郷土料理と郷土芸能を、日系人ばかりでなくブラジル人に広く紹介すること、そしてこの行事に参加して、途絶えがちな1世から次世代への継承及び世代を超えた、共同作業による

融合を目的としていました。つまり、その背景には、ブラジル日系人社会の特徴と、彼らにとっての課題が見え隠れしているように思います。

2.2　フェスティバル・ド・ジャポンに見る日系人の郷土料理

　各県人会が提供する「郷土料理」のいくつかを見ることにしましょう（ブラジル日報 2017）。郷土料理とは、各地の食材を用い、その地域の風土のなかで育まれた調理方法で作られ、伝承されている料理と言われます。

表1　第20回　FESTIVAL DO JAPAO で提供された「郷土料理」

	県人会	出品料理名
1	長野	野沢菜漬、テンプラ、シイタケご飯、どら焼き
2	大阪	浪花うどん、弁当、お好み焼き（大阪風）
3	静岡	すき焼き丼、ギョウザ、ナス漬、手作りお菓子類
4	岩手	三陸わかめうどん、ギョウザ、コロッケ弁当、コロッケ
5	山口	バリバリそば、イチゴ大福、長州てんぷら、から揚げ
6	広島	広島風お好み焼き
7	栃木	ヤキソバ、干びょう寿司、ギョウザ、甘酒
8	佐賀	アイスクリームてんぷら、パステス
9	宮崎	チキン南蛮、甘酒、コーヒー、うめぼし
10	山梨	ほうとう、ニクマン、いちご大福、トンカツカレーライス、ラーメン
11	長崎	長崎ちゃんぽん、ギョウザ
12	宮城	牛たん焼き、はらこ飯、海鮮ソース焼きそば、ギョウザ、筍すし飯、小豆アイス、仙台どんどん焼き
13	香川	讃岐うどん
14	高知	鯛の蒸し、姿寿司、タタキ、ヤキソバ、桜餅、餅入り土佐うどん
15	千葉	ヤキソバ、ギョウザ、寿司、刺身、ホットロール、春巻き、うどん、炉端焼き
16	滋賀	関西風しょうゆラーメン、ギョウザ、特選カレー
17	群馬	かさ揚げ風えびテンプラ、弁当
18	福岡	手巻き、博多ラーメン、千鳥まんじゅう、
19	茨城	手巻き、寿司、刺身、ヤキソバ、ギョウザ、春巻き、栗おこわ
20	石川	ひじきおこわ、桜餅、三色おはぎ、牛丼
21	岐阜	しめじベーコン、みたらし団子、たこ焼き、ラーメン、アユ塩焼き、日本酒、焼酎
22	和歌山	関西風お好み焼き
23	沖縄	手巻き、沖縄ソバ、ヤキソバ、しめじバター焼き、てんぷら、サーターアンダギー
24	愛媛	ギョウザ、肉まん、酒ピリーニャ、甘酒、タルト、うどん
25	北海道	焼きニシン、焼きイカ、フルーツホンデユー、生チョコレート、黒ゴマパンコ
26	富山	海老、野菜テンプラ、すきやき丼、コロッケ、ミニコロッケ、アンニン豆腐

27	奈良	柿の葉寿司、お好み焼き、お汁粉
28	鹿児島	薩摩あげ、かるかん饅頭、エスベッチーニョ（串焼き）、おにぎり、しめじ
29	福井	越前おろしソバ、バステス、鉄板ヤキソバ、リングイッサ（腸詰）
30	鳥取	大山おこわ、牛丼（和牛肉）
31	岡山	キビ団子、まつり寿司、栗まんじゅう、肉まん、シュークリーム
32	熊本	辛子レンコン、さんぴらレンコン、いきなりダゴ、シュークリーム、あんみつ、メロンパン、熊本セット
33	青森	リンゴ製品（ジュース、ゼリー、ケーキ、アイス）
34	兵庫	手巻き、ラーメン
35	埼玉	カレーパン、クレープ
36	秋田	きりたんぽ、トリ串カツ、弁当、高清水（酒）、サケピリーニャ、桜餅
37	福島	喜多方ラーメン、おにぎり、ギョウザ、日本酒（福島産）
38	京都	みたらし団子（醤油味、アンコ、きな粉、海苔巻き）、お汁粉、抹茶
39	三重	イチゴ大福、メレング、ギョウザ
40	島根	巻きずし、カレーライス、シイタケご飯
41	新潟	白餅、飴餅、新潟物産販売
42	山形	手巻き、寿司、漬物、芋煮、ギョウザ、干し柿、しそ巻き、ホットロール、ビール十酒ミックス
43	徳島	たこ焼き、おにぎり
44	愛知	鶏味噌串カツ、エビ串カツ、豚串味噌カツ、抹茶アイス、シュークリーム、稲荷ずし
45	神奈川	肉まん、ショートケーキ、スキヤキ丼、サンドイッチ（ベルニール）
46	大分	だんご汁、トリメシ、干し柿、牛たたき、まぶ茶（生、煎）、干しシイタケ（パック）

　内容を整理してみると、日本人祭りにおいて各県人会が出展する郷土料理は、伝統的な郷土料理と、近年いわゆるＢ級グルメと言われる新たに創作された料理の二つによって構成されていることが理解できます。

　まず、長野県人会が提供する野沢菜漬は、全国的にも有名な漬物です。テンプラは、長野県では今でもお盆に野菜の天ぷらがよく食べられています。シイタケご飯は、長野県がキノコの栽培が盛んで、やはりこれも郷土料理と言えるでしょう。また、どら焼きは、日本各地で販売されていて、地域色といった観点からは「郷土料理」とは言いがたいのですが、長野県内では栗どら焼きなど様々なタイプのどら焼きが販売されていて、長野県民にとっての一種のソール・フードとも言えます。

　大阪のうどんは、江戸時代にきつねうどんが大坂で食べられはじめ、今も庶民の食となっていることからうどんは郷土料理です。また、お好み焼き（大阪風）は、戦前の一銭洋食に源があり、広く大阪で食べられているソール・フードです。

　静岡のすき焼き丼は、郷土料理かどうかの判断ができません。ナス漬は、静岡県富士山麓に伝わる「なすの押し漬」にちなむ郷土料理でしょうか。ギョウザは、ご当地グルメやB級グルメと言われる「浜松餃子」によっていると思います。「浜松餃子」は第二次世界大戦後に中国から引き揚げてきた人びとが現地の餃子の味を再現しようとしたのがはじまりと言われていて、2006（平成18）年に第1回「浜松餃子まつり」を開催したことで、全国的に注目されることになりました。それが静岡県の郷土の食とされたと言えます。

　岩手の三陸わかめうどんは、ご当地の食材を生かしたうどんです。ギョウザは、盛岡冷麺やじゃじゃ麺同様、引き揚げ者が持ち帰り発展させたご当地グルメ・B級グルメです。

　広島の広島風お好み焼きは、大阪同様、近代以降に生まれた鉄板を用いたソール・フードですね。

　栃木のヤキソバ、ギョウザは、ご当地グルメ・B級グルメと言えます。干ぴょう寿司は、伝統的な郷土料理です。甘酒は、ふるさと納税の返礼品にもなっている栃木県の自治体一押しの食品と言えます。

　佐賀のアイスクリーム天ぷらは、よく分からないのですが、パステスは、ニンニクや玉ねぎ、挽肉を入れて、塩胡椒、シナモン、コンソメを入れて炒め、皮に包んで油で揚げたブラジル料理です。

　山梨のほうとうは郷土料理、ニクマンは甲州グルメB-1チャンピオンにちなんでいるようです。

　このほか、例えば宮城の牛たん焼きや海鮮ソース焼きそば、ギョウザはこれまで見てきたようなご当地グルメ・B級グルメですが、はらこ飯や筍すし飯は伝統的な郷土料理というように、各都道府県県人会の「郷土料理」は、地域の暮らしのなかで育まれた郷土料理と、いわゆる地域おこし事業で創られた「ご当地グルメ・B級グルメ」が混在していることが分かります。

　富山県人会への聞き取りから、コロッケやミニコロッケは、富山県高岡市や氷見市のご当地グルメ・B級グルメ、野菜の天ぷらは、真宗の盛んな富山県でよく食べられる精進料理にちなんでいるとのことでした。ただ、すき焼き丼や杏仁豆腐は、富山とのつながりは特になく、日系人やブラジル人の好みに合わせて販売しているということでした。なお、こういったご当地グ

ルメ・B級グルメは、県人会が関わる「親善訪問団」や技術研修、県費留学生などによって、ほぼタイムラグなしにブラジルに伝わっていて、ブラジル日系人社会は、県人会を通じて日本の各地と密接なつながりのあることが、県人会の「郷土料理」からも見えてくるようでした。

3 ブラジル日系人社会の日本語と県人会

ここでは、富山県にルーツをもつ富山県人会の方々に実施した日本語（共通語）及び地域日本語（富山県方言）の理解や運用に関する調査結果をもとに、彼らにとっての日本や郷土について考えてみたいと思います。調査は、第三アリアンサ及び隣接するミランドポリス、サンパウロ郊外のコロニアピニャールや、サンパウロにある富山県人会事務所において実施しました。

3.1 在ブラジル富山県人会

写真1 「富山村」開拓時 [1]

サンパウロには、日本の47都道府県全ての県人会があり、その多くは、かつて日本人街と呼ばれたリベルダージ（Liberdade）地区にあります。

ブラジル富山県人会は、1960年に発足し、現在の会員家族数は、300家族で、やはりリベルダージ地区に事務所をおいているのですが、一般的に県人会の建物は、母県の予算で建設し、運営、維持管理は県人会が行うという方法がほとんどで、富山県人会も、一昨年、富山県と高岡市の支援を受けて会館を改築しています。事務所には、大きなホールや宿泊施設もあっ

---

1 提供：ブラジル富山県人会。

て、地方からサンパウロにやってくる県人会関係者やリベルダージ付近にある大学に通学する子弟の下宿として利用されています。

3.2　富山県からの海外移民

　富山県からの海外移民は、1885（明治 18）年にハワイへわたったことにはじまり、以降、3,000 名余りが、ハワイのみならず太平洋をわたって各地の国々に移住したとされます（富山県海外移住家族会 2011: 44-46）。今回、調査の対象となった富山県にルーツをもつ人びとは、そのほとんどがサンパウロ州ミランドポリス市にある「第三アリアンサ」に移住した人びとの子孫で、「第三アリアンサ」は、多くの富山県人が移住したことから「富山村」とも呼ばれていました。

　「第三アリアンサ」への移住者たちは、自らの手で家を建て、原始林を切り開かなければならず、またマラリアの蔓延やイナゴの大群による食害、大干ばつなどの災害に見舞われ、厳しい環境に堪え忍ぶような生活が長く続いたと言われています。

　そして、落ち着き始めた頃、第二次世界大戦に突入したため、彼らは敵性外国人という立場に貶められ、日本の敗戦によって帰国の望みが絶たれることになりました。そのことで、増収と子どもの教育のためにサンパウロ市とその近郊へ移動する家族が増え、「第三アリアンサ」も変貌していったと言われます。

3.3　富山系移民の日本語及び方言運用能力

　調査では、富山県にルーツをもつ人びとの 1）日本語運用能力、2）富山県方言の運用及び理解について調べることにしました。調査 1 では、自然談話をもとに日本語運用能力及びポルトガル運用能力を推定したうえで、日本語をポルトガル語に、ポルトガル語を日本語に翻訳してもらう方法で実施しました（中井 2021: 7-9）。

　CEFR（ヨーロッパ言語共通参照枠）が示している 6 段階の指標で示せば、以下のようになります。

1世

・戦前に移住した1世の調査はできなかった。

・子ども1世[2]は、ポルトガル語については B1（自立した言語使用者）〜A2（基礎段階の言語使用者）、日本語については B2（自立した言語使用者）相当であった。

・戦後1世[3]は、ポルトガル語については B1（自立した言語使用者）〜A2（基礎段階の言語使用者）、日本語については C2（熟達した言語使用者）相当であった。

2世

・都市部の2世は、ポルトガル語については C2（熟達した言語使用者）、日本語については B1（自立した言語使用者）〜A2（基礎段階の言語使用者）相当であった

・コロニア（日本人移住開拓地）の2世は、ポルトガル語は C2（熟達した言語使用者）、日本語も C2（熟達した言語使用者）相当であった。

3世

・都市部の子ども1世の子（3世相当）は、ポルトガル語については C2（熟達した言語使用者）、日本語についてはほとんど理解できなかった。

・コロニアの3世は、ポルトガル語は C2（熟達した言語使用者）、日本語も C2（熟達した言語使用者）相当であった（家庭環境によるが、調査ではこのような傾向を見せた）。

こういった傾向は工藤・森編（2015: 96-98）などの先行研究とほぼ一致しており、渋谷（2010: 4）で描かれる移民の言語の変容／交替過程とも合致するものです。

次に、富山県方言について「富山県方言番付」を用い、富山県の高齢者のほとんどが理解している番付上位50語の使用や、理解度を確認しました。

---

2 子どもの時に親に連れられて移住した1世。

3 戦後に成人として移住した1世。

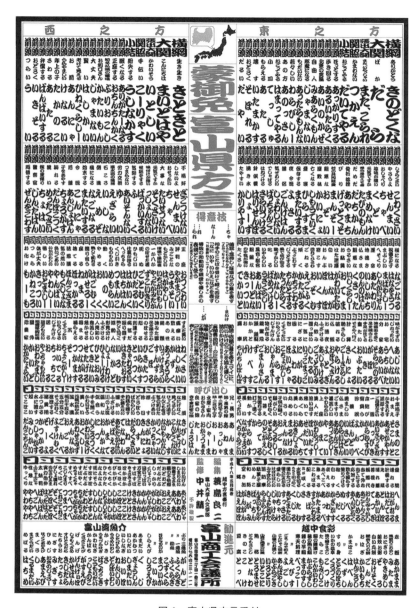

図 1　富山県方言番付

143

1世

・戦前に移住した1世の調査はできなかった。

・子ども1世は、富山県方言の知識が豊かである。ただ、運用能力としては、B2〜B1（自立した言語使用者）相当と考える。

・戦後1世は、移住地において方言使用を抑制する環境にあったため、使用することはないが、運用能力としては、B2〜B1（自立した言語使用者）相当であった。

2世

・都市部の2世は、富山県方言の語彙については、知識はあるが、ほとんど運用することができない。

・コロニアの2世は、富山県方言の知識はあるが、共通語と同じレベルで運用することはできず、A1（基礎段階の言語使用者）相当と言える。

3世

・都市部の子ども1世の子（3世相当）は、日本語ができず、富山県方言も分からない。

・コロニアの3世は、日本語は分かるが、富山県方言はほとんど分からない。

　調査結果をもとにすれば、日本語の運用については、（子ども）1世は、母語である日本語はできますが、移住先の言語であるポルトガル語は不十分な状態にあったようです。2世にはいくつかの類型があって、都市部の2世は、ポルトガル語がほぼ問題なく運用できますが、日本語は不完全な状況にあります。一方、コロニア（日本人移住開拓地）の2世は、家庭環境にもよりますが、ポルトガル語も日本語も問題なく運用できる人もいることが分かります。3世については、一般的に都市部の3世は、ポルトガル語の運用はできますが、日本語はほとんどできないと言われます。一方、コロニア（日本人移住開拓地）の3世は、ポルトガル語も日本語も問題なく運用できる人もいて、単純化や一般化は簡単ではありません。

表2　調査結果：富山県方言の使用と理解

調査項目		きときと (生き生き)		まいどはや (こんにちは)		いとしい (かわいそう)		こーりゃく (手伝い)		うしなかす (紛失する)		50項目集計	
地点	性別・年齢・世代	記号	備考	記号	備考	記号	備考	記号	備考	記号	備考		
サンパウロ	男・70歳・2世	×		×		■		■		×		○	0
												■	8
												×	42
アリアンサ	男・88歳・1世	×		○		○		○		○		○	38
												■	0
												×	12
アリアンサ	男・51歳・2世	■	日本滞在時	×		■	日本滞在時	■		×		○	0
												■	12
												×	38
アリアンサ	女・53歳・2世	■	日本滞在時	×		■	日本滞在時	■		×		○	0
												■	16
												×	34
ミランドポリス	男・85歳・1世	×	日本滞在時	○		○		○		×		○	39
												■	0
												×	11
ミランドポリス	男・35歳・2世	×		×		×		×		×		○	0
												■	0
												×	50
コロニアピニャール	男・82歳・1世	×		○		○		○		○		○	20
												■	15
												×	15
コロニアピニャール	女・81歳・1世	×		○		○		○		×		○	18
												■	18
												×	14
コロニアピニャール	男・52歳・2世	×		■	日本滞在時	■	日本滞在時	■	日本滞在時	×		○	0
												■	11
												×	39
コロニアピニャール	女・24歳・3世	■	日本滞在時	■	日本滞在時	×		×		×		○	0
												■	10
												×	40
コロニアピニャール	男・19歳・3世	×		×		×		×		×		○	0
												■	0
												×	50

○：使用、■：使用しないが理解（聞いたことがある）、×：分からない（聞いたこともない）

富山県方言の使用と継承について、今回の調査に関しては、（子ども）1世は、富山県方言の知識が豊かですが、戦後1世は、移住先のコロニアでは、共通語の使用が一般的であったことから、方言使用が抑制される傾向にあって、その影響がコロニア・ピニャールに戦後移住した1世の回答にもうかがえます。2世は、都市部、コロニアとも富山県方言の知識を有していますが、その知識は言語形成期に、家族や地域社会から習得したものではなく、そのほとんどが富山県人会の推薦による富山県への留学や技術研修、仕事での滞在によって学び、習得したもので、こういった傾向は、3世も共通しているようです。

4 「郷土」の継承と県人会

以下は、富山県人会設立50周年の式典の写真です。このように、日本の富山県とブラジルの県人会は、強いつながりのあるのです。

写真2　記念式典に参列する富山県職員

また、富山県人会の協力で実施した日本語運用及び富山県方言の運用に関する調査から、1）既存研究によって示されているように、ブラジル日系人の日本語運用能力は、居住地や家族構成、生育歴や学歴、職業といった様々な要因が影響していることが分かります。2）郷土の言語である富山県方言の継承については、教育機会はなく、その継承はほとんどなされていないことがあらためて確認できました。

ただ、方言の継承に関しては、県人会が仲介して実施される富山県内での

技術研修や富山大学への留学を通じ、富山県方言に接したことで理解したといったコメントからも推測されるように、方言との接点には富山県人会やそれを支援する富山県の影響が非常に大きい、言い換えれば、県人会は、その背後にある富山県庁とともに「故郷のことば」を継承させる機関となっているわけです。

　冒頭で取り上げた各都道府県県人会の「郷土料理（伝統料理と B 級グルメ）」は、日本国内にある各都道府県とブラジル国内の県人会との頻繁な交流によって創作され、調理・販売されています。それらの多くは、日本人の考える伝統的な郷土料理ではないものの、各都道府県県人会や日本祭を主催するブラジル日本都道府県人会連合会にとっては、現在のブラジル日系人社会の特質をふまえた「郷土料理」といえます。つまり彼らは、自分たちの社会や文化を、伝統的な日本文化と B 級グルメに象徴される現在の日本文化が融合するような社会と見なしていて、必ずしも日本社会と同一線上で見ているわけではないのです。

　ところで、富山県人会会長の市川利雄氏の家族は、例年、年末年始は「富山村」に集まって、餅つきをしたり年越しそばを食べたり、雑煮で新年を祝っているようです。写真 3 は、市川会長宅の年越しそばの写真ですが、「富山村」ものは、パスタのような麺で、食感も味も日本のそばとは少し違うと言います。

写真 3　富山村市川家の年越しそば

写真 4　富山村の市川家の雑煮

　また、雑煮は、すまし汁で切り餅、具材には魚が入ります（写真4）。移住地の「富山村」は奥地にあり、魚の入手が容易でないため缶詰の魚を利用していますが、市川家の故郷である富山県東部地方の雑煮の形態を、数世代にわたってほぼ維持しています。近年の日本社会では、雑煮に牛肉や豚肉が入ったり、雑煮を食べるのをやめた家庭も少なくありません。この背景にはなにがあるのでしょうか。なにがこのような伝統を維持させているのでしょうか。

　言語の変容、交替のプロセスは、移住者が成人の場合、3世代かけて起こることが多く、移住1世は、出身地で母語を習得したうえで移住し、移住先で現地の言語に接することになります。その子どもである移住2世は、バイリンガルとなり、移住先の言語、すなわちブラジルの場合はポルトガル語が母語となり、移住1世の母語であった日本語が第二言語になります。そして3世になると、1世の母語であった日本語は消滅して、言語による同化は完了するわけです。これを地域日本語である方言で考えた場合、1世の郷土のことばである富山県方言は、子どもである2世にすら継承されることはありません。方言が生活語ゆえ、生活で必要としない言語は無用ということなのかもしれません。しかし一方で、雑煮に象徴される伝統的な行事食は、移住後数世代が経過しても、基本型は維持・継承されています。雑煮はハレの行事食ゆえ変容しにくい文化事象かもしれませんが、言語の変容や交替を観察するだけでは見えてこないブラジル日系人社会と日本、そして郷土とのつながりが、こういった言語外要因を加えることで、これまでとは少し違った見え方となることが分かります。

5　おわりに──まとめと結び──

　「ブラジル日系人社会における日本語の維持と継承は、危機的な状況にある。もはや日本文化の継承は不可能である」。こういった言説を耳にすることは少なくありません。確かに今回の調査でも都市部にいる3世で、日本語を使用できる人は極めて少なく、また日本語が使用できる2世であっても、日常生活で日本語を使用することはほとんどありませんでした。日本から来た研究者のために、私たちの研究の目的に忖度して日本語を使用してく

れているというのが実態でした。

　私が専門とする社会言語学では、個別の言語や文化習慣をもつ集団を対象として、言語と社会の関係をフィールドワークによって描いています。そしてそのフィールドワークでは、なにより自身の目と耳で実態を把握すること、極力バイアスを排し、フィールドワーク生活や言語行動を観察することが重要とされています。この都市部の 2 世が日本語運用能力は保持していても日常的に日本語を使用しないという事実は、日本語の使用とその言語外要因をもとに南米日系人社会を解明しようと企図した自身には衝撃的な事実でしたが、このことが考えを変えるきっかけとなりました。

　個々の言語集団や社会集団において、その暮らしや社会は、それぞれ固有の特徴をもつとされています。ブラジル日系人社会には、われわれ日本社会とは異なる特徴があるといえます。確かに「ブラジル日系人」というカテゴリーを設ければ、単純で分かりやすい説明は可能です。ブラジルで暮らす人びとが母語であるポルトガル語を日常的に使用することになんら疑問の余地はありません。ですから、それが日本から移住した人びとの子孫であろうと、ドイツやイタリア系の人びとであろうと、そこに違和感はありません。私たちは「日系人」を特別のカテゴリーで見てきたため、あのように感じたのではないか、そんなふうに思うようになりました。

　また、日系ブラジル人と日本人は、20 世紀に移民がはじまって以来絶えず行き来をしていて、お互いに様々な影響を受け、多くの文化を共有してきたわけです。日系ブラジル人とわれわれは本当に違う社会や文化を背負った人間たちなのでしょうか。私たちは、日本人と日系ブラジル人という区別をし、その境界線によって差異を強調し、理解しようとしてきたように思います。ただ、そのことによって、類似した要素が無視されたり排除されたりして、見るべきものを見えなくしてしまったのではないか、そのように考えるようになりました。

　日本祭における各都道府県の郷土料理は、伝統的郷土料理といわゆる B 級グルメで構成されていて、そこから見えるブラジル日系人にとって郷土とは、「伝統」と「B 級」といった表現ができるかもしれません。しかし、私たちの暮らしに目を向けた場合、そもそも B 級グルメは多くの日本人に受け入れられた料理であり、ブラジル日系人社会が有する特徴でもなんでもな

いように感じます。

　また、50歳以下が、地域方言、すなわち郷土の方言を使用しなくなり、方言運用能力の低下や減少、あるいはその消滅といった方言衰退の波は、現在の日本ではありふれた現象のようにも思います。

　日本人と日系人という境界を引くことで見えるものはたくさんあるのですが、ブラジル日系人社会を見る私たちの眼鏡とそれを写す鏡に歪みはないのか。調査を通じて強く感じることになりました。社会言語学は、言語そのもの（内部）を理解するために言語外要因（外部）を重要視して分析するため、これまで外部性の言語学だと考えられてきました。そしてその前提には、自己と対象を区別し、その差異を強調することで学を成り立たせてきたわけですが、そういった語りの手法は、そろそろ見直す時期に来ているのではないか。ブラジルでのフィールドワークを通じて、あらためて強く感じている次第です。

付記

　本章は、JSPS 科研費による基盤研究 B（16H05676）「南米日系社会における複言語話者の日本語使用特性の研究」（松田真希子代表）の研究成果の一部です。

参照文献

工藤真由美・森幸一（編）（2015）『日系移民社会における言語接触のダイナミズム—ブラジル・ボリビアの子供移民と沖縄系移民—』大阪大学出版会.
渋谷勝己（2010）「移民言語研究の潮流—日系人日本語変種の言語生態論的研究に向けて—」『待兼山論叢　文化動態論篇』44, 1-23.
富山県海外移住家族会（編）（2011）『設立五十年のあゆみ』pp.44-46, 富山県海外移住家族会.
中井精一（2021）「日本語の運用と継承—ブラジル富山県人会の調査をもとに—」『富山大学人文学部叢書Ⅳ　人文知のカレイドスコープ』pp.3-20, 桂書房.

参考 Web サイト

ブラジル日報（2017）「第20回県連日本祭り＝食べつくせ！　日本料理の祭典＝ここだけの郷土食がズラリ＝あれもこれも美味しそう！」<https://www.nikkeyshimbun.jp/2017/170624-81especial.html>（2022年8月29日閲覧）

第11章 ブラジルに根をはる俳句・ハイカイ

白石佳和

キーワード

日系俳句、ブラジル季語、増田恆河、座の文学、オーセンティック

1 はじめに

1.1 ブラジルの和食と俳句

ピラルクーという魚を知っていますか。アマゾン川に棲息する世界最大級の淡水魚です。私は、日系人が経営するサンパウロのレストランで、ピラルクーの刺身を食べたことがあります。とてもおいしかったのですが、ふと気になったのは、これは和食と言えるのだろうか、ということです。「刺身」という料理は日本の文化です。しかし、素材のピラルクーはブラジルのものです。醤油などもブラジルの製品です。場所が異なることで、素材や調味料、作る人、食べる人が変わると、和食の定義もとたんに揺らぎ始めます。

サンパウロで移民の俳句に出会った時、私はまさにピラルクーの刺身のような不思議な感覚に襲われました。ブラジルには、日本語で季語のある五七五の俳句を詠む移民がたくさんいます。俳句の結社もありますし、邦字新聞には俳句欄もあります。まるで日本と同じです。しかし、その俳句をよく読むと、「ベンテビー（鳥の名）」「イペー（花の名）」など知らない動植物の名前や、「カフェー植う」「タイヤ冷す」のように日本の季語（苗木植う、馬冷やす）からの転用でブラジルの生活を捉えた季語があります。

また、ポルトガル語で詠むハイカイ（ポルトガル語の俳句）もあります。しかも、本格的な歳時記を作り、季語のあるハイカイを作るグループまであ

ります。これは本物の俳句でしょうか。日系2世3世や非日系の人がポル
トガル語でハイカイを楽しむ——これはもう和食ではなくフュージョン（融
合）料理、いやフュージョン俳句です。

1.2　日本語文学と俳句

　ブラジル俳句の話を始める前に、文学という大きな枠組みから考えたいと
思います。

　「日本語文学」ということばをご存じでしょうか。日本という国家におい
て日本人が日本語で書いた文学が日本文学だとすると、日本語文学は、日本
語で書かれてあっても外国人が書いた、あるいは外国で書かれた文学のこと
をさします。つまり、「日本人・日本国家」が自明でない日本語の文学を日
本語文学と呼びます。日本語文学には、李良枝、金時鐘などのポストコロニ
アル文学や、リービ英雄や温又柔、楊逸のような日本移住者による文学、海
外で活躍する多和田葉子の作品などがあります。

　日系移民による日系文学も日本語文学の一つと言えるでしょう。個人的な
移住者ではなく、北米や南米の移民は集団で移動し、それぞれの国でコミュ
ニティ（日系社会）を形成しています。日本社会における外国人作家や、外
国の社会における日本人作家のように、社会の中で孤立するのでなく、日本
人コミュニティの中で文学が成立している点が、日系文学の特徴と言えま
す。北米の日系文学を研究する水野真理子は、アマチュアの文学愛好者など
幅広い層が文学活動を繰り広げている日系アメリカ文学では、従来の作品解
釈的アプローチだけでなく、文学活動の歴史を含めた考察が必要だと指摘し
ています（水野2013）。また、ブラジル日系文学研究を主導する細川周平
は、日系文学のキーワードとして「文学する」を挙げ、日系文学は文学活動
の変遷として捉えるべきだ、と述べています（細川2012a）。

　今述べてきたコミュニティ性という日系文学の特徴は、日本の伝統的な文
学の考え方である「座の文学」に類似しています（白石2021a）。「座の文
学」というのは、和歌・連歌・俳句など、集まって一緒に楽しむ日本の伝統
的な短詩型文学です。日系文学の活動では日本語のコミュニティが小さく、
プロの作家が生まれる経済構造が生まれず、読者と作者を兼ねるアマチュア

同士の活動が中心でした（水野 2013, 細川 2012）。俳句の句会も、まさに自分たちが句を詠んで読む、読者と作者を兼ね、語り集う場です。現地の日系社会の邦字新聞には、必ず短歌・俳句欄があります。新聞に読者投稿の詩の欄を設けるのは世界で日本人だけだそうです（佐田 2005）。

　2018 年にブラジルのコロニア・ピニャールを訪れた折、俳句会に遭遇しました（写真 1, 2）。日本語を話すおじいさんおばあさんたちが楽しげに興じています。言語や文化の継承の場であると同時に、活力が得られる場であり、重要なコミュニティスペースとなっています。

写真 1　俳句会の様子　　　　　　　　　写真 2　詠まれた俳句

　ブラジルの俳句には、日系文学の特徴であるコミュニティ性が色濃く出ています。またそれは、「座の文学」の系譜につらなることでもあります。実は、明治期に俳諧（連句）や和歌などの「座の文学」は正岡子規によって否定され（「連俳非文学論」）、近代文学（＝個人の文学）としての俳句、短歌に生まれ変わりました。近代に否定された「座の文学」が越境してブラジルで復活を遂げているとは、不思議に思いませんか。

　本章では、ブラジルの移民俳句が文学研究からみていかに興味深い展開になっているか、その一端を紹介したいと思います。

2 世界から見たブラジルの俳句

2.1 ブラジルの国際ハイクの特徴

　世界に広がる俳句を「HAIKU」「ハイク」などと表すことがありますが、ここでは「国際ハイク」と呼ぶことにします。国際ハイクとは、一般的には外国語で詠まれる俳句のことを言います。

　まず、俳句の国際化をめぐる状況を歴史的に整理したいと思います。日本の俳句が欧米に受容されたのは、19 世紀末から 20 世紀初頭のことです。その後アメリカやヨーロッパその他の国でそれぞれの国の言語でハイクを詠む人が増え、アメリカ俳句協会、ドイツ俳句協会など、各国に俳句組織が作られました。日本でも俳句国際化推進のため、1989 年に国際俳句交流協会（HIA）が設立され、各国の俳人たちの交流などを行っています。2017 年には、俳句ユネスコ世界文化遺産登録推進協議会が発足しました（白石 2021b）。

　ブラジルに俳句が伝わったのは、日本人の移民によるものと、ポルトガル語による著作が広まったのとがほぼ同時期で、20 世紀の初頭です。栢野桂山「俳諧小史」（2006）によれば、1908 年、ブラジルへの最初の移民船「笠戸丸」がサントスに到着した折、移民の輸送監督であった上塚周平（俳号：瓢骨）が詠んだ「涸滝を 見上げて着きぬ 移民船」という俳句がブラジル最初の俳句と言われています。一方、ブラジルのポルトガル語文献において初めて俳句が紹介されたのは、1919 年、アフラニオ・ペイショット（1875〜1947）の著書『ブラジルの民謡』においてです。この本のハイクの項はフランスのポール・ルイ・クーシューの “Sages et poètes d'Asie”（邦題『明治日本の詩と戦争』, 1916）を参照して書かれています。ブラジルのポルトガル語俳句を「ハイカイ」と呼ぶのは、クーシューが「ハイカイ」と称したことに由来します。

　ブラジルでは、長い間日本の移民による日本語の俳句（以後、日系俳句）と、フランス経由でもたらされたブラジルハイカイが並立していましたが、1980 年代後半に日系俳句の花鳥諷詠（＝季節の句を重視する作風）の考え方がブラジルハイカイに持ち込まれた「日本文化の新展開」（久冨木原

2020）があったことが、ブラジル国際ハイクの大きな特徴として指摘されています（トイダ 2008, 久冨木原 2018, 2020）。ブラジル人が書物によってハイカイを学ぶのではなく、日系移民とブラジル人がハイカイのコミュニティを作り、人と人の交流を通じた文化接触が起こったのです。そのキーパーソンであったのが増田恆河（本名＝増田秀一：1911-2008）という俳人でした。詳しくは、4 節で紹介します。

2.2　世界の歳時記の取り組みから見たブラジル国際ハイク

　俳句の定義として、五七五の韻律と季語が挙げられます。しかし、日本語と異なる言語で俳句を作る国際ハイクの場合、それらはどうなるのでしょうか。韻律については、音節を十七音に近づける、三行で書くなど各国で様々な対応をしています（ブラジルでは三行詩）。また、季語の問題は、重要性が指摘されながらも実作ではあまり重視されなかったという現状があります。なぜなら、季語は季節だけでなく日本文化を背景に持つ特別なことばだったからです。季語は俳句の本質の一つですが、単なる季節の事物ではなく、和歌などで古くから詠まれて詩語として昇華したことばです。季節観も自然も詩の歴史も異なる国で季語を活かしたハイクを作るのは容易ではありません。俳文学者の東聖子は、欧米の国際ハイクと歳時記を詳細に調査し、欧米のハイク作者たちが季語の必要性を感じていないという結論に達しています（東 2012, 白石 2021b）。

　欧米での歳時記の出版状況を調べると、まず日本の歳時記の翻訳がある国（フランス、ドイツ）と独自の歳時記作成の試みがある国（アメリカ、イギリス、スペイン）が見られました。ブラジルには、少なくとも 9 種類の歳時記が確認されています。8 種類の日本語歳時記と 1 種類のポルトガル語歳時記です。アメリカでも、日系移民のグループによってハワイやアメリカ西海岸で日本語の地域歳時記が作られていますが、ブラジルの歳時記の充実ぶりは突出していると言えます（藤原 2012, 白石 2021b）。

　欧米のハイク作者たちが季語を重視しない状況の中で、なぜブラジルでは季語のあるハイク（有季ハイク）が盛んになったのでしょうか。その大きな理由の一つは、ブラジルの移民俳句に花鳥諷詠を重視する『ホトトギス』派

の伝統俳句が広がったことです。その中心になったのが、増田恆河の師であ
り、日系社会でブラジル俳句の父と呼ばれた佐藤念腹（本名＝佐藤謙二郎；
1898-1979）という俳人です。彼は渡伯前、高浜虚子の結社『ホトトギス』
に属していました。「花鳥諷詠」という虚子の理念をブラジルでも実直に守
り、ブラジル全土に広めました。その影響で、ブラジル俳壇の約7割が花
鳥諷詠調だったと言われます。佐藤念腹の活躍は、蒲原（2020）、細川
（2013b）に詳述されています。

　ここで、佐藤念腹の代表作をいくつか紹介します。

　　　　雷や 四方の樹海の 子雷　　　　（『ホトトギス』1928年3月号）
　　　　ブラジルは 世界の田舎 むかご飯　（『ホトトギス』1937年7月号）

　雷の句は、念腹が『ホトトギス』で初巻頭をとった句です。ブラジルの雄
大さが伝わってきます。翌月号の句評には、「雷の谺を子雷と云って小雷と
云はなかった処など非常に面白い（水原秋桜子）」のほか、高野素十、高浜
虚子も「子雷」という造語力と雄大な写生句を絶賛しています。むかご飯の
句は、『ホトトギス』第2回目の巻頭をとった句です。「むかご」とは山芋
の肉芽と呼ばれる部分をさしますが、実際はブラジルにはありません。しか
し、素朴で野趣あふれるむかご飯のイメージが日本から見て世界の果てのブ
ラジルで懸命に生きる移民をよく表しています。細川は「コーヒーでも大蛇
でもなく、その国名を発句にすえる大胆さで、一筆で揮毫したような句」と
評しています（細川 2013b: 658）。

　ブラジル国際ハイクのもう一つの流れ、ブラジルハイカイ（ポルトガル語
の俳句）はどうだったのでしょうか。フランス経由で受容したブラジルハイ
カイでは、他の欧米諸国と同じく、季語が重視されなかったようです。具体
詩やアメリカのカウンターカルチャーの影響を受けたパウロ・レミンス
キー、三行の諧謔詩で有名なミロール・フェルナンデスなどが代表的な作家
です。1987年になると、増田恆河を中心に、花鳥諷詠の伝統俳句の考え方
を取り入れたグレミオ・ハイカイ・イペー（イペーハイカイ同好会）が活動
を始めます（スエナガ 2019）。

　移民の日系俳句もグレミオ・ハイカイ・イペーのブラジルハイカイも季語

を重視した点で、ブラジル国際ハイクは世界的にみて大変ユニークだと言えます。次節以降、季語と増田恆河を軸に、日系俳句と有季ブラジルハイカイを紹介したいと思います。

3　ブラジル季語と日系俳句

「ブラジル季語」ということばがあります。これは、ブラジル独自の自然・風物から選び出された季語という意味です。藤原（2012）、細川（2013a）の分析から、ブラジル季語の具体例を見てみましょう。

- ・ブラジルにしかない動植物をカタカナ語で掲載（イペー、ピラルクーなど）
- ・日本にも共通する動植物が種類多く列挙（蛙、蛇、蘭など）
- ・ブラジル特有の気候・天文（雨季、乾季、南十字星など）
- ・キリスト教関係の行事、ブラジルの記念日、ブラジル俳人の忌日

（以上、藤原 2012 より）

- ・農作業に関するもの（珈琲植う、山焼き、ムダンサ（転耕）など）
- ・日本の季語の言い回しの転用（南窓塞ぐ／北窓塞ぐ（日）、煙曇／花曇（日））
- ・ブラジル特有の現象・事象（カジューの雨、木肌を脱ぐ、野犬狩りなど）

（以上、細川 2013a より）

　細川（2013a）は、俳句界に伝承された季節感によって日系移民が新しい風土を解釈し、自分たちのものに咀嚼し、詩的言語の体系に取り込むことによってブラジル季語が成立したのだとしています。つまり、ブラジル季語は、日系移民が日本の俳人の眼差しでブラジルの自然から見出した季語の体系だと言えます。それは、一時的に日本人が海外旅行で詠む感覚とは異なり、日系俳句の結社で年月をかけて季語の研究と句作を繰り返すことで自分のものとした季語体系なのです。まさに、移民の生活の記憶の共有から創造された文化の結晶です。

　季語はどうやって認定されるのでしょうか。佐藤念腹が創刊した俳誌『木蔭』では、日本の『ホトトギス』の方針に倣い、次のようにしていました。まず、「季題研究」のページを設け、季題になりそうなことばをピックアップします。次に、その季題候補の例句を募集します。その例句の良し悪しを見ながら、再度季題を研究し、季題の解説を記します。

　この地道なサイクルを経て、季語ごとに例句を集めた『木蔭雑詠選集』（1979、永田書房）が編纂されました。そこからいくつか季題ごとに、ブラジルの日系俳句を読んでみましょう。

夏「赤道」	赤道の 町の寺院の 青き壁	千本木溟子
秋「カルナヴァル」	假面とつて 妻に戻りぬ カルナヴァル	上田南峯
冬「転耕」	宿代に 豚置き去るや 転耕車	渡邊三鬼
冬「バロン」	星に紛ふ バロン見送る さびしさよ	高嶋ひさし
春「煙曇」	煙曇 日をさへぎりし 刻を聞く	田中都南
春「獏の戀」	沼に落ちて 戀の覺めたる 獏歩く	齊藤錦子

　ブラジルの１月は夏なので、夏から始めました。一句目、「赤道」はブラジルでいうとパラー州やアマパー州、アマゾナス州を通っています。二句目は、ブラジルの有名な「カーニバル」で、祝祭の中にいた妻が仮面をとって日常に戻る一コマを詠んでいます。三句目の「転耕」は、農業の１年の契約（通常９月から８月）が終わったコロノ（短期契約農民）たちが、新しい農作地を求めて移転することです。宿代を物（豚）で払うあたり、移民の生活がしのばれます。四句目の「バロン」は、６月のサンジョン祭で放たれる灯籠型の風船。独特の火祭りに寂しさを感じています。五句目は、「煙曇」を詠んだ句です。いつから日光をさえぎったか分からなくなるほど長く続き、春の憂いを感じています。煙曇は花曇から転じて作られたブラジル季語です。８月から９月にかけて山焼きや野焼きが一斉に行われ、煙が曇天のようにたちこめます。その時期の憂鬱な気分が含まれた季語です。最後の句は日本の「猫の恋」から転じた「獏の恋」がモチーフになっています。水に沈んで恋が覚めたように見えたのですね。

　『木蔭雑詠選集』が出版された1979年に、佐藤念腹は死去しました。念

腹の人生の目標の一つは歳時記を作ることでしたが、その夢は弟の佐藤牛童子（本名＝佐藤篤以）が引き継ぎ、2006 年にサンパウロで『ブラジル歳時記』が出版されました。ブラジル季語の集大成と言える大著（約 700 頁）です。日本と共通する季語が約 65％あり、ブラジル季語は 35％です（藤原 2012）。日本をベースとしながらも、上記のような工夫をしながら 3 割以上のブラジル季語を地道に開発しているのは驚嘆に値します。

4 日系俳句とブラジルハイカイの仲介者、増田恆河

4.1 増田恆河の略歴

　増田恆河（1911-2008）は 1911 年香川県に生まれ、1929 年（18 歳）に家族とともに渡伯しました。1935 年（24 歳）よりホトトギス派俳人の佐藤念腹に師事し、戦前は日本の『ホトトギス』にも投稿していました。戦後、佐藤念腹主宰の俳誌『木蔭』に創立当初から参加、また 1977 年から日本の俳誌『雪』に所属していたことが確認されています。

　ずっと日本語で俳句活動を行っていましたが、1987 年（76 歳）から季語を取り入れ五七五の定型を守るブラジルハイカイを提唱する、グレミオ・ハイカイ・イペーの活動の中心的人物となります。2004 年には国際ハイクへの貢献が認められ正岡子規国際俳句賞を受賞しました。

4.2 増田恆河とグレミオ・ハイカイ・イペーの活動

　グレミオ・ハイカイ・イペーが誕生したのは、1987 年 2 月のことです。日本文化紹介の月刊雑誌『PORTAL（ポルタール）』が企画した Primeiro Encontro Brasileiro do Hai-Kai（第 1 回ブラジルハイカイ集会）が 1986 年 12 月に開催されました。その盛り上がりをきっかけに『ポルタール』編集長フランシスコ・半田と教員ロベルト・サイトウを中心に、ハイカイ研究グループが生まれたのです（増田 1994）。メンバーは、日系人と日系以外の人が半々ぐらいでした。他の主要なメンバーに、カンピーナス大学のパウロ・フランケッチ教授や恆河の姪のテルコ・オダがいました。

　増田恆河は日本語で俳句を作っていましたが、エメボイ実習場（1931年日本政府がサンパウロに設立した農業学校。日系ブラジル社会のリーダー育成をめざした高等教育機関）でポルトガル語を学んだ経歴を持っており、ポルトガル語が堪能でした。たまたまブラジルのハイカイについての記事（増田1986）を書く機会があり、ロベルト・サイトウらと知り合ったばかりでした。日系俳句の俳人代表ということで、参加を誘われたようです。

　ハイカイ研究グループは、句の韻律や主題に関する意見交換の場でしたが、季題研究が始まり、課題句を持ち寄る句会へと発展しました。これはまさに、『ホトトギス』や『木蔭』の季語開発と同じ流れです。増田恆河が大きな影響を与えていたことは言うまでもありません。"100 haicaista Brasieiros"（『ブラジル・ハイカイ百人集』1990）、"As quatro estações: antologia do grêmio haicai ipê"（『四季——グレミオ・ハイカイ・イペー選集——』1991）などの選集が次々とまとめられました。さらに、1993年には、中南米14カ国のハイカイ200句をまとめた合同句集 "Antologia do haicai latino-americano"（『ラテンアメリカ句集』）も出版されています。この中には、ノーベル賞作家のオクタヴィオ・パスやパブロ・ネルーダの句もあります。

　1980～90年代のブラジルでハイカイが発展した背景には、デカセギが多くなるなど経済大国となった日本への関心の高まりがあったと思われます。

4.3　ブラジル季語の視点の転換

　ポルトガル語のブラジルハイカイでは、どのような季語が使われているのでしょうか。増田恆河の代表的な著書に、日本語歳時記『ブラジル俳句・季語集　自然諷詠』（日伯毎日新聞社 1995）、ポルトガル語歳時記『Natureza-Berço do Haicai (Kigologia e Antologia)（自然　ハイカイの揺籃　季語集と例句集）』（テルコ・オダとの共訳、Empresa Jornalica Diario Nippak Ltda, 1996）があります。この二つの歳時記を比較しながら、ブラジルハイカイの季語の特徴を見ていきたいと思います。

　日本語歳時記『自然諷詠』とポルトガル語歳時記『Natureza』の見出し語数はそれぞれ 1,400 語、1,580 語で、それほど差はありません。見出し

語数の 60〜70％が重なっています。では、重なっていない部分はどうなっているのでしょうか。例えば、日本独自の詩的イメージを表す「山笑う」「うららか」や、動植物の一側面、現象を表す「亀鳴く」「蛇穴を出づ」「竹の秋」のような季語が『Natureza』には採用されていません。また、農業に関する季語も、「挿し木」「マンジョカ植う」などのように除外されたものが多いです。

　『Natureza』で採用された季語は、イペー（花）、サビア（鳥）などの動植物の他に、日本の影響を受けた次のような季語があります。例えば、Primavera saudosa は直訳すると「恋しく思う春」ですが、これは「春惜しむ」の影響を受けていると思われます。また、Montanha de primavera は「春の山」です。解説には「Poét. montanha sorridente. Sensação de proximidade（詩情：微笑む山。親しみの感覚）」とあり、「山笑う」の影響が見られます。例句には、次の句が挙げられています。

> Um ar de leveza 　　　　　　軽快な空気が
> Na montanha de primavera　春の山に
> Ainda encoberta 　　　　　　まだかかっている
> 　　　　　　　　　　Teruko Oda（テルコ・オダ）

　春の山が微笑んでいる感じがそこはかとなく伝わってきます。増田恆河は『Natureza』のあとがきで、1 年の各季節にはそれぞれ特徴があり、春は「a primavera transmite uma sensação de alegria.（春は喜びの感覚を伝える）」と述べています。四季の感覚が異なるブラジル人たちと話し合いながら、日系人の視点も残しつつ、季節の俳句をポルトガル語に「移植」していったのです。

5　おわりに

　以上、移民の日本語俳句からポルトガル語ハイカイまで、季語と増田恆河を中心に紹介してきました。コミュニティ性をもつ「座の文学」の流れを汲む俳句は、移民のアイデンティティの拠り所となりました。その中で生まれ

たのがブラジル季語です。増田恆河はそれをさらに、花鳥諷詠の伝統を守りつつポルトガル語の世界に移植しました。なぜ彼はそんなことをしたのでしょうか。

　移民1世とその子孫では使用言語が異なる場合がほとんどです。そうなると、日本語の文学は継承されません。杉山欣也は日系文学が2世3世にポルトガル語で書かれるようになりつつある過渡的状況を「汽水域」と呼んでいます（杉山2019）。ブラジルで有名な文学賞であるジャブチ賞を受賞した『NIHONJIN』のオスカル・ナカザトのようにポルトガル語で小説を書く3世作家もいますが、まだ少数です。

　ブラジルの俳句では、増田恆河が俳句の継承の方法を考え、このような活動を行ったのでした。有季ハイカイのグループはブラジル各地に生まれ、たくさんのグループが現在も活動しています。増田恆河の死後、姪のテルコ・オダがグレミオ・ハイカイ・イペーを引き継ぎ、句会だけでなく子どもへのハイク教育も盛んに行われています。

　日系俳句は日本語人口の衰退とともに消えゆきますが、ブラジルハイカイは非日系のブラジル人も巻き込みながら続いていくでしょう。ブラジルハイカイはコミュニティ性、「座の文学」も引き継いでいます。「座」がコンタクトゾーンとなり、トランスカルチュレーションを起こしているのです。言語が変わっても俳句・季語という文化が国境を越えてオーセンティックに継承されているのは、すばらしいことだと思いませんか。ボサノバの国ブラジルだからこそ成し得た文学史的大事件です。

付記

　本章は、JSPS科研費による基盤研究（B）21H00520「ブラジル国際俳句の多様性とラディカルな展開—日本韻文史とのかかわりから—」の研究成果の一部である。

参照文献

東聖子（2012）「はしがき」東聖子・藤原マリ子（編）『国際歳時記における比較研究—浮遊する四季のことば—』pp.5-14, 笠間書院.
栢野桂山（2006）「俳諧小史」清谷益次・栢野桂山（編）『ブラジル日系コロニア文芸：上巻（ブラジル日本移民百周年記念「人文研研究叢書」第4号）』pp.153-227, サンパウロ人文科学研究所.
蒲原宏（2020）『畑打って俳諧国を拓くべし—佐藤念腹評伝—』大創パブリッシング.

久冨木原玲（2018）「ブラジルにおけるハイカイ研究の現在―日本文化の受容・展開の一様相―」『愛知県立大学日本文化学部論集』9, 128-87.

久冨木原玲（2020）「日本の俳諧・俳句からブラジルのハイカイへ―日本文化の特異性と新展開―」『愛知県立大学文字文化財研究所紀要』6, 138-120.

佐田智子（2005）「「歌俳」欄は世界にあるか―新聞に見る「日本」の固有性―」園田英弘（編）『逆欠如の日本生活文化―日本にあるものは世界にあるか―』pp.57-88, 思文閣出版.

佐藤念腹（1979）『木蔭雑詠選集』永田書房.

白石佳和（2021a）「言語文化教育としての活動型文学―「座の文学」の系譜をめぐって―」『言語文化教育研究』19, 220-238.

白石佳和（2021b）「季語をめぐる国際ハイクのオーセンティシティについての考察―ブラジルハイカイにおける増田恆河の仲介行為を例に―」『人間社会環境研究』42, 49-65.

スエナガ，E.（2019）「世界俳句（6）ブラジルのハイカイについて」関西現代俳句協会 <http://kangempai.jp/seinenbu/essay/2019/suenaga01.html>（2022 年 8 月 29 日閲覧）

杉山欣也（2019）「日本語文学の汽水域―日系ブラジル文学の現在―」『昭和文学研究』78, 98-110.

トイダ・エレナ・H（2008）「ブラジルにおける俳句の歩み―「桜の花」から「イペーの花」へ―〈特集　ラテンアメリカに受容された HAIKU〉」『イベロアメリカ研究』58, 9-22.

藤原マリ子（2012）「ブラジルの歳時記―成立の経緯と特徴―」東聖子・藤原マリ子（編）『国際歳時記における比較研究―浮遊する四季のことば―』pp.386-408, 笠間書院.

細川周平（2012a）「はじめに」「序　文学する人たち」『日系ブラジル移民文学 I ―日本語の長い旅［歴史］―』pp.vii-xvi, pp.1-19, みすず書房.

細川周平（2012b）「俳句―結社の移植―」『日系ブラジル移民文学 I ―日本語の長い旅［歴史］―』pp.290-392, みすず書房.

細川周平（2013a）「季語のない国―ブラジル季語をめぐって―」『日系ブラジル移民文学 II　日本語の長い旅［評論］』pp.601-650, みすず書房.

細川周平（2013b）「むかご飯と子雷―佐藤念腹鑑賞―」『日系ブラジル移民文学 II　日本語の長い旅［評論］』pp.651-668, みすず書房.

水野真理子（2013）『日系アメリカ人の文学活動の歴史的変遷―1880 年代から 1980 年代にかけて―』pp.10-11, 風間書房.

増田秀一（1986）「ブラジルのハイカイ」『俳句文学館紀要』4, 99-119.

増田秀一（1994）「ブラジルにおけるハイカイの近況」『俳句文学館紀要』8, 20-21.

増田恆河（編）（1995）『自然諷詠』日伯毎日新聞社.

H. Masuda G., & Oda, T. (1996). *Natureza-Berço do Haicai Kigologia e Antologia.* Empresa Jornalica Diario Nippak Ltda.

organizada por Saito, R., H. Masuda G., & Handa, F. (1990). *100 haicaístas brasileiros: Antologia.* Aliança Cultural Brasil-Japão: M. Ohno Editor.

organizada por H. Masuda G., Saito, R., & Handa, F. (1991). *As quatro estações: Antologia do grêmio haicai ipê.* Aliança Cultural Brasil-Japão.

organizada por Humberto Senegal, H. Masuda, G., Saito, R., & Handa, F. (1993). *Antologia do haicai latino-americano.* Aliança Cultural Brasil-Japão.

P. L. Couchoud. (1916). *Sages et počtes d'Asie.* Bulletin de l'École française d'Extrême-Orient.

第12章　ボリビア日系社会の言語接触と混合言語

ダニエル・ロング

キーワード

中間言語、母語干渉、言語転移、移民、九州方言

1 はじめに

　南米日系人コミュニティのポルトガル語（あるいはスペイン語）と日本語の「コードスイッチング」（以下「CS」）に関する研究が多く行われています。一方、筆者は1997年から20年以上小笠原の欧米系島民の二言語状況（英語と日本語）を研究しています（ロング1997）。小笠原の場合は、単なるCSとは言えません（ロング2012）。日本語や英語、スペイン語、ポルトガル語など、どの言語においても規則があって、母語話者ならば「文法性判断」が可能です。小笠原欧米系島民に、他のコミュニティ（東京のインターナショナル・スクールの学生など）で使われている英語と日本語の混合文を聞かせると、「その言い方をmeらもする」とか「そういう混ぜ方はsound funnyだじゃ」といった声が聞かれました。このような状況から筆者は「小笠原混合言語」という名称を提唱して、一つの言語体系としてその研究を進めてきました（ロング2018）。

　筆者は2017年9月にボリビアでフィールドワークを行い、日系人同士の談話データを録りました。その文字起こしを行い、小笠原混合言語と比較しました。ボリビア日系人同士のCSには、単なるCSを越えた規則性が存在するという仮説のもとで分析します。

2 スペイン語の影響、理由文の文法構造

2.1 母語干渉と言語転移

　第二言語学習の場合、目標言語に母語の影響が見られる「母語干渉」や「言語転移」といった現象が見られます。この二つの用語を異なる言語現象として使い分けることがあります（ロング 2010）。しかし、本章では両方とも「ある言語を話そうとすると、頭の中にある他の言語が邪魔となり、不自然な言い方が出る」現象を指す用語として、区別せずに使います。均衡バイリンガリズムの場合、片方の言語だけを「母語」として認めるというよりも、両方が「母語」と認められます。その場合、二つの母語が相互に影響し合うという興味深い現象が見られます。

　例えば、言語接触現象について博士論文を書いた朴良順は、「滞日韓国人」という用語を提唱しました。この用語は、数世代前から（戦前から）日本で暮らす、いわゆる「在日コリアン」（「在日朝鮮人」「在日韓国人」）と区別するために提唱したのです（朴 2006, 2009）。言語学的に重要なのは、その日本滞在期間の違いによって、母語と第 2 言語の状況が大きく違う点にあります。2000 年代における在日コリアンのほとんどは、日本語が母語です。彼らが祖国の言語を学習する過程において、日本語からの干渉や転移がどのようになっているかという研究が行われています（真田・生越・任編 2005）。その一方で、朴（2005, 2006a, 2009）の研究対象となっていた滞日韓国人は、両親の仕事の都合で日本に長期滞在することになった中学生と高校生でした。朴（2005: 100, 2006b: 18-19）によると、個人によってどの言語が「母語」と呼べるかが違っていました。韓国語が優勢で、第 2 言語として話している日本語にその影響（干渉、転移）が見られた人もいました。反対に、家庭内言語が韓国語だったにも関わらず、幼児期から日本で暮らしているため、日本語が優勢だった人もいました。彼らの韓国語には、逆に日本語の影響が見られました。韓国人でありながら、韓国語に不自然（外国人が韓国語を話す時の間違いなど）な特徴が見られたのです。しかし、さらに驚く結果は、均衡バイリンガル話者と呼べる滞日韓国人中高生の言語に現れた特徴でした。彼らは日本語も韓国語も同じくらいうまく話せた

ために「均衡バイリンガル」と呼ぶわけです。韓国語、日本語ともにほぼネイティブ並みに話すことができる人たちでした。しかし、細かいところ（例えば、日本語の敬語と韓国語の敬語などの表現）では、両方の言語に不自然（ネイティブらしくない）特徴が見られました。

　南米の日系人の言語干渉は、数種類が想像できます。1つ目は、日本語が母語で、スペイン語を話そうとする時にその影響が見られる（「変わったスペイン語」に聞こえる）という現象です。これは昔の移民1世の人々に間違いなく見られた特徴でしょう。2つ目は、スペイン語が母語で、日本語は日系人学校で学んだため、日本語を話そうとする時にスペイン語の影響が見られる（「変わった日本語」に聞こえる）という現象です。3つ目は、朴の研究（2005: 100-101, 2006b: 25-26, 2006a, 2009）で見つかった現象と似たものです。それはすなわち、両方の言語が「ほぼ母語並み」になっているが、逆に言えば、細かいところを探れば、日西両語に「干渉」や「転移」と言える特徴が表れる可能性です。普通は専門用語として使うのは「母語干渉」ですが、このような場合は、どれを母語として判断すれば良いか分かりません。あるいは、より正確に言えば、両方を母語として判断すべきなので、「干渉」という用語しか使えません。「母語干渉」は当てはまらない状況なのです。

2.2　ボリビアのオキナワ村の日本語に見られる「干渉」

　ボリビアには、Okinawa村という開拓地があります。名前から分かるとおり、沖縄県民を中心にできた町です。町の中心にオキナワ第一日ボ学校があります。筆者が現地調査を行った2017年9月には第31回お話大会が予定されていたため、9月8日の開催日に合わせて村を訪問し、お話大会を視察させてもらいました。この大会は、毎年行われている日本語のスピーチコンテストです。幼稚園生から中学校3年生が参加します。2017年は68人が参加していました。最年少者の5歳児は「スピーチ」というよりも、舞台に上がってマイクの前で日本語の「あいさつことば」を披露するという様子でした。最年長の15歳は、4分にわたる「私の将来」というテーマで深みのあるスピーチを披露していました。

　お話大会の当日、筆者と研究仲間は許可を得て、スピーチを全て録音しました。後に、その文字起こしを行いました。スピーチコンテストを聞いている間に筆者が気になったのは、理由を表す様々な言い方でした。例えば、「日本語がおもしろいので、その勉強が好きです」や「夏休みにお父さんと一緒に行ったラパスは大都市だったから楽しかったです」のような理由文です。これは非常に頻繁に使われていた文法事項でした。68 人の参加者でしたが、理由文を集計してみたところ、なんと 77 例にも上っていました。中には日本語らしい使い方もありましたが、筆者（英語母語話者で、日本語学習歴 40 数年）が聞いても不自然に感じるものもありました。

　筆者は非母語話者のため、日本語を母語とする大学院生とその修了生 11人の力を借りてボリビアの日系人若者が使っていた理由文について考えました。特に彼らの力を借りたのは、どの理由表現（文型）がより自然・不自然に聞こえるかという点です。お話大会で使われていた 77 の理由文を、文型によって分類しました。すると、7 つの文型に分けることができました。それが以下の（1）～（7）です。そして、上記の 11 人の日本語ネイティブかつ日本語学専門家に、「日本語として自然」だと思われる順に順位づけをしてもらいました。（1）が最も不自然で、（7）が最も自然だと思われる文型です。文型の違いを分かりやすく示すために、実際に使われていた文型を同じ内容に合わせてそろえました。例文は全て、「原因部分」と「結果部分」、及び「接続表現など理由のマーカー」の三つの要素から成り立っています。以下では、理由（接続）の部分に下線を引いています。結果部分は網掛けで示しています。原因部分は何もしるしをつけないままになっています。なお、（8）は文法比較のために、この意味と同じスペイン語の典型的な文型を示しました。

(1) 私はこのオキナワ移住地が好きです。なぜかというと、友達がたくさん住んでいる。
(2) このオキナワ移住地が好きな理由は、友達がたくさん住んでいるからです。
(3) 私はこのオキナワ移住地が好きです。なぜかというと友達がたくさん住んでいるからです。

(4) 私はこのオキナワ移住地が好きです。友達がたくさん住んでいるからです。

(5) 友達がたくさん住んでいます。だからこのオキナワ移住地が好きです。

(6) 友達がたくさん住んでいるからこのオキナワ移住地が好きです。

(7) 友達がたくさん住んでいるので、このオキナワ移住地が好きです。

(8) Me gusta Okinawa porque muchos amigos viven aquí.

　8つの例文から見えるように、こうした理由文に関して言えば、スペイン語と日本語の語順は全く違います。異なるのは語順で、言語学用語で言えば、統語論的に異なると言えます。日本語で最も自然と判断されたのは、(6)、(7)の「原因・理由・結果」の語順で、まだ許容の範囲と判定されたのは(5)の「原因・理由・結果」と、(4)の「結果・原因・理由」です。日本語として不自然と判定されたのは、(3)「結果・理由・原因・理由」と(2)「結果・理由・原因・理由」です。かなり不自然、間違いであると判定されたのは、(1)の「結果・理由・原因」です。

　(1)が日本語では不自然ならば、どこから出てきた発想なのかと思いますよね。答えは(8)にあります。この語順は、スペイン語の発想です。つまり「日本語に対するスペイン語の干渉」と言えるのです。日系3世や4世であるこの子ども達の母語がスペイン語だと考えるなら「母語干渉による誤用」と言えます。ただし、他の節で述べているように、ボリビアの別の地域では、若者や幼児は兄弟同士ですら日本語を使っている場合もあるという聞き取り調査があります。それは「若い人全員」という話ではないし、別の地域です。確実に言えることは、この「不自然な日本語」の特徴は、スペイン語の影響によるもの（言語干渉）だということです。

　さて、ここまで話してきたのは「理由文」の類型ですが、それぞれどれくらいの割合で使われていたのでしょうか。上述のとおり、理由文は77例に上っています。図1で分かるように、(1)（最も不自然な文型）は19％となり、非常に多いことが分かります。ほぼ5例に一つはこの文型です。7つの文型のうち、2番目に多い文型です。しかも(2)と(3)を合わせると、日本語として不自然なものは59％に上ることが分かります。三分の二弱です。最も自然な日本語と判定された(5)と(6)を合わせても、まだ四分

の一（25%）にしかならないのです。この学校は、日本から来た「純ネイティブ」の子どもはひとりしかおらず、教師のほとんどは2世か3世なのです。

理由を表す表現（出現頻度）

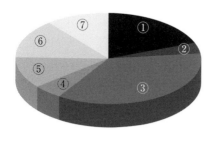

- ■ ①誤用　移住地が好きです。なぜかというと、友達がたくさん住んでいる。
- ■ ②移住地が好きな理由は、友達がたくさん住んでいるからです。
- ■ ③移住地が好きです。なぜかというと友達がたくさん住んでいるからです。
- ■ ④移住地が好きです。友達がたくさん住んでいるからです。
- ■ ⑤友達がたくさん住んでいます。だから移住地が好きです。
- ■ ⑥友達がたくさん住んでいるから、移住地が好きです。
- ■ ⑦友達がたくさん住んでいるので、移住地が好きです。

図1　77例の理由文に見られる7種類の文型の割合

　かつて、ハワイの日系コミュニティで使われている日本語のことを「ハワイ日本語」や「ハワイ方言の日本語」と名づけた研究者がいます。つまり、日本国内には「北海道の日本語」や「新潟方言の日本語」や「大阪弁の日本語」のような「日本語」の下位分類（下位変種）があるように、海外にも日本語の種類として考えられる言語変種があるという考え方です。確かにそれぞれがどのように形成されたかには大きな違いがあります。国内の方言は数百年や千数百年をかけて徐々にその違い（地域差）が大きくなっていったと言えます。いわゆる「枝分かれ」という自然な言語現象です（こうした言語の枝分かれと方言形成については、ロング（2006）を参照）。それに比べ、日本国外の言語変種はたった1世代（せいぜい数世代、数十年）の間に形成されたため、言語学の長い歴史から考えると「あっという間にできた新しい言語変種」です。

　しかし、その形成過程の違いはともかく、ここで言えることは、日本国内にその地域独特の○○方言が見られるように、もしかするとボリビアにも

「ボリビア日本語」という言語が特定できるかもしれません。もちろん、日本国内の方言と同様、個人差があるでしょうが、その個人差を越えた「ボリビアらしい日本語」と断言できることば（言語変種）があるかもしれません。本章でそれらを詳しく述べるにはデータが不十分ですが、少なくとも今回のデータから「その傾向が見られる」と言えるのではないでしょうか。筆者は日本語母語話者でもなければボリビア日系人でもないので、近い将来に南米日系人自身による分析が公開されたら非常に嬉しく思います。

3 日本語とスペイン語の使い分け

　本節ではボリビアの日系人がどのように日本語とスペイン語を使い分けるかについて考えていきます。まず最初に、会話例を見ましょう。以下の会話例は数行だけですが、1時間ほどの自然会話から抜粋したものです。「自然会話」とは、「聞き取り調査」と違い、調査者が一つひとつ質問しているのではなく、被調査者がただ会話をしているだけのデータです。参加者は4人の中年層話者（TY、AT、MT、YB）で、いずれもボリビア生まれ、育ちの2世です。彼らは San Juan という町で生まれ育った幼なじみ同士です。会話例1では、筆者（ロング；LD）の質問に対して最初は日本語で答えていますが、途中で日系人同士の混合型会話に変わっています。文の後、四角い括弧 ［　］ に入っているのは日本語訳です。

会話例1
LD：あっ、長崎の方が多いってさっき教えてもらいましたね。お母さんの方は、どちらだったんですか？
MT：長崎です。同じ長崎。
TY：日本で結婚して来た？
MT：No. Acá es.［いや、ここで。］
YB：えっ、こっちで結婚したわけかい？
MT：そう。だから来る時なんか……
TY：船の中で出会ったと？
MT：No. No era así. Mi padre が来るために、hay que... tiene que estar

casado, dicen. で、どっかの女の人の名前を借りてみようか ... como
casado.

［いや、そうじゃなかった。自分の父親が来るためには結婚していない
とダメだと言われて。で、どっかの女の人の名前を借りてみようか、
結婚のような］

YB：ああ、そうなんだ。

　彼らが生活してきた言語環境は、非常に重要課題だと思われます。次節以
降、この会話データをもとに述べていきます。

3.1　サンフアン移住地という言語環境

　日本語で「サンフアン（San Juan）移住地」と呼ばれているこの地域
は、もともと町があったところに日本人移民が送り込まれたわけではなく、
何もないところに日本人が町を築き上げてできた土地です。現在も周りには
スペイン系や原住民が住む町はなく、日系人が孤立して暮らしているのが現
状です。こうした環境が日本語の言語維持に大いに貢献したと思われます。
と言うのは、他の地域の日系人は 2 世になる消極的バイリンガル（日本語
は聞いて理解できるが、自ら話す優勢言語は現地語だけ）になってしまい、
3 世になるとほとんど（あるいは全く）日本語が話せないのが現状です。
（「消極的バイリンガル」や「均衡バイリンガル」などバイリンガリズムの下
位分類については東（2000）を参照）。ハワイやカリフォルニア、カナダ西
海岸、ブラジルなどの日系社会では 2 世ですら日本語を話せないのが一般
的な状況です。
　一方、サンフアンでは、4 世ですら日本語を第一言語として使っている話
者がいるという話を聞くことができました。2017 年 9 月 10 日の聞き取り
調査では、次のことが分かりました。サンフアン町・ボリビア日系協会連合
会の日比野正靭会長（岐阜県出身者）と一時間ほど会談し、聞き取り調査が
できました。会長の話によると、ひ孫は幼稚園生ですが、日本語しか話せな
いということです。むしろ幼稚園でスペイン語を勉強中だと言っていまし
た。こうした言語維持の状況には孤立した生活環境が大きく関与しているの

は間違いありません（少数派言語の言語維持については、ロング（2008）
を参照）。

　サンフアンは、ボリビア第2の都市サンタクルス（Santa Cruz）から
140キロ離れています。現在の整備された高速道路で飛ばしても、車で片
道3時間かかるところです。日本人移民が1950年代に船で太平洋を渡っ
てこのサバンナ地方を切り開いて生活基盤を築いた時はなおさらサンタクル
スのスペイン語の世界から孤立していたのでしょう。

3.2　二言語の「使い分け」にはどのような種類があるか

　「二つの言語を使い分けて生活する」と一言で言っても、そうした二言語
生活は様々な状態として実現します。一つは「場面による切り替え」です。
それは、例えば同じバイリンガルの日系人同士でも「場面」によってスペイ
ン語を使ったり、日本語を使ったりする状況を指します。社会言語学で使っ
ている「場面」という概念も多数の要素を含んでいるのですが、例えば「話
す場所」の違いによる言語の使い分けがあります。例えば、野球の試合では
日本語を使うが、サッカーの試合ではスペイン語に切り替えるといった状況
が想像できます。あるいは、学校では日本語だが、教会ではスペイン語に切
り替えるといった状況です。このように、言語の二つのコミュニケーション
コードとして捉えて、「コード切り替え」や「コード交代」、「コードスイッ
チング」などと言います。なぜ切り替えるかという社会心理学的要因も研究
課題になります。多くの場合は「なんとなく○○という状況にはX語が合っ
ている気がするけど、△△という状況にはY語が合っている感じ」という
話を聞きます。このように、二つの言語変種の使い分けの傾向の背景に社会
的慣習がある状況を「ダイグロシア」と言います。

　しかし、言語変種の使い分けが全てそうした社会レベルで決まっているわ
けではなく、単なる個人差や「その場その場的判断」の場合もあります。例
えば、サンフアンの道端で立ち話をする時は日本語だが、大都会のサンタク
ルスに行くとスペイン語に切り替えるといった状況が考えられます。なぜそ
うしたかと聞かれても「いや、なんとなく」と答える人もいれば、「田舎者
とバレると狙われるから」とはっきり理由を意識している場合もあります。

しかし、社会言語学では「切り替える理由」だけが研究対象になるというわけではありません。場面によって言語変種が使い分けられている実態そのものを研究対象とするのです（使い分けの意識については、ロング（2003）を参照）。

　次の 3.3 節で述べる「二言語使い分け」は、同一会話内での切り替えです。同一会話内ですので、場面の違いとしては説明できません。こうした切り替えは、二種類に下位分類されます。一つは「文間切り替え」で、もう一つは「文内切り替え」です。この違いは文法面の課題と絡み合っているため、大変奥の深い研究課題です。「文間切り替え」は、一つの文（sentence）を日本語で言い終えてからスペイン語に切り替えるもので、一つの文を言った場合、二つの語順の違いという文法的問題を気にする必要はありません。日本語のセンテンスを最後まで言い、日本語の文を完結してから切り替えたからです。

　しかし、「文内切り替え」、つまり日本語とスペイン語を文の途中で切り替えた場合は、語順の違いに気をつけながら話さなければなりません。語順と言えば、もちろん SVO（主語、動詞、目的語）対 SOV（主語、目的語、動詞）の違いもありますが、言語によって語順が異なる点は無数にあります。スペイン語のことが分からない読者でも、学校で勉強した英語を思い出せば想像できると思います。日本語は断定文と疑問文が同じ語順（後者は最後に「か」が付くだけ）ですが、英語は断定文と疑問文の語順が変わります。疑問文になると、動詞が主語の前に移動します。にも関わらず、その疑問文が従属節として使われると再び「主語・動詞」の語順に戻ります。スペイン語にも、そうしたややこしい語順があります。日本語は目的語が名詞であろうと代名詞であろうと同じ語順ですが、スペイン語は違います。「フアンはタコスを食べている」と「フアンはそれを食べている」をそれぞれスペイン語で表した場合、前者は「主語・動詞・名詞」の語順となりますが、後者は「主語・代名詞・動詞」の語順となります。日本語は「形容詞・名詞」の語順となりますが、スペイン語はその逆で「名詞・形容詞」となります。「文間切り替え」ならこうした語順のことは問題（分析の課題）とはなりませんが、「文内切り替え」になるとこうした語順にどう対処しているか（文法規則を破っているかどうかを含めて）が興味深い研究課題となります。

3.3 日本語とスペイン語の文内コードスイッチングの実態

　本節では CS の実態について考えたいと思います。上述のように、話者が「なぜここで」CS を行ったかという「CS 理由の社会心理学的分析」も可能ですが、本章ではそうではなく、「どのうような箇所で」CS をしているかという文法的分析を中心に考察を進めていきます。まず、上述の会話例 1（pp. 170-171）に戻って考えたいと思います。

　まずは日本語の質問に対してスペイン語で答えているところが二ヵ所あります。これは上述の「文間切り替え」に当たります。すなわち、「質問・答え」という同一のやり取りが同一の言語で行われるわけではないことが分かります。話題を変えるために言語切り替えをしたという考えもあるかもしれません。確かにそういう場合もありますが、それだけではないことが分かります。例えば会話例 1 では、TY が「日本で結婚して来た？」と日本語でたずねると、MT が「No. Acá es.」とスペイン語で返事をしています。質問と答えなので、同一の話題です。

　一方、「文内切り替え」も見られます。主語の Mi padre に日本語の述語「が来るために」が続いていると思いきや、再びスペイン語に戻っています。最初の CS は節（phrase）の中で、二つ目は従属節と主節との間の CS です。図 2 でこの文法構造を樹形図で現します。

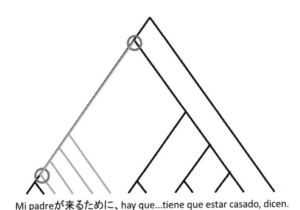

Mi padreが来るために、hay que...tiene que estar casado, dicen.

図 2　スペイン語・日本語の文内 CS 文の樹形図

　線と線がつながるところを「ノード」と言います。そして、ノードが低い（下にある）ほど文法的関係が強いことを意味しています。Mi padre（私の父）は名詞句で関係が強いです。一方、dicen（〜と言われた）は引用文と主節がつながるところで、文法的関係が弱くなります（ノードが高いところにある）。CS は高い（弱い）ノードだけではなく、低い（強い）ノードでも起きていることが分かります。

　次の会話例 2 にも混合言語の使用が目立ちます。

会話例 2

YB：釣ってきた？　この間。

TY：私、ここの、何て言う？　granja の労働者とユウキと行ったんだよ。

YB：えーあの、何だっけ。ニシカワ君の……

TY：あー、ニシカワ君釣ってきたよ。随分釣ってきたよ。Mi marido なんか trajo ええと dos boga。Después 全部で八匹くらい釣ったった。Pira も入ってたし、paleta とかなんかいろいろ……

AT：あっち男性ばっかりでしょ？

TY：でもみんな大量に釣ってきてたよ。Pero dice que no había ni un pacú.〔しかし、彼は、pacú は一匹さえなかったと言います。〕

　語彙面では、まず日本との関係よりも現地の生活と関連の深い語彙が見られます。「農場」を意味する granja や数々の淡水魚の名前（boga=*Leporinus obtusidens*, pira=*Brachyplatystoma filamentosum*, paleta=*Surubimichthys planiceps*, pacú=*Colossoma macropomum*）が使われています。日本語の複雑な助数詞「匹」が使われています。日本語ではよく「いっぴき、にひき、さんびき、よんひき、ごひき、ろっぴき、ななひき、はっぴき……」のように清音、濁音、半濁音の全てが相補分布する形で使用されますが、ここでは「はちひき」になっています。言語習得論でいう「透明性の高い」発音とも言えるし、言語接触論の「単純化」にも当たる例です。

　さらに、上で述べたスペイン語と日本語の語順が異なることによる文法問題がここで表面化しています。「Mi marido なんか trajo ええと dos boga」

は「私の夫なんかボガ二匹持ってきた」という意味ですが、動詞の trajo（持ってくる、traer の三人称単数形過去形）は目的語の前に来ています。日本語の語順ではなく、スペイン語の語順となっています。フィラーの「なんか」と「ええと」がなければ、ごく普通のスペイン語文になっていました。接続詞の después（それから）は 2 時間弱の会話でも混合型の発話で複数回使われていますが、次の会話例 3 に見るように、これ以外にも日本語の文の途中にスペイン語の接続詞が使われることがあります。

会話例 3

TY：ママは好きでこんなことしない。あんた達のために言って、いろいろ説明したのね。Porque 最初は生意気そうにさ、ママが castiga なぁ、罰をあげるわけないと思って、こう食ってかかりそうになったの。

　生徒たちのスピーチにみられた理由文もこの青年層の自然会話によく出現しています。会話例 3 では、40 歳代の女性が言うことを聞かない子どもについて語っています。ここに「結果＋porque＋原因」の文法構造が見られます。すなわち「母（自分）が説明した」が結果で、「生意気そうに食ってかかる」が原因です。これは見覚えのある順番ではないでしょうか。上記の(8)で見たスペイン語（p.168）はまさにこの順番と同じものです。本章は混合言語がテーマですが、少なくとも二種類の混合が見られます。一つは会話例 2 で見たように同一の文に日本語の単語とスペイン語の単語が両方出現するタイプです。これは目に見える「混合」で分かりやすい。しかし、会話例 3 に見られる「混合」は隠れた混合と言えます。スペイン語の単語そのものは一つか二つしか混ざっていませんが、むしろ「日本語の単語」と「スペイン語の語順」という二つの言語要素が混ざっているという意味では、別種類の混合が見られると言えます。

4　おわりに

　本章では、ボリビアの日系人コミュニティにみられる言語接触について考察してきました。日本国内の言語変異（variation）が数百年も前から「方

言」という形で研究されてきました。しかし、日本語と他の言語とその接触
によって生じている変異に関する研究は、むしろここ数十年本格的に研究さ
れるようになってきたと言えます。方言学では、標準語の重要性を認めなが
らも地域差のある日本語を尊重するというのが研究の基本的姿勢です。日系
ボリビア人の場合も、小笠原欧米系島民や滞日韓国人、日本で暮らす南米系
住民の場合も、社会進出のためには標準的な日本語を身につける必要があり
ます。しかし、その一方で、自分たちのコミュニティ内で使われる日本語変
種の奥の深さについての認識を高めることが、21 世紀の日本が目指す多様
性を尊重する社会の実現のためには不可欠だと言えます。

付記

　本章は、JSPS 科研費による基盤研究 B（16H05676）「南米日系社会における複言語話者の日本語使用特性の研究」（松田真希子代表）の研究成果の一部です。また文字起こし、およびスペイン語に関する助言を行った岩山凌也さんに感謝を申し上げます。

参照文献

東照二（2000）『バイリンガリズム—二言語併用はいかに可能か—』講談社.
真田信治・生越直樹・任榮哲（編）（2005）『在日コリアンの言語相』和泉書院.
朴良順（2005）「日本語・韓国語間のバイリンガリズムとコード・スイッチング」『日本語研究』25, 91-104.
朴良順（2006a）「日韓バイリンガル中高生における二言語による敬語行動—母語話者との対照を中心に—」『計量国語学』25(6), 262-281.
朴良順（2006b）「滞日韓国人中高生における二言語能力と言語環境をめぐる問題」『日本語研究』26, 15-28.
朴良順（2009）「日本語と韓国語の中間言語に見られる助詞の使用実態」『日本言語文化』15, 59-75.
ロング, D.（1997）「「言語混合」と「混合言語」との相違をめぐって—小笠原諸島父島の欧米系住民の言語に関する資料の再検討—」第 71 回変異理論研究会.
ロング, D.（2003）「日本語と外国語の使い分け」荻野綱男（編）『言語行動（朝倉日本語講座9)』pp.132-156, 朝倉書店.
ロング, D.（2006）「日本語の非母語話者を研究対象にした新しい社会言語学の可能性」中井精一・ダニエル ロング・松田謙次郎（編）『日本のフィールド言語学—新たな学の創造にむけた富山からの提言—』pp.17-33, 桂書房.
ロング, D.（2008）「バイリンガル教育と社会」西原鈴子・西郡二朗（編）『教育・学習（講座社会言語科学　第 4 巻）』pp.252-266, ひつじ書房.
ロング, D.（2010）「日本語習得者が作る日本語文法」『日本語文法』10(2), 39-58.
ロング, D.（2012）「「小笠原混合言語」は本当に「言語」なのか—5 つの側面からの検証—」

『日本言語文化研究会論集』8, 29-37.

ロング，D.（2018）『小笠原諸島の混合言語の歴史と構造—日本元来の多文化共生社会で起きた言語接触—』ひつじ書房.

COLUMN 3

"Why me?"
──なぜ私がシドニーにいるか──

寺本不二子

　私の父は、1944（昭和19）年11月中国の漢口で戦死しました。私は5歳でした。私の実家は大分県中津市の駅前、国鉄中津駅のすぐそばの大きな屋敷でした。母の妹一家も叔父が出征し行方不明（後にシベリア抑留で亡くなりました）で我が家が大きかったので叔母一家と一緒に生活していました。いとこ3人も年が近かったので、子ども6人で仲良くしていました。しかし、家が大きいということで政府から強制疎開させられ、家は壊され、更地にさせられました。叔母の嫁ぎ先の岐阜の山奥に行くことになりましたが、その途中、汽車が進めなくなり、全員次の駅まで歩くことになりました。「ワケの分からん大きな爆弾が落ちて線路がなくなった」とのこと。8月7日、早朝真夏の炎天下、所々まだ燃えていて、焼死体がいっぱい転がっている地獄絵のようでした。私6歳、弟4歳。母の大きなリュックの上に妹が1歳半。前日に汽車に乗り、数時間で岐阜に着く予定だったので、小さなリュックの中のおむすびは食べてなくなり、水筒の水も空、まさに飲まず食わずで歩きました。1日中歩いた記憶ですが、母の話だと野宿二晩だそうです。やっと辿り着いた岐阜の山奥では、物置小屋に入れられ、子どもたちはみな寝込んでしまいました。食べ物はもらえず、母と叔母は必死で食べ物をもらいに行っていました。皆病気だったので、比較的元気だった私が毎日山を降りケモノ道を通って村の診療所まで薬をもらいに通いました。今考えれば何の薬だったのでしょう。原爆なんてことばも知らない時でした。

　その後いろいろあって、母は東京から静岡の天竜にある国立病院に勤務することになりました。私が6年生の1学期早々でした。二俣小学校6年生、中学高校と7年間、自然の中で暮らしました。私が小学3年生の頃、戦争未亡人だった母が再婚して弟が生まれました。継父は酒乱でお酒が入ると乱

暴になり、狭い家の中いろいろなものが飛んできて、弟と私は怖くなり、夜遅く外の草むらに隠れて収まるのを待っていました。ある時、母が頭にけがをして人事不省になり、倒れてしまいました。継父はよちよち歩きの弟を連れてどこかに行ってしまいました。弟と私は心配で二晩、母のそばで見守っていましたが、やっと気が付いた母は、そのまま弟と私を連れて夜汽車で浜松へ行き、そこからローカル線で終点の鹿島へ行きました。そこから私たち3人の新しい生活が始まったのです。そうしたときに、置いてきた3歳の弟が母を探して行方不明になり、どこかの警察に保護されているという知らせが東京から入り、母が引き取りに行き、連れて帰ってきました。この田舎には保育園も幼稚園もなく、結局私と弟が10歳違いの弟を連れて小学校に通うことになりました。その頃は、朝鮮戦争が終わったばかりでした（1954年）。当時、母は35歳ぐらいでしたが、大学出ではなく、中途採用であった母の国家公務員の初任給は6,800円、私は6年生後半から母から月々2,000円で1ヶ月の食費を賄うように言われました。その頃から私は将来働くようになったら絶対に月給1万円以上でなければ働かないと密かに決心し、その時にはどんな職業がいいかおぼろげに考えるようになっていました。天竜では高卒の女の子は浜松のデパートに出るのが一つの目標のようでしたが、それでも月給8,000円くらいでした。

　私はアメリカ映画で見たような秘書になりたいと思っていました。高校を卒業して3年間、専門学校の秘書科に入りました。大学より実践力が付くと思ったのです。日本の三井三菱住友等の秘書課を狙っていたのですが、その頃の就職条件は「両親健在、自宅通勤」とあり、はじめからダメでした。ちょうど戦後の日本へ欧米の大会社が、日本支社を出す時の事務所を出しはじめた頃で、私はすぐに外資系のジュニア秘書として、丸の内のオフィスに採用されました。初任給28,000円、当時三井三菱の商社の東大出の初任給が18,000円の頃でした。その頃、私と秘書科の同級生の多くはJapan timesに出ていた外資系にいくつも応募していました。

　そのうちの一つがどのようにしてカンタスに回ったかは今でも分かりませんが、2、3年経ったある日、電報が来ました。母が受け取りました。我が家には電話がなかったのです。「ホステスの件につき連絡乞う」というカン

タスからの電報だったのです[1]。電話すると「あなたは書類選考でパスしているので、面接に来られますか」とのこと。その頃は航空会社など私の視野になかったのですが、カンタスがオーストラリアの会社であり、私の働くビルの近くにオフィスがあること、私はアメリカの会社の秘書をしていたので、オーストラリア人がアメリカ英語を嫌うことだけは知っていました。当時のカンタス東京のマネージャーは Capt. Dufield（昔はフライトキャプテン）でしたが、彼との面接では"ヒコーキに乗ったことはあるか"（"ノー・サー"）、"乗ってみたいか"（"イエス・サー"）、"誰か友人に働いている人はいるか"（"ノー・サー"）、"オーストラリアの首都はどこか知っているか"（"ノー・サー。バット、ノット・シドニー、ノット、メルボルン"）と、一方的に質問されたものに対して、最小限の受け答えで終わりました。採用されてシドニーのトレーニングスクールに送られましたが、急に決まったので、何のオリエンテーションもないままシドニーへ到着。宿はダブルベイ（Double Bay）のモーテル（Savoy Lodge で今でもあります）でした。当時東京－シドニー－東京は週3便でしたので、いつもどなたか先輩が早朝香港から到着し、夜にはひとりが出発されたので、その先輩方にダブルベイ近辺のカフェやレストランなどを教えてもらいました。

　翌日からトレーニングスクールが始まりましたが、オーストラリアの生の話しことばを初めて聞いて、何も分からなくて困惑しました。エレベーターのことを「リフト」と言い、飛行機のことを学校で習ったエアプレーンではなく「エアロクラフト」、入出国カードの説明でフィリピンのことを「フィリパイン」などと言うため、聞き慣れない発音にとまどい、先に進めませんでした。私は聞くのに必死で書き取ることに追われていました。会社の車でダブルベイまで送ってもらって1日が終了。英語環境に不慣れなため、とても疲れて何故か空腹で帰り着くと、6時になるのを待って近くのレストランへ行きました。メニューを見てもチンプンカンプンで、やっと読めて料理を想像できたのがハンバーグステーキでした。ほっとして注文したものの、

1　母は「ホステス」ということばにびっくりして、「あんた、どこのホステスに応募したの！」と言いました。当時、カンタスはスチュワーデスとは呼ばず、「フライト・ホステス」と呼んでいました。

全く味のついていないものでびっくりし、塩と胡椒で食べ、もう二度と来な
いと決心しました。翌日からは近所を見渡して近くのチャイニーズレストラ
ンを見つけました。そのメニューも日本のように写真のサンプルはなく文字
だけのもので、ロングスープとショートスープとあるのを食しました。私は
毎日、母に今日は何を食べたとシドニーの絵葉書を送っていましたので、
ショートスープはワンタン、ロングスープは麺と書き送りました。

　3ヵ月近くのトレーニングが終わり、やっとトレーニングフライトで香港
に行くことになりました。当時のカンタスは、戦後から70年代末までボーイ
ング707にはフライトホステスとして女性がひとりしか乗務しておらず、
機内サービスは全て男性のスチュワードでした。

　このトレーニングフライトの前にユニフォームが作られたのですが、今と
異なり、ひとりひとり採寸して作っていました。しかも、とてもタイトなモ
スグリーンのワンピースでした。

　当時ユニフォームの店はサーキュラーキーにあり、現在の免税店のある場
所で、そこには小さなお店が並んでいました。そのユニフォームの店の隣の
地下に桑畑商店があり、ユニフォームの仮縫いに通うたびにそのお店に寄っ
ていました[2]。その頃はまだシドニーに観光客相手のお土産屋さんはなくて、
そこは鹿児島出身の日本人男性とオーストラリア人女性のハーフのおじさん
が日本からの船の入港に水や食料を提供する船食屋さんで船員相手のお土産
屋さんも兼ねていて、シープスキンやコアラのぬいぐるみ、オパールなどを
扱っていました。桑畑のおじさんは日本語ができずそこにいたのが姉川さん
（本書第13章参照）と日本人男性の田所さんでした。私たちは日本へ帰る
時のお土産の下見によく寄っていました。

　その後、私は東京ベースでシドニーへ行くようになりました。香港マニラ
経由が多かったのですが、時折ニューギニアのポートモレスビー経由ダー

2　なぜ3人の日本人フライトホステスのトレーニーが毎週ユニフォームの仮縫いに行かされてい
たかというと、英語環境の生活で疲れていて、毎朝ぎりぎりまで寝ていて、会社の車が来る直
前に起き、アーノットのスコッチ・フィンガー・ビスケットを一パックずつ持って車にのり、
車の中で食べていたからです。そのためウェストラインが太り、当時のユニフォームは体にぴっ
たりフィットしたタイトなワンピースだったため、体形を維持することが大切でした。そのた
め、校長からダイエットをするように言われましたが、その頃ダイエットということばすら知
りませんでした。

ウィンシドニー便も何度もやりました。初めてニューギニア便をやったのが確か 1965 年か 66 年、まだ新米の頃でした。ニューギニアは大東亜戦争の激戦地の一つで、日本軍は本国からの補給（食料や医薬品のみならず銃砲の弾薬などの戦いに必要なもの）がなく、兵士約 2 万人は捨て置かれた状態で、ほとんどが風土病のマラリアや餓死だったそうです。オーストラリア軍もそうした中で勇猛な日本人と戦ったので、日本兵に対するオーストラリア兵の恐怖と憎しみは激しかったようで、戦後私が飛んでいた 1960 年代でも日本への憎しみはたびたび聞かされました。その頃ポートモレスビー滞在は 3 泊あり、カンタス便のコックピット 4 人、キャビンクルー 6 人とフライトホステスひとりで唯一のダバラ・モーテルに泊まっていました。まだニューギニアが独立する前のことで、オーストラリアが国連の委任を受けて統治をしている頃でした。私の初めてのニューギニア便には、日本の厚生省派遣の第一次戦没者遺骨調査団が乗っていました。その頃の日本は戦後の復活めざましく、1964 年の東京オリンピックも大成功に導き、新幹線も順調に走っていた頃でしたがニューギニアに関しては全く戦後の後始末もされておらず、ゼロ戦もポート・モレスビー空港の滑走路のすぐそばのジャングルに墜落したままの姿をさらしていました（日の丸の翼を広げて）。機体番号もあり、乗員も確認できるであろうにと、もし乗員の遺族がこれを見たらどんな気持ちだろうと、思っていました。

　独立前のニューギニアは治安も悪く、女性ひとりで街に出ることもできませんでした。そんな時、キャプテンのひとりが誘ってくださって、カンタスクルー全員でヨットクラブに出かけて、ヨットを借りてセーリングをすることになりました。ヨットクラブが唯一の白人の社交場で、バーもレストランも完備していたのです。そのセーリングでは、私はヨットに乗ったこともなく何もできずにただ座っているだけでした。その時キャプテンが話しかけてくださり、"Did you know? Fifty Six was trapped by Roosevelt" と言ったのですが、その意味が全く分からず "?" "You know! Fifty Six, your Admiral, Admiral Yamamoto!" と言われても、20 代のその頃の私には何のことかさっぱり分からず、ただ "trapped"「わな？」「にかかった？」「ルーズベルト？」くらいしか聞き取れませんでした。そしてその意味が、"You know, Pearl Harbour! Yamamoto!" と言われ、戦後小学 1 年生だった時に "Remember!

183

Pearl Harbour" ということだけは聞かされて知っていましたが、山本元帥の名前が五十六とまでは知りませんでした。オーストラリア人は身分に関わらずファーストネームで呼ぶため、五十六を「56」、つまり「フィフティー・シックス」と呼ぶということを後ほど知りました。戦後マッカーサー時代に小学校教育を受けた私たちは、軍人の階級やその呼び名は全く知らないままでした。ずっと後年になって、私は山本五十六元帥の生家を新潟県の長岡まで訪ねて日露戦争の時に海軍兵学校を卒業して少尉として従軍したことを知りました。

　この時の "Did you know? ..." のキャプテンのことばで、いかに私たちは日本の自分の国の歴史を知らされないまま大人になったのかをひしひしと身に染みて感じました。それから私は、自分で日本の近現代の歴史を読むようになりました。そしてまず初めに5ヵ年計画を立て、まず明治維新に至るまでの関ヶ原から読みはじめましたが、それをするにはなぜ関ヶ原に至ったかを知らねばならず、更に5ヵ年計画、そしてまた5ヵ年計画としているうちに20年、30年、40年が過ぎ、やっと今では頭の中が整理されてきて、日本史も神武天皇にさかのぼることができるようになりました。楽しく学ぶことができ、自分の働いたお金で本が自由に買えるようになったことがとても嬉しく思います。自分を省みて、私は高度成長時代の多くの女性たちがブランドもののバッグや衣装に夢中になっていたことには全く関心がなく、次にどの本を読みたいかが関心事でした。

　15年間フライトを体験し、カンタス東京からグランドの仕事の打診を受け、やりたい仕事を選んでいいと言われ、その当時カンタス・ジャパンになかったマーケティング（当時オーストラリアに行くにはカンタス航空しかなく、マーケティングの必要性もなく後年JALがオーストラリア航路に参入してから競争が始まりました）のプロモーションを選びました。その頃やっと日本のハネムーナーたちがハワイへと向かっていた頃でした。私は同じ条件（フライト時間：羽田－ホノルル7時間あまり、シドニー－ブリスベンも7時間あまり）でも、美しいビーチも海もあるゴールドコーストのほうがワイキキのビーチよりも長く広く、白砂青松ではないけれど負けないほどの美しさを持っていると思っていました。そこで、ゴールドコーストを売り出すことを考え、東京都内の大手のホテル、帝国ホテルを手はじめに、ホテ

ルオークラ、ニュージャパン、京王プラザホテル、結婚式場の明治記念館、椿山荘、八芳園、中野の日本閣などの各旅行代理店の窓口を訪ね、結婚式場を予約した後必ず新婚旅行の予約をするそのモチベーションを聞き出し、どうしたらオーストラリアに向いてくれるかを調べてレポートにまとめ、カンタス東京に提案しました。その後、オーストラリアサイドに日本人のハネムーナーが何を期待しているか、その動向などを伝え、地元の受け入れ体制などのセミナーを現地で何十回も繰り返しやりました。その結果、わずか3、4年で1980年頃初めから0だった日本からの訪問客が50万人にもなり、ゴールドコーストはハネムーナーのメッカとなって、その流れはシドニーへ来ました。

　また、それまで大手の旅行代理店はオーストラリアなまりは正当な英語ではないため、英語研修には向かないと言われていましたが、1980年頃オーストラリアが世界の政治場面にも登場するようになった中、サイマルと交渉して（私はサイマル同時通訳の学校の第一期生でした）、英語研修のプログラムをマーケティングの一環として作りました。キャンベラのオーストラリア国立大学にある宿舎（世界中の客員教授たちが来られた時に使うユニバーシティハウス）が空いている時に安値で借りられることが分かったので、その宿舎のマネージャーと話し合って2週間の語学研修を作りました。それがオーストラリアでの英語研修の第一号となり、その後次々と日本からの生徒をターゲットとする語学学校が開かれるようになりました。

　そうこうしているうちに、日本からのビジターが劇的に増え、インセンティブも伸び、受け入れ体制の整備に問題が生まれてきました。Bi-Centennial（オーストラリア建国200年）となる1988年のある朝、カンタス・ジャパンのマネージャーから私に「明日の朝少し早めに出社できるか」と聞かれ、イエスと返事しました。マネージャーの部屋に行くと "Would you like to move to Sydney, head Office?" と言われたので、私は思わず "Why me?" と答え、私は日本が好きで海外に住むなんて考えていませんと断りました。1年後に再び提案され、少し考えて、母もなくなっており、シドニー本社にも知人も多く、長年の友人達もいることを考え、さらにこの話は当時のカンタス社長CEOであり、在日元オーストラリア大使であったジョン・メナデューさんからの話と聞き、メナデューさんのおられる本社な

ら移っても良いと考え直しました。そして 1989 年 8 月 1 日にシドニーへ移りました。永住権ビザ、メディケアその他住まいにいたるまで全てカンタスが用意してくださり、私は何一つ動かすことなく全てスムーズに移ることができました[3]。

　そして、80 歳を過ぎた今もシドニーに住んでいます。これからの私はシドニーに永住しておられる日本人の方々と一緒に若い頃勉強できなかった、または関心がなかった事柄の勉強を主催してやっていますが、とくに戦後日本のマッカーサー GHQ による自虐史観を正す本を基に戦後教育について学ぶことを続けています。そして、また別に日本の古典、万葉集、源氏物語、古事記・日本書紀、平家物語などを読み直しています。また、宝塚観賞会も月に 1 回、ランチ付きでやっており、歴史は私のライフワークでもあり、皆さんと楽しく勉強会を続けていくつもりです。

3　本社へ移って数年後、食道癌が発見され、日本の大阪の大学病院で食道全摘の手術を受けました。一年後退職しました。

第13章

昆布に分散化された アイデンティティ

尾辻恵美

キーワード

場所のレパートリー、分散化されたアイデンティティ、
ポストヒューマニズム、ポスト構造主義

1 はじめに—日本横丁—

「この棚の食材を見ていると、母がまだそこにいるような気がするんです」。2021年12月初旬に筆者が店に訪れた時、姉川商店の今のオーナーのベンさんが、前オーナーで母親である故姉川暁子さんのことを思い起こしてつぶやきました。

この姉川商店は、シドニー北部のアーターモンという駅を出たすぐ右にある日本横丁のようなところにあります。25年ほど前に、最初の日本系の店「ラーメン元気」ができたあと、自然発生的に日本の食材店、日本の古本屋、寿司屋などの店が集まってきました（Pennycook & Otsuji, 2015）。姉川商店のオーナーも、ラーメン元気の当時のオーナーに誘われ、店舗をそこに移してきました。当時は治安が悪い地域で、スリなども多かったそうですが、今では歩行者専用の広場のようになっていて、週末はラーメンや寿司を食べたり、日本の雑貨店で買い物をしたりする人でにぎわっています。この景観は白豪主義[1]であった頃とは打って変わっており、いまや日本食は豪州では日常的に食されているため、「日系」だけではなく、様々な背景を持つ人が訪ねてきます。多様な歴史、ことば、人、そして食材などのモノ、そして、匂い（ラーメン、カレー、コーヒーなど）がその場所に入り混じって

1　1901年から1973年まで豪州で執行されていた白人至上主義の移民政策。

います。そして、このようなシドニーの多文化・多言語景観に多大な貢献をしたのがこの姉川商店であり、そのオーナーの姉川暁子さんと言っても過言ではないではないでしょう。

　姉川商店は、シドニーで最初にできた日本食材店です。狭い入り口から入ると、いつも明るい声で、「はい。いらっしゃい」という声が迎えてくれます。その声をたどると、オーナーの暁子さんが棚に新しく搬入してきたおせんべいを並べている姿が目に入ってきます。毎日、朝11時から夜9時過ぎまで店を開け、シドニーの日本人コミュニティでは「姉川さん」という呼称で、「シドニーの母」としてみんなから慕われてきました。草の根レベルで日本人コミュニティを支え、貢献してきた人の中で姉川さんの右に出るものはいないでしょう。移民先の生活で悩み、困っている時、彼女の助言やサポートで救われた人は、数え切れません。

　その姉川さんが2021年4月15日に享年78歳で急死されました。その前日、夜遅くまで通常通り店で働き、家に帰った後の夜更けに起きたことでした。

　佐賀出身の姉川さんは、文通で知り合ったオーストラリア人と結婚し、1964年に渡豪。今のようなライフスタイル移民の波もまだ到来する前で、国際結婚で渡豪する日本人女性は、第2次世界大戦後の戦争花嫁（本書第2章参照）以外には珍しい時代でした。当時は日本食の食材が手に入らず、在留邦人は中華系の食材を代用品としたり、いろいろ工夫していたとのことです。姉川さんは、渡豪当時は日本向けの船舶に水や食料を供給したり、船員相手のお土産（シープスキン、コアラのぬいぐるみ、オパールなど）を売っていた「桑畑商店」に勤めていましたが、1966年に義父のサポートのもと、念願の日本食材店「姉川商店」を開くことができました。それ以来、豪州の歴史や政治の変動の中、豪州の白豪主義の廃止、日系のコミュニティや多文化主義の隆盛を目の当たりにし、多文化間交流に貢献してきました。

　葬儀はコロナ禍でもあるにも関わらず（2度目のロックダウンの直前）500人以上が参列し、店の前も献花で長い間あふれていたことより、彼女がいかに、慕われていたかが分かります（チアーズ5月号、2021）。

写真 1　若かりし頃の姉川暁子さん（右）『Cheers』5 月号、2021

　本章は同時代に豪州に移住した二人の日本人女性の人生の軌跡、日々の生活のプラクティス（日常の活動）に注目し、歴史、文化、場所、ことば、人、モノなどが複雑に絡み合う中で、彼らの生活空間に「分散化されたアイデンティティ（distributed identities）」（Pennycook & Otsuji, 2022）について探求します。その中で、アイデンティティというものが、人の中にのみ存在するものでもなく、社会的、文化的なポジション（日本人、女性、移民など）や言説との関わりとして認識されるだけのものでもなく、日々繰り返す日常の活動の一部として関わる分散されたモノ、感覚との関係性の中から生まれるという議論を展開します。ポスト構造主義に基づいた、動態的で複数的なアイデンティティ観（Norton, 2000）、また行為遂行性（Performativity）に目を据えたアイデンティティ観（Butler, 1999）をさらに発展させ、様々な歴史、文化、ことば、人、モノが複雑に関わる中で構築される、人間以外のものにも目を向けたポストヒューマニズム（Bennett, 2010, Pennycook, 2018, Pennycook & Otsuji, 2022）の視座からのアイデンティティ観を提唱したいと思います。

2　モノ・人・ことば──場所のレパートリー──

2.1　シドニーの母

　開店して 55 年経つ 2021 年、姉川商店に入ると、所狭しとそば茶、たく

あん、お醤油、おせんべい、にんべんの白だしをはじめ、日本の定番の食材が並んでいます。入り口の近くにある大きな冷凍庫には、紀文のおでんセット、薄切りの豚肉、枝豆、明太子などがぎゅうぎゅうに詰まっています。最近は、和食の調味料（ごま油、黒ごまペースト、みりんなど）を製造する豪州の会社もあり、かどやのごま油とともにそれらの商品は棚に並べられています。

今では、航空便で冷凍食材品も簡単に海を越えて輸入できる時代ですが、姉川さんが 1966 年当時に店を開店した時には、写真 1 からも分かるように、船便で送られてきた瓶詰めと缶詰の食材が主だったようです。開店当時は日本人家庭も少なかったのが、70 年代には駐在員が増え、その当時は切り干し大根などのオーソドックスな食材の需要が高かったそうです。しかし、近年は若い層のライフスタイル移民（本書第 2 章参照）も増え、カレーやシチューの素、冷凍コロッケなど、「洋食風」の食料品も増えてきたとのことでした（姉川さんへのインタビュー：2013 年）。この 55 年の間に政治、経済、日豪関係が変容し、店の「場所のレパートリー（Spatial repertoire）」もかなり変わってきたと言えます。

2.2　場所のレパートリー

本章のアイデンティティの議論とも関連する場所のレパートリーについて説明しましょう。

場所のレパートリーとは、Alastair Pennycook と筆者が提唱した「メトロリンガリズム」という街とことばの関係を探るアプローチの根幹を成す概念です。レパートリーという概念は、社会言語学者の Gumperz（1964: 137）が Verbal Repertoire を「スピーチコミュニティで行われている社会的なやりとりにおいて、定期的に使われる言語形式の総体である」（筆者訳）と定義したことに端を発し、様々な議論が繰り広げられました。しかし、Gumperz がスピーチコミュニティに注目していたのに対し、その後レ

パートリーは個人の所有するものや個人に関するものと捉える傾向が強くなります（Benor, 2010）。Blommaert & Backus（2013: 28）もレパートリーとは「個人が使用する社会的、文化的な予定表のようなもの」（筆者訳）と提唱しています。

　そのような中、Pennycook & Otsuji（2015）は Gumperz のレパートリー観に立ち戻り、レパートリー理解の再考を試みました。つまり、Gumperz が個人レベルではなく、社会的やりとりの総体として捉えていたレパートリーをさらに発展させ、「場所」に注目し、日常の相互活動が行われている「場所」に蓄積・存在する（使用可能な）資源の総体を「場所のレパートリー」として提唱しました。ことばやレパートリーは必ずしも人に内在するだけのものではなく、何かを達成するための相互作用において使用可能な、その場所にある資源をも含むという考え方です。よって、場所のレパートリーは、その場所にある種々の資源（人、ことば、モノなど）を擦り合わせながら活動する中で生まれる場所に紐づけされた資源の総体と定めます。

　昨今の社会言語学で、セミオティック資源という単語をよく聞きます。セミオティック資源とは、ことば、モノ、匂い、テクノロジー、ジェスチャーなどを含むマルチモーダル、マルチセンソリーな意味生成に関わる資源を指します。場所のレパートリーも、活動の場所にあるセミオテック資源や、その場所にいる人にまつわる資源や、言語資源の総体です。つまり、場所のレパートリーは、人間・非人間的な動的で多様な要素の相互作用に目を向けています。

　姉川商店の場所のレパートリーは、姉川さん自身やお客にまつわる言語・文化のレパートリーに加え、商品などの場所にあるセミオティック資源など日常の活動から生まれるものです。姉川さんが勧めてくれたせんべい、レジの音、彼女がいつも立っていたレジのあるカウンター、姉川さんの明るいちょっとかすれた「いらっしゃい」という声、お客さんによって変化する（英語資源、日本語資源、中国語資源などから構成される）言語景観、様々な商品であふれている棚、そして、お弁当から漏れてくるお弁当独特の匂い、これらが場所のレパートリーとして姉川さんを取り巻いていました。朝11時から夜の9時過ぎまで過ごした姉川商店における姉川さんの日々の活

動と、そして姉川商店の場所のレパートリーの密接で、切っても切れない関係を見るにつけ、彼女のアイデンティティの形成にも場所のレパートリーは多大な貢献をしていたと言えるでしょう。

この場所のレパートリーとアイデンティティの関係をさらに深く考察するため、シドニーの日本人のコミュニティにおいて、姉川さんとまた違った形で要の存在である、もうひとりの日本人女性へと話を転回／展開していきましょう。

3 パントリーと本棚に分散化された アイデンティティ

3.1 モノ、ことば、人、歴史、時空間の絡み合い

2020年7月の肌寒い日曜日、80代の日本人女性テリーさん（苗字の寺本[2]からとった通称）のシドニーの自宅で、中華ちまき、冬瓜のスープ、真薯の吸い物、茶碗蒸しを囲んで、50-80代の日本人の女性8名が昼食をともにしていました。真薯のお吸い物や茶碗蒸しは、テリーさんが日本から買って帰ってきた最高級の昆布でとった一番だしで作ったものです。真薯のレシピは、テリーさんがまだ日本に住んでいた頃独自に考案したものだそうです。だしの風味とまろやかな口当たりが相まって、絶妙な味を出していました。厳選された材料と調味料、器、そして、それぞれのレシピは彼女の80数年の人生の様々な人、モノ、味との出会いや経験から生まれてきたものです。

キッチンに一番近い席に座るテリーさんは、アメリカの1920年代の禁酒法の歴史について話し、食卓をともにしている女性たちは、食べ物に舌鼓を打ちながら熱心に耳を傾けていました。これは、テリーさんが月1回主催する宝塚鑑賞会の前に催される昼食会の様子です。その日は、"Once upon a time in America" という1984年に上映された映画が、宝塚のために脚本・演出化された作品を鑑賞することになっていました。食事が終わり、宝

---

2 フルネームは寺本不二子。本人から実名使用の承諾を得ています。

塚の歴史や作品はもとより、歴史全般に詳しいテリーさんが、その作品の歴史的背景をみんなに説明した後、大きなスクリーンを前にこたつの周りに各々が席を取ります。テリーさんが DVD を流して、いよいよ鑑賞会が始まります。

　この一見変哲もない日常の一コマの中で、すでにテリーさんの人生の軌跡とアイデンティティが、料理、器、モノ、DVD、そして部屋にある莫大な数の歴史や古典の本、高級昆布やケース買いをしているごま油が収納されているパントリーなどと絡み合っています。

　テリーさんは、戦争で父親を亡くした後、戦時中は大分から岐阜に疎開しました（岐阜へ移動する時に広島で被爆しています）。戦後、福岡、東京、静岡と居を移しますが、福岡に住んでいた頃は、母親の妹さんが宝塚の男役スター[3] であったこともあり、母親は宝塚の衣装を作る仕事をしていました。当時は、仮縫いにくるスターたちだけではなく、それを狙って進駐軍のファンがプレゼントを持って彼女のうちまでジープに乗ってきていたそうです。幼稚園生だったテリーさんは、彼らからもらった、それまで口にしたことのなかったチョコレートクッキーの味や匂いや包んであった銀紙の感触を今でも覚えていると言っていました。また、母親ができあがった衣装を届けにいく時についていき、舞台袖で公演を見ていた強烈な記憶もあるとのことです。このように、テリーさんの宝塚への思い入れや憧れは、彼女の幼少期まで遡るわけです。その後、東京、そして母親の国立病院の仕事の関係で静岡と転居しますが、アメリカ映画の一シーンで出てきた秘書の仕事に憧れ、高校卒業後には秘書の学校に通うために上京します。卒業後は、外資系（アメリカの会社）の秘書としての仕事に就きますが、1964 年、カンタス航空に「フライト・ホステス」[4] として転職します。

3　昭和 12 年頃、春日野八千代さんや越路吹雪と同時期、男役の新人だったそうです。
4　今はフライト・アテンダントと呼びますが、フライト・ホステスという呼び方をカギカッコに入れ、本章ではテリーさんの声を残します。

　テリーさんは、仕事が決まるやいなや、シドニーに研修のために生まれて初めて飛行機に乗ってシドニーに行きました。それは、姉川さんが渡豪した年と同じで、偶然にも「フライト・ホステス」の制服を作る店の隣の建物の地下に、姉川さんが豪州で最初に働いていた桑畑商店があったそうです。店の経営者は鹿児島出身の父親とオーストラリア人の母親を持つ男性でしたが、日本語（本書で取り扱われているテーマの一つである継承語・繋生語）ができなかったため、姉川さんともうひとりの日本人男性が店内で働いていたとのことです。テリーさんは制服の仮縫いの帰りに、お土産の下見のため桑畑商店に時々立ち寄っていたそうです。

　テリーさんは研修を始めた頃はオーストラリアの英語に頭を抱えたようです。その頃のことを、次のように回想しています。「オーストラリアの生の話しことばを初めて聞いて、何も分からなくて困惑しました。エレベーターのことをリフトといい、飛行機のことを学校で習ったエアプレーンではなくエアロクラフト、出入国カードの説明でフィリピンのことをフィリパイン[5]など聞き慣れない発音にとまどい、先に進めませんでした」。さらに「メニューを見てもチンプンカンプンでやっと読めてお料理を想像できたのがハンバーグステーキでした」（テリーさんの手書きのノート）。また、1965 年ごろ[6]独立以前のパプアニューギニア（いまだ豪州が国連の委任を受けて統治をしていた頃）の便に初めて乗った時のエピソードも、この論文で後に議論を展開する「分散化するアイデンティティ」形成に深く関与しています。パプアニューギニアの便で一緒だったオーストラリア人のフライトのキャプテン に "Did you know? Fifty Six was trapped by Roosevelt", "You know, Fifty Six, Your Admiral, Admiral Yamamoto!" と話しかけられた時、当時 20 代だったテリーさんは「trapped?　わなにかかった?　ルーズベルト?」と意味が取れなかったそうです。その後、"Pearl Harbour!

5　豪州の英語はイギリス英語の単語を使用していますが、発音は独自の母音の変種があり、ここでもフィリピンの最初の音節の母音 /ı/ が /aı/ と発音されています。

6　そのフライトに日本の厚生省派遣の第一次戦没者調査団が乗っていたそうです。また、その頃の日本の戦後の復興は目覚ましいもであったのにも関わらず、ニューギニアに残されているものの「始末」はできておらず、ポート・モレスビーの空港の滑走路の近くに、日本の墜落した日本の零戦がまだ放置したままになっていたりした状態だったそうです。

Yamamato!" と言われてやっと真珠湾攻撃を指揮した山本元帥のことを言っていると分かったものの、山本元帥の名前が五十六とは知らず、そのやりとりで初めてフルネームを知ったとのことです。この "Fifty Six（五十六）" の経験より、テリーさんはいかに日本の歴史を教えられていなかったかに気づき、歴史の本を読むことになります。5年計画を立て、まずは関ヶ原から明治維新までの歴史を、そして、その次の5年にはなぜ関ヶ原に至ったかなどというように、歴史を徹底的に勉強し始めました（詳しくは、コラム3参照）。

「フライト・ホステス」の後、地上職をオファーされ、1980年に飛行機を降り、1989年にはカンタスのシドニー本社へと移りました。その後、シドニーに移住後も、仕事の傍ら精力的に様々な活動をしていました（ワインの研究のほか、オパールなどの鉱石を採るのが趣味で豪州中を回ったそうです）。その後、食道癌を患い、カンタスを退職しましたが、今でも Wine Press Club、シニア会、豪日協会などのメンバーとして、多方面において日豪を繋げることに一役買っています。また、彼女が主催する宝塚鑑賞会の他、歴史の会、古典を読む会などをも開催して講師の役を果たしています。さらには、宝塚の鑑賞会にもよく参加する85歳の元ピアノの先生について歌も習っています。

テリー邸は、宝塚鑑賞会や食事会などに幅広い年齢層が集まる日本人コミュニティのハブとなっています（写真2）。そして、皆が集う彼女のリビングルームには、宝塚の膨大な DVD のコレクションが詰まっている本棚があり、その横には、ガラス戸の食器棚があって、ワインのぶどう品種別に用意されたリーデルのワイングラスが収納されています（少なくとも50個はあるでしょう）。仕事柄ワインに詳しくなったテリーさんは、豪州中のワイナリーを訪問し、日本人コミュニティに向けてワイン教室を定期的に開くほどワイン通です。また、6架あまりの本棚には、司馬遼太郎の本（全巻持っているとのこと）、塩野七生のロー

写真2　テリーさんの食卓

マ史の本から、数種類の源氏物語の現代訳（円地文子訳が一番好きだとのこと）、古事記、そして料理本に至るまで、種々多様な本の背表紙が並んでいます。特に"Fifty Six（五十六）"体験から歴史に興味を持ち、膨大な歴史関係の本が本棚に収められています（写真3）。

写真3　本棚

さらに、テリーさんの家のパントリーは、日本でいう六畳ぐらいの大きさです（もともとキッチンの隣にあった、スタディをパントリーに改造しました）。そこには、高級昆布や様々な乾物（日本に買い出しに行き、2年分はあるとのこと）、箱買いの太白胡麻油、調味料、そして2台目の冷蔵庫も置いてあります。

　Accarigi（2017）は、移民の女性に移民先に持ってきたモノ（人形、ティーポット、湯呑）について語ってもらい、彼女たちが新しい土地での日々の活動を通してそれらのモノと新たな関係を作り、移民としてのホームを構築していく過程を研究しています。また、Dumiterescu（2016）も、何を移民先に持ってくるかだけではなく、何を移民元に残してくるのか、何を捨ててくるのかということに、移民と新しい土地での関係性が生まれると主張しています。テリーさんも、移動を通して手に入れたものだけではなく、手放したものも数多くあります。今の家に引っ越す時、退職して暇ができたら研磨機にかけようと思っていたオパールの原石などを全て処分したそうです。今では豪州の地図に、自分がまわった鉱山に印をつけたものだけが残されています（写真4）。また、膨大な量の本も寄付したとのことです。よって、今の家にまだ残っていて、彼女の家のレパートリーとして彼女の日常生活や活動の一部となしているものは、そこにないもの、地図に秘められたすでに処分された原石とテリーさんの関係の軌跡もはらんでいます。いかに「いま・ここ」というものが「あそこ・あの時」というものとの複雑な時空間の絡み合いであるかということが分かります（Massey, 2005）。移動

を重ね、またいろいろな人生
の軌跡を歩んできたテリーさ
んが今住んでいる家には、
ホームづくりの過程で彼女が
蓄積してきたものから厳選さ
れたものが凝縮されています。

　パントリーの材料で料理を
作り、リーデルのワイングラ
スでワインを出し、様々な軌
跡をたどってシドニーに居を

写真 4　地図

構えている友人たちと宝塚を鑑賞し、歓談をする。日豪（関係）の歴史、地
政的な要素というマクロなレベルから、テリーさんの軌跡、一つ一つの料
理、器、そして会話の内容などの場所のレパートリーと日常の活動が相まっ
て、彼女のアイデンティティが形成されているといえるのではないかと思い
ます。場所のレパートリーはアイデンティティ理解に大きな示唆があること
が分かるかと思います。

3.2　分散化されたアイデンティティ

　従来のアイデンティティに関する多くの研究は、個人が思考、存在、行動
において、エージェンシー（行為主体性）や選択権を持っているという個人
の自律性を前提としており、「個人の認知的・感情的側面」に焦点が当てら
れていたと McNamara（2019: 2）は述べます。しかし、そのような個人
の自律性に基づいたアイデンティティの理解への批判が生まれ、ポスト構造
主義をはじめとして、アイデンティティと社会的相互作用の関係を見る動き
が出現します。言語とアイデンティティの相互関係を見る Norton（2000）
のアイデンティティ観もその動きの一つです。ポスト構造主義では、アイデ
ンティティは言説[7]によって構築され、制約されると理解されます。また、
アイデンティティは様々な社会に同時に属する個人が背負う言説によって構

7　社会、権力、制度といったものによって支配される信念、考え方、行動。

築されることより、複数性、動態性、そして矛盾性をはらむと理解されています。つまり、ポスト構造主義の関心は言説にあり、個人に行為の主体性（エージェンシー）を依拠しない一方、言説によるアイデンティティの構築は個人に紐づけられているのです。例えば、ある人が女性、母、日本人、英語と日本語話者、移民、看護婦にまつわる複数の言説を、時には矛盾をも含みながらフレキシブルに動員する個人として存在しているということを理解することが、ポスト構造主義に基づいたアイデンティティ観です。

また、Butler（1999）は、ポストフェミニズムの立場から、アイデンティティ論をさらに発展させ、（ジェンダー）アイデンティティは、本質的なものでも、生物的に規定されているものでもなく、（ジェンダーに関与する）言説に伴って繰り返される行為遂行の蓄積によって生まれると議論し、Performativity 論に基づいたアイデンティティ観を展開しています。つまり、女性としてのアイデンティティが前もって寄与されるのではなく、言説に従った行為を繰り返して行う中で、女性となり、女性としてのアイデンティティが構築されるとします。Butler の Performativity 論は、身体性にも目を向けることより、言説のみによるアイデンティティ観からの脱却を示唆しますが、ここでもやはり、アイデンティティは、個人に紐づけされて理解されています。ポスト構造主義や Performativity 論に基づいたアイデンティティ観は、エージェンシーを人間の自律性にではなく、言説にゆだねているものの、究極的には、個人がそのアイデンティティの主役となります。つまり、物質的・非言説的なものに目を向けておらず、それらの影響から距離を置いています。

しかし、本章で紹介した姉川さんやテリーさんの日常生活を取り巻く場所のレパートリーを考慮に入れると、アイデンティティは単に個人に紐づけされたり、人間同士の相互作用の中でのみ生み出されたりするものではないのではないでしょうか。姉川商店のレパートリー、テリーさんの家の場所のレパートリーは、両人の日常生活や彼ら自身に密接に関わっています。ある意味、彼らの行動や彼らのアイデンティティは、場所のレパートリー（店、商品、宝塚のビデオ、食事会）との相互作用によって成り立っています。社会学者の Kell（2015）は、モノのエージェンシーに目を向け、「モノが人になにかを引き起こす」と主張していますが、同様に、「モノがアイデンティ

ティを引き起こす」とも言えるかもしれません。つまり、アイデンティティ
が人間以外のものとの相互関係の中から生まれるということは、人の中に集
約しているのではなく、人間の外に向けて広がり分散されている（分散化さ
れたアイデンティティ distributed identities）と言えるでしょう（尾辻
2016, 尾辻 2022, Pennycook & Otsuji, 2022）。

4　おわりに─昆布に分散化されたアイデンティティ─

　本章では、豪州に移住した二人の日本女性の人生の軌跡と彼女たちの日常
生活から形成されたアイデンティティを、「場所のレパートリー」、「分散化
されたアイデンティティ」という二つのメトロリンガリズムの主要概念を援
用して議論しました。過去のアイデンティティ論は、人間中心的視点から個
人に集約された議論が主でした。しかし、メトロリンガリズムの主要理念で
ある街や場所というものに目を向けるということは、人間が自律して物事を
達成しているというのではなく、場所にある様々な資源と複雑に絡み合う相
互関係の中から、ことば、意味、アイデンティティが生まれると考えるとい
うことです。人やモノの移動の顕著化、さらには、様々なテクノロジーや
AI が発達する中、人間の自律性に基づいたことば、意味、アイデンティ
ティの理解には限界があると思われます。人間以上のものにも目を向けたポ
ストヒューマニズム的な視点もこれから必要かと思われます。
　Pennycook & Otsuji（2017）は、「歴史や地政的レベルのものも含め
て、意味生成に関与する（セミオティック）資源が複雑に絡み合ってその場
の活動や意味を生成している様相」（筆者訳）に着眼しています。これは、
アイデンティティ論にも援用でき、アイデンティティも歴史、地政的なレベ
ル、さらには様々なことばだけではなく、モノやセンスをも含む人間の外に
存在するセミオティック資源との相互関係の中から形成され、そのセミオ
ティック資源にも、人間のアイデンティティは分散され投影されていると言
えます。
　「この棚の食材を見ていると、母がまだそこにいるような気がするんです」
という息子（ベン）さんのことば通り、姉川さんのアイデンティティは場所
やモノに分散され、日々の活動に埋め込まれていたのでしょう。また、パン

トリーにある高級昆布、その昆布で取っただしで作られた真薯の吸い物、宝塚のビデオや本棚に詰まっている歴史関係の本は「今・ここ」の実存を示唆しているだけではなく、テリーさんの人生の軌跡や、日豪の歴史や地政的要素を含む「あの時・あそこ」もはらんだ彼女のアイデンティティを投影しているのではないでしょうか。

　本章は本書で主に取り扱われているブラジル日系社会とは違う歴史や地政的な背景を持つ豪州における在留邦人のアイデンティティ形成についてポストヒューマニズムの視点から探りました。しかし、この非人間と人間の関係からアイデンティティを紐解く枠組みは、ブラジル日系人を含む、移民のアイデンティティ研究に新たな視点を与えられるのではないかと思います。

コーダ　長崎の鐘

　2021年12月初旬、「やっと歌えるようになったんで今日はこれを歌います」と述べた後、テリーさんは、「長崎の鐘」の歌の説明を始めました。この歌は、敬虔なクリスチャンでもあった長崎大学（当時、長崎医科大学）の永井隆博士が、被爆後の惨禍を書いた「長崎の鐘」という随筆が元となっています。医師は自分の妻の命を奪っただけではなく、自分自身も原爆症に苦しむことになった原爆の悲惨さをその随筆に託していました。それに感銘を受けたサトウハチローが作詞してできた歌が「長崎の鐘」です。この歌は戦後大ヒットしました。広島の被爆者でもあるテリーさんにとっては、辛く、心に深く響く歌で、この曲を聞くたびに、当時の新聞に掲載されていた、被爆者の救済に奔走した永井博士が病床についている写真が脳裏に浮かび、涙が止まらなくなったそうです。80歳を過ぎた今年（2021年）になるまで歌えなかったと語りました。そして、一通りの歌の背景について説明したあと、筋の一本通った凛とした声で、「こよなく晴れた青空を」と歌い始めました。

　嗅覚、触覚、聴覚などの感覚は、とみに記憶を呼び覚まし、様々な時空間を結びつけるとよく言われます（Howes & Classen, 2014）。それらの感

覚も、モノやことばと同様に、時空間を繋げる要素の一つと言えるでしょう。「長崎の鐘」の歌詞、旋律、テリーさんの声の音色が絡む中、その演奏にテリーさんとその歌との長い関わり合いと彼女の思い入れ、そして歴史と人生の軌跡などが投影されていました。しいていえば、「やっと歌えるようになった」というテリーさんのことばや歌の演奏に、彼女のアイデンティティの一部が分散化されて存在していたと言っても過言ではないのではないでしょうか。

参照文献

尾辻恵美 (2016)「メトロリンガリズムとアイデンティティ─複数同時活動と場のレパートリーの視点から─〈特集　アイデンティティ研究の新展開〉」『ことばと社会─多言語社会研究─』18, 11-34.

尾辻恵美 (2022)「湯呑の貫入に投げ込まれた「移動とことば」」川上郁雄・三宅和子・岩﨑典子 (編)『移動とことば 2』pp.45-70, くろしお出版.

チアーズ (2021)「特集 2：姉川暁子さんの軌跡─最後まで、人のために生きた「シドニーの母」─」『Cheers（チアーズ：シドニーを楽しむためのエンタメデジタルペーパー）』5 月号、10-16.

Accarigi, I. V. (2017). Transcultural objects, transcultural homes. In J. Lloyd, & E. Vasta (Eds.), *Reimagining home in the 21st century* (pp.192-206). Cheltenham, UK: Edward Elgar Publishing.

Benor, S. B. (2010). Ethnolinguistic repertoire: Shifting the analytic focus in language and ethnicity. *Journal of Sociolinguistics, 14*, 159-183.

Bennett, J. (2010). *Vibrant matter: A political ecology of things.* Durham, NC: Duke University Press.

Blommaert, J., & Backus, A. (2013). Superdiverse repertoires and the individual. In I. de Saint-Georges, & J-J. Weber (Eds.), *Multilingualism and multimodality: Current challenges for educational studies* (pp.11-32). Rotterdam, Netherlands: Sense Publishers.

Butler, J. (1999). *Gender trouble: Feminism and the subversion of identity* (10th anniversary edition). New York, NY: Routledge.

Dumitrescu, I. A. (2016). The things we take, the things we leave behind. *Southwest Review, 101*(1), 13.

Gumperz, J. J. (1964). Linguistic and social interaction in two communities 1. *American Anthropologist, 66*(6_PART2), 137-153.

Howes, D., & Classen, C. (2014). *Ways of sensing: Understanding the senses in society.* London, UK: Routledge.

Kell, C. (2015). "Making people happen": Materiality and movement in meaning-making trajectories. *Social Semiotics, 25*(4), 423-445.

Massey, D. (2005). *For space.* London, UK: Sage.

McNamara, T. (2019). *Language and subjectivity*. Cambridge University Press.

Norton, B. (2000). *Identity and language learning: Gender, ethnicity and educational change*. Essex, UK: Pearson.

Pennycook, A. (2018). *Posthumanist applied linguistics*. London, UK: Routledge

Pennycook, A. & Otsuji, E. (2015). *Metrolingualism: Language in the city*. London, UK: Routledge.

Pennycook, A. & Otsuji, E. (2017). Fish, phone cards and semiotic assemblages in two Bangladeshi shops in Sydney and Tokyo. *Social Semiotics, 27*(4), 434-450.

Pennycook, A. & Otsuji, E. (2022). Metrolingual practices and distributed identities: People, places, things and languages. In W. Ayres-Bennett & L. Fisher (Eds), *Multilingualism and identity: Interdisciplinary perspectives* (pp.69-90). Cambridge University Press.

第14章	彷徨える文化、言語、アイデンティティ

岡田浩樹

キーワード

文化相対主義、グローバルヒストリー、共在、コンタクトゾーン、
トランスカルチュレーション

1 はじめに

　一般に、文化人類学者は、「異文化理解」を目的として掲げ、自らと異なる「他者」＝異文化を対象化し、理解しようと試みます。人類学者にとって「文化相対主義」は、自分たちとは異質の文化をもつ他者について、独自の価値をもつ対等な存在として認め、自分たちと他者の間について優劣をつけるのではなく、自分たちの価値観で他者を判断しないという姿勢を意味します。グローバル化が進展する今日、越境、移民、社会の多文化化の理解、さらに言語教育や支援に関わる際の「常識」になっていると言えるでしょう。

　本書で取り扱われているテーマやトピックにおいても、「文化相対主義」の立場に立ち文化の多様性を認めた上で、どのようにことばや文化の教育を行えばいいのかという真摯な姿勢は共通しています。確かに文化相対主義は、文化の多様性に私たちが直面し、それを理解し受け入れようとする際に、出発点となる視点と言えるでしょう。

　この「文化的相対主義」は、19世紀の社会進化論に対する批判として生み出され、その後第二次世界大戦後には多分野や社会に広く普及し、文化の多様性における文化、ことばやアイデンティティなどの問題、あるいは多文化主義をめぐる研究や実践の上で大きな影響を与えてきました。この「文化相対主義」の価値観は、グローバル化が進展する現在、ヘイトスピーチに代表される差別や偏見に対抗する際の姿勢としてむしろ重要性が高まっていま

す。

　ただし、今や一つの「常識」となっている「文化相対主義」は、「事実」、「真理」ではありません。ある社会的・文化的な問題についての私たちの姿勢のあり方の一つにすぎません。この章では、私たちが文化（ことばを含む）の多様性に向かい合った時に、暗黙のうちに前提としている「文化相対主義」的な見方に対し、少し立ち止まって考えたいと思います。その上で、文化相対主義を超えて、本来異なる文化が出会う場としての「コンタクトゾーン」（接触領域）の可能性を提案したいと思います。

　このエッセイのタイトルにおける「彷徨える」とは、「文化」や「ことば」、「アイデンティティ」には、実は確固とした確かな実体や本質がなく、異文化が出会う場の文脈や背景で変化するという状況を指します。「文化」「ことば」「アイデンティティ」は現在の多文化状況ではどれも明確な形をなさず、常に揺れ動いています。本章では、この「彷徨える文化、ことば、アイデンティティ」を文化相対主義で理解しようとする姿勢の問題点について考えます。つまり、異文化の出会いの場を、多文化共生のような、マジョリティからマイノリティに向けられる一方向的で固定された視点から理解することの問題点を検討したいと思います。その上で、新たな理解のあり方や関係を構築する場の理解のあり方として、「異なる文化」をもつ両者が出会う場＝「コンタクトゾーン」（接触領域）の視点を紹介します。

　コンタクトゾーンの視点は、しばしば単純に「複数の異文化が接触する場」として理解され言及されることがありますが、これはコンタクトゾーンの議論の誤読であることを強調しなければなりません。また、コンタクトゾーンを自分とは離れた対象として第三者的に分析、あるいは俯瞰的に理解することでもありません。この「場」、コンタクトゾーンに関わる当事者全て、コンタクトゾーンを理解しようとする第三者全てにとって、文化やことばに関する根本的問いかけがなされる重要な領域であることを提案します。

2 「文化相対主義」というアナテマ（呪詛）

　今日の日本社会では、「文化相対主義」ということばを使わなくても、異なる文化に対しその差異を認め対等な関係を築くことの重要性は、疑いの余

地がない考え方であると見なされています。「文化相対主義」はある種の「マスターナラティブ」となっているのかもしれません。

　「マスターナラティブ」とは、ある集団においての文化的に共有されたストーリーのことです。そのストーリーは私たちに 1 つの所与の文化をもたらし、同時にある文化の中で、どのようにすれば「よい」メンバーであるかについての指針を与えるもの（McLean & Syed, 2015: 323）です。

　近年マイノリティのアイデンティティや当事者性への配慮が進み、日本社会において「文化相対主義」の考え方が定着してきたと言えるでしょう。ある意味で文化相対主義は「そうすることが望ましいと呼びかける」イデオロギーであり、別の言い方をすれば「政治的正しさ」となっているといえます。

　ところで、いわゆる「多文化共生」は、日本社会でローカル化した多文化主義と言えます。そこにはマスターナラティブ化した「文化相対主義」が読み取れるのです。「国籍や民族などの異なる人々が、互いの文化的違いを認め合い、対等な関係を築こうとしながら、地域社会の構成員として共に生きていくこと」（総務省 2006）という定義には、まさに「文化相対主義」的な価値観が強調されています。

　私は、日本の多文化共生における「文化相対主義」はしばしば思考や判断の停止をもたらしているのではないか、という疑問を抱いています。極端に言えば、多文化共生の基盤である「文化相対主義」は、ある種の「アナテマ：anathema（呪われたもの）」ともなっていると言えるでしょう。

　アナテマは、もともとギリシア語に起源があり、単に「献身的なもの」「供物」を意味することばでした。後に旧約聖書の中で、主の名によってもたらされた破壊を表す物を指すようになり、転じて異教の殲滅を願って神への奉納として捧げられたもの、さらに「呪い」の意味を持つようになりました。さらにその後キリスト教において「破門」「悔い改めない異端者」を指すようになります。キリスト教の破門状には、（破門された者は）毎日毎夜、いついかなる場合にも呪われるべし、という呪詛（アナテマ）が書かれているのです（リュカス・コレルス 1996: 54）。

　まさに「文化相対主義」は、いわゆるリベラルな立場をとる人々にとっては、多様化した社会における文化、言語、アイデンティティの多様性の問題

を考える際に、その内容や妥当性を深く考えないまま「よき市民」であるためのマスターナラティブとなっているのです。少しでもそれに対して疑問を持った場合、「自文化中心主義者」や「差別主義者」などあたかも異端者であるかのような否定的なレッテルを貼られる場合すらあります。

　もちろん差別や偏見は承認されるものではありません。誰かがヘイトスピーチや人種差別、マイノリティへの偏見やマジョリティのマイノリティへの優越感を示した時、その行為は肯定することができません。しかし正直に告白すると、自分の理解を超える「異文化」に出会った時、私は動揺し、自分の内部に大きな葛藤を覚え、まるで文化相対主義のアナテマを自分に言い聞かせるようなこともあります。「これは異文化なのだ。だから仕方ない。違うことを理解し受け容れなければ」。しかし、このような態度は、文化の多様性に出会う（接触する）現場がどうあれ、あるいは出会った他者が誰であれ、それを文化相対主義的な枠に入れ込み、理解可能な対象としてしまうことにほかなりません。

　視点を変えると、異文化と出会う場所は、理解する側（あるいは支援する）側から理解される（支援される）側への一方的な関係で成立していません。双方の文化、ことば、さらにはアイデンティティを揺り動かすダイナミックな相互行為の場なのです。そこに相互に生じる葛藤、挑戦、可能性を、「文化相対主義」のアナテマによって「多文化共生」という１つのマスターナラティブに収斂することに、問題はないのでしょうか？

3　文化相対主義から脱落するもの

　ひとつの具体的な例を挙げましょう。私が在日コリアンについてのフィールドワークをしていた時のことです。その時のインフォーマントは高齢の在日コリアンⅡ世のハラボジ（お爺さん）でした。韓国語交じりの会話が弾み、インタビューは順調に進んでいました。突然ハラボジは、中年の息子と孫を呼び、こんこんと説教をはじめたのです。「岡田君のような日本人でも韓国語を話すのにお前は何人だ？」。ハラボジの説教を受けた時の息子と孫のなんとも言えない複雑な表情が強く印象に残っています。

　後日、息子と食事をする機会があった時、彼は私に次のような非難めいた

問いかけをしてきました。

　　「日本語話してくださいよ。俺は朝鮮人だけど韓国語分からへんし
　　な。そもそもなんで韓国語話すんや？　なんで韓国に行こうと思うた
　　わけ？　どうして在日朝鮮人のこと調べてはるの？　それで何が分か
　　るかいな？　さっぱりわけ分からんわ」

　この問いは、答えを求めているというよりむしろ、自分自身に問いかけを
しているようでした。つまり、彼は私に問いかけると同時に、自分自身に対
し、ことばや文化、アイデンティティについて問いかけていたのです。彼の
問いは、私自身への重い問いになり得るものでした。
　息子と私の会話は、調査や異文化の理解といった一方向的な場ではなく、
双方向的で相互行為的な関係、コミュニケーションの場であったと言えるで
しょう。つまり、この場において「当事者」とは、調査研究対象の在日コリ
アン＝マイノリティのみを指すのではありません。しばしば忘れがちです
が、私＝人類学者も「当事者」であり、一つの多文化状況の場が両者の間で
の相互行為の双方向性によって成立しているのです。この事実は、人類学者
だけでなく、多言語教育に携わる人、教師、支援者が忘れがちなことです。
　この双方向性は、単純な文化相対主義のマスターナラティブに回収できな
い、本質的な問いを含んでいます。
　別の例を挙げましょう。大阪の公立学校には「民族学級」が開設されてい
ます。これは常勤の「民族講師」、もしくは「市費嘱託民族講師」（在日コリ
アン）が配置されている学校では、週に一度、在日コリアンの児童を対象
に、ことばと歴史、地理や文化などを教える場となっています。これは「（子
どもたちが）『ゴミ箱に捨てていた』韓国・朝鮮を拾い上げ、見つめ直し、
少数派として生まれたことの価値を再発見し、『リニューアル』する取り組
み」（郭 2011: 18）とされ、日本でマイノリティとして暮らす在日コリアン
の子どもたちに自身のルーツ、アイデンティティを確立させることを目的と
しています。
　大阪のある民族学級で子どもたちの韓国の民衆芸能「農楽」の練習を見学
したことがあります。農楽とは、かつて韓国の農村で、農民たちが豊作を祈

願、あるいは収穫を感謝するなどの際に催された民俗芸能で、朝鮮半島全土でひろく見られる民俗芸能です。名称は同じですが、韓国の地方ごとに特徴があります。チン（銅鑼）やチャンゴ（太鼓）を打ち叩き、原色の派手な衣装を着た「農楽隊」が賑やかに踊り、韓国でも祭やイベントで演じられるもので、韓国の民衆文化の代表の一つと見なされています。

　ところが民族学級で「代表的な民族の文化」としていた農楽は、韓国のどの地方にもない部分が多くありました。もともと母国にはなかった形式で、ある意味で在日コリアンの農楽は「創作された」農楽とも言えるかもしれません。これを「長い歴史の中で培われた民族の文化」として、異郷にマイノリティとして生活する在日コリアンの子どもたちが学び、自らのルーツ、アイデンティティを確立する重要な手段にしています。私はひどく困惑し、同じ困惑は、ブラジルの日系コロニアの学校で見学した「和太鼓」でもありました。感想を求められ「違う……でも」とことばを飲み込んだ私の姿は、子どもたちにとってどのように映ったのでしょうか。

　同様の事例をことばについて挙げましょう。ある時、在日コリアンの知人が「日本人の口にはお好み焼きが合うだろうけど、韓国人にはチヂミじゃないとおいしくない」と言いました。「お好み焼きも美味しいけど、コリアンにはやはりチヂミが合うのだ。日本のお好み焼きは韓国のチヂミがルーツなのだ」と力説します。この知人（在日３世）の祖父は済州島の出身です。私の知る限り、チヂミは一地方（慶尚道）の方言で、料理自体は同じですが、韓国ではあまり聞きません。ましてや済州島でチヂミということばを使うことはありません。知人に言うと、「いや間違っていない。チヂミは立派な韓国語だ」と言うのです。韓国文化、韓国語に強い誇りをもつ知人に対し、私は「違う……でも」と分からないように口ごもったのでした。

　本当の文化をめぐる違和感は近代国民国家のことばをめぐる問題にも通底します。日本の植民地支配の中で、母語（韓国語）を制限され日本語を強要された歴史的経験がある韓国では、「正しい韓国語」への志向が強く、外来語、特に日常会話に紛れ込んだ日本語を排除しようという運動が、今日でも盛んです。「方言」も同様に低い地位に置かれがちであり、場合によっては「適切じゃない、正しくない」韓国語として見なされる場合があります。「標準語」として方言を排除してきた近代日本と比較しても、その傾向は顕著で

す。

　調査中の何気ないこれらの出来事は、在日コリアンというマイノリティにとって「正しい文化」とは何かという文化本質主義をめぐる問題にかかわります。あるいは「文化が創造、構築される」という文化構築主義をめぐる問題です。同時に調査者である私にとっても「日本人のアイデンティティとは何か」「何が日本文化なのか」「正しい日本語とは何か」など、マジョリティの日本人が、意識せず、問われもしない重要な問いを喚起することは重要になってきます。

　農楽や「チヂミ」を在日コリアンにおける「創造された文化」（ホブズボーム）と解釈することはたやすいかもしれません。もちろん文化相対主義的な立場に立って、在日コリアンの「創造された文化」は独自の「在日コリアン文化」であり「韓国文化」とは異なる独自性をもったものとして尊重すべきだ、という見方もあるでしょう。

　しかし現実はそれほど単純ではありません。確かに在日コリアンをマイノリティとしてひとくくりに理解することは、あまりにも単純化、本質化したマジョリティからの視点です。在日コリアンを一様な本質的文化を共有する人々の集まりと捉えることは、むしろマジョリティである日本人の枠組みから見たイメージを多様な在日コリアンに押しつけ、その現実を見誤る原因ともなり得ます。

　現在の在日コリアンには、戦前から戦後にかけての期間に日本に断続的に移住し、現在では来日後の世代が5世に達するだけではなく、日本人や他の外国人との国際結婚による「ダブル」の増加、近年の「帰化者」の増加に加え、母国での過酷な入試や就職競争を避け日本に大学への入学や職を求めて来日したニューカマーの若い韓国人も「在日コリアン」に含まれます。今日の多くの在日コリアン、特に若い世代は、ルーツが朝鮮半島にあることは共通しても、次世代に継承していく自分たちの「文化」とは何か、自分たちのアイデンティティは何かについては、それぞれが模索を重ね、苦闘しています。

　多文化共生のスローガンのもとマジョリティの日本人の視点から、在日コリアンのアイデンティティを尊重しよう、彼ら／彼女たちの母語である韓国語と韓国文化を「対等なもの」として尊重しようと言われた時、それはマ

ジョリティのマスターナラティブによる新たな抑圧、差別、排除と受け取る
場合もあります。

　なぜ多文化共生のスローガンが抑圧、差別、排除になる場合があるので
しょうか。調査者や支援者（マジョリティ）から被調査者や被支援者（マイ
ノリティ）を一方的にカテゴライズし、そこに本質化された「異文化」の
レッテルを貼るという問題があるからです。その上で理解や支援を試みたと
しても、前者は後者にとって安全な場所に身を潜め、一方的に自分が抱くイ
メージを強要し、互いの関係を拒否しているように見える場合があります。
これは、極端に言えば「善意が悪意と受け止められる」ことにもなり得る問
題です。

　同じような問題は、現在コロナ感染拡大でやむなく中断しているブラジル
アマゾナス州での日系コロニア調査においても気づかされました。

　アマゾナス州はアマゾン河にそって広がる熱帯ジャングルが広がるアマゾ
ニアの西部地域にあたり、その州都はマナウスです。マナウスは、戦前、天
然ゴム産業によって繁栄し、アンデスの太平洋岸地域のペルーで低賃金の過
酷な労働に従事していた日本人移住者がアマゾンに移動してきたのが西部ア
マゾンの日系移民の先駆けです。1910年頃、マレーシアのゴムプランテー
ションが確立したことでゴム価格が急落し、その後地域経済は停滞します。
戦後、アマゾナス州の開発計画の一環で日本の各地から日系人が入植し、エ
フジニオ・サーレス、ベラビスタなど各地に日系コロニアが建設されます。

　その後、1970年代にマナウスやコロニアにいくつかの日本語学校が設立
され、1990年代になるとこの地域でも日本の各地に「デカセギ」に行く者
が現れます。来日した日系ブラジル人の中には、日本に定住する者もいれ
ば、ブラジルに戻り、アマゾナス州の日系企業に勤める者も現れました。

　日系ブラジル人はいわばグローバルヒストリーの中で、個人の多様な記憶
と経験をもって私たちの前にいるのです。つまり、出身地の日本の地方文
化、各コロニアの特徴、ブラジル社会との関係性、デカセギ先の日本の地方
社会の中での個人の経験は多様です。さらに、日系ブラジル人それぞれの
「ブラジル文化」「日系文化」「日本文化」も多様性に富んでいます。「日系ブ
ラジル人」は、その出会う場所がブラジルであれ、日本であれ、「日系ブラ
ジル人」としてひとくくりにすることは困難です。これをひとくくりにして

「日系ブラジル人」として理解し支援することに、私はためらいを感じます。なぜならば、個人の多様性と社会・文化との複雑な関係は、人類学、社会学では 100 年以上激しい理論的な論争が続き、いまだに結論は出ていない根の深い問題だからです。私たちが日本国内のフィールドで向き合う他の「在日外国人」も同じです。彼ら、彼女たちはグローバルヒストリーという大きな歴史的状況、多様な社会的・文化的背景を背負って、私たちの前に存在しているのです。ブラジルでの調査は、「在日外国人」、あるいは「××人」とひとくくりに理解しようという「多文化共生」のスローガンに対して、これまでぼんやりと感じていた私の違和感を決定的にした経験でした。

　ところで、グローバルヒストリーは日本社会の部分にすぎません。日系ブラジル人の歴史は、他の在日外国人たちあるいは私たちの「今、ここにともにいること」という共在感覚の問題（木村 2003）に関わります。

　私の住む神戸の例を挙げましょう。戦前、マレーシアの天然ゴム原料は、日本とヨーロッパを結ぶ欧州航路を利用して、その東端の終着港である神戸に送られました。神戸で加工された加工ゴム製品が欧州その他に運ばれるルートが確立したことにより、神戸は、それまであった製鉄業の他、ゴム加工製品輸出産業の中心地として繁栄しました。その後、天然ゴムから合成ゴム加工へと変遷を経て、現在の神戸のケミカルシューズ産業にいたっています。神戸市長田区は、第二次世界大戦後、小資本で算入でき、特殊な技能や熟練を要しないゴム加工産業に朝鮮半島からの移住者、いわゆる在日コリアンの人々が多く従事することになります。1970 年代以降は、インドシナ難民、その多くはベトナムからの移住者がケミカルシューズ工場の労働に従事し、「在日ベトナム人」として定着しました。まさにグローバルヒストリーの中で、在日コリアン、ベトナム人、日系の人々、そして私も含めた日本人が、共生ではなく「共在」している状況があります。

　時に私たちは、多様な彼ら／彼女たちを「在日外国人」あるいは、「在日コリアン」「在日ベトナム人」「日系ブラジル人」として記号化し、理解や支援を行うことがあります。時には、日本語、日本文化であれ、母語、母文化であれ、「正しい」知識を身につけることが、文化を尊重する上で望ましいと見なす傾向があります。この時、マイノリティ（日本人）とは、「共在する」場において、日本文化、日本語、日本人のアイデンティティについて考

えることはありません。

　ホスト社会の「周辺」に配置されがちなマイノリティは、正しい／本当の自文化、母語、アイデンティティとは何なのか、としばしば自問自答せざるを得ません。ここには明らかな不均衡があります。自文化、母語、マジョリティとマイノリティの間には、「文化相対主義」というアナテマからこぼれ落ちる（あるいは排除される）不均衡な関係があるのです。そして、「互いの文化的違いを認め合い、対等な関係を築こうとしつつ、地域社会の構成員として共に生きていくこと」という多文化共生のスローガンは圧倒的にマジョリティ＝日本人の側からマイノリティ＝在日外国人に一方的に向けられている側面があることは否めません。常に理解する側／理解される側、ことばや文化を教える側／教えられる側、支援する側／支援される側という不平等さと権力関係が存在します。

　重要な問題は、多文化共生（文化相対主義）においては、マジョリティ（日本人）に、先に述べた重要な問いが欠落していくことです。自己（自文化）と他者（異文化）はどこが同質／異質なのかという問題です。本来、この問いは、何が自己・他者にとって正しい文化／言語なのかという重い問いを他者（異文化）だけでなく自己（自文化）にも突きつけてくるものです。多文化共生における文化相対主義は、この重要な問いを常にマイノリティだけに突きつけ、本来は自分にも問いかけられることの重要性を看過、あるいは意識しないブラックボックスによる隠蔽が行われていると言えます。

　例えば、在日外国人児童の支援として、あるいは外国人やマイノリティの日本社会への適応、定着を促すための支援として行われる日本語教育、日本文化学習支援では、「正しい日本語」「正しい日本文化」それ自体の問題を問うことはほとんどないと思われます。また日本人は、在日外国人やマイノリティにアイデンティティを求め、その確立を促すことを「望ましい」としますが、一方で自分たちのアイデンティティとは何かをその場で問うことはほとんどないでしょう。

　これは、「日本人も確かなアイデンティティをもつべきだ」と主張したいのではありません。自らのアイデンティティが不確かなのにもかかわらず、在日外国人の子どもたちには確かなアイデンティティを求める奇妙な状況について注意を喚起するためです。この奇妙な状況が現れる背景に、その前提

となっている多文化共生のマスターナラティブにおいて文化相対主義が内包する問題があるのかもしれません。この問題を次に考えてみましょう。

4　文化相対主義の問題とコンタクトゾーンの可能性

　文化相対主義は、もちろん否定されるべきものでないことは確かです。人種主義や偏見・差別に対抗し、マイノリティを含む全ての構成員にとって社会を望ましい状況にするために大きな役割を果たしてきたことは事実です。21 世紀になり、ますます経済のグローバル化が進行し、人々の移動、越境が盛んになり、社会の多文化化はますます進展しています。一方で、20 世紀の国民国家を単位とする政治が基盤となり続けている現状で、グローバル化や文化の多様性と国民文化の摩擦、あるいは「標準化」「合理化」を原理としてグローバル経済市場に基盤を置くネオリベラリズムのもたらす状況の中で、文化相対主義は現在も「異文化理解」において重要な役割を担っています。

　そもそも「異文化理解」というアプローチでは、同時代に生きる人間でありながら、異なるとされる他者、自分たちの日常とは断絶した異質の存在として扱いがちです。しかし、このことは本来、他者が本質的に自分と異質であることを意味しません。ところが、人類学や社会学の「異文化理解」のフィールドワークの現場では、他者を時には確かな理由がないまま「異質な他者」とし、他者との相互関係、相互行為の中で、異質な他者を理解しようと努める傾向があります。

　本来は相互行為が行われるべきフィールドワークの現場では、反射的で内省的な状況が生み出されているはずです。異質な他者を構築することは、他者と「異質な」自己を構築することでもあります。このような一種の仮定、構築された他者と異質な自己についての仮定があるがゆえに、「異文化理解」という学問的な前提や行為が成立しているという問題があるのです。

　実は他の分野の研究調査、さらには支援やボランティアの現場にも同じことが起きているのではないでしょうか。例えば、在日外国人の児童が問題行動を起こした時に、日本人の児童ならば、家庭状況や様々な面からその背景

を考えるのに対し、「在日外国人の異文化不適応」あるいは、「××人だから」という文化の違いを前提に、支援や援助が行われることがしばしばあります。そもそも、その行動が日本社会において「問題行動」となぜされるのかといった問いはありません。つまり、（どのように、なぜ）異なるのか、それがどうして「異文化」の違いで説明できるのかは問われないままなのです。

この根底には、文化相対主義が社会に流布することで生み出された「道徳的文化相対主義」の問題があります。マーカスとフィッシャーによれば、第二次世界大戦後に文化相対主義の原則が普及した時、それは「方法としてではなく、教義または立場として」理解されるようになったという重要な指摘をしました。つまり人々は文化相対主義を、全ての文化が別々で平等であり、全ての価値体系が異なっていても等しく有効であることを意味する考え方であると誤解しています（Marcus & Fischer, 1986: 1）。「文化相対主義」という語が文化人類学的かつ学術的な議論を離れ、「道徳的相対主義」を意味するようになったというわけです。

植民地支配や周辺化されたマイノリティは、自分たちの文化が支配的なマジョリティから劣っていると見なされ、自分たちのマイナーな文化を捨ててマジョリティの文化に同化せよと言われてきた歴史的経緯があります。この経緯の中で、マイノリティは自分たちの文化に対して、より複雑な態度をもつようになったことは容易に推察されるでしょう。マイノリティにとって、文化の多様性や文化間に優劣をつけてはならないという原則があります。これに対して、マスターナラティブでは長い間否定的な評価がされてきた人たちには、都合のよい「支配者からの甘い懐柔のための言葉」に過ぎないという批判も当然のことながら出てきます（クリフォード2002）。これについてスピバックは、「多元論とは、中心的権威が反対意見を受け入れるかのように見せかけて、実は骨抜きにするために用いる方法論のこと」と述べます。

日本社会においても、このような問題は研究者のフィールドワーク、研究調査、あるいは支援や教育の場で再生産され続けています。そこでは、日本人とマイノリティという一元的関係に焦点が当てられており、「道徳的相対主義」問題が顕在化します。この陥穽を乗り越えるために、ここではコンタ

クトゾーン（contact zone, 接触領域）の可能性に注目したいと思います。

　コンタクトゾーン（contact zone, 接触領域）とは、文学／社会言語学の研究者であるメアリー・ルイーズ・プラットが提唱した概念で、異種の言語使用者が接触するチャンスが生起する 2 つの言語や文化が交わっていく空間概念のことを指します。この空間概念は、しばしば意味領域にも拡張され、言語や思考の異種混交が起こる特殊な領域です（Pratt, 1986, 1992）。プラットは、このコンタクトゾーンでの言語、思考の接触は、平等でもなく、ランダムに起きるものではないことも指摘しています。

　ここでは、コンタクトゾーンが「道徳的相対主義」に内包される両者の不平等な関係を乗り越えていく可能性に注目したいと思います。プラットは、コンタクトゾーンで生起する現象を「トランスカルチュレーション」という概念で把握しようとします。これは、従属的な立場にある者が、支配的な立場にある人間によって彼ら／彼女らに伝えられる、様々なものから新しいものを創出していく過程に注目する概念です。トランスカルチュレーションは、創造だけではありません。マジョリティとマイノリティの本質的な非対称関係を前提としつつ、両者の共在、相互作用、絡み合う理解や実践に注目する視点（田中 2007: 7）を伴います。

　同時に、ひとりのマイノリティにおいて、人間は常に複数の「異文化」のコンタクトゾーンの経験があり、それを経て、現前のコンタクトゾーンにおいて、私たちと向き合っています。

　例えば、日本にデカセギに来た日系ブラジル人を例にとっても、少なくとも 3 種類のコンタクトゾーンを経て私たちの前に存在します。（1）ブラジル社会におけるブラジルのマジョリティ文化や他の異文化とのコンタクトゾーン。これは移民空間におけるコンタクトゾーンであり、移民とホスト社会の権力関係を前提としつつ、多様な日本と同じく多様なブラジルの接触空間で何か生み出されたかというトランスカルチュレーションの問題です。（2）ブラジルにおける日本語・日本文化教育（在外日本人教育）の現場やブラジルに進出した日系企業の労働現場。（3）日本へのデカセギの労働現場、あるいは日本に住む日系ブラジル人に対する支援や学校教育の現場、日本語教育、日本文化支援の場。（1）（2）（3）のカテゴリーに含まれる具体的なコンタクトゾーンの現場では、いずれも非対称的な関係を前提に、相互

行為が行われているのであり、私たちはそこで「何が創出されているのか」
「どのように創出されたのか」に着目することになります。

5 おわりに

　日系ブラジル人、あるいは在日外国人について、先の３つのカテゴリー
のフィールドワークによって、(1)(2)(3)の具体的なコンタクトゾーン、
そこでのトランスカルチュレーションの様態について検討していくことは今
後の課題です。ただし、フィールドワークにおいては、そのコンタクトゾー
ンには、調査、教育、支援を行う日本人も当事者のひとりとして位置づける
ことが必要です。例えば、(1)に関連したテーマとして、コロニア語の位
置づけや植民・開拓における「神話」「物語」の生成、あるいは県人会と地
方文化を基盤としたブラジル社会内の多様な日系日本文化の生成、維持の問
題などが立てられるでしょう。その場合、一方的に「コロニア語」の使用現
場を調査するのではなく、調査者（私）がその場にいることで、何が生み出
されているのか、そもそもそうしたインタビューやフィールドワークが一方
の当事者にどのように理解されているのか、にも注意を払う必要がありま
す。本来コンタクトゾーンという視点は、マイノリティだけでなく現場に関
わるマジョリティが主体として関わっていることであり、両者の相互行為の
中で、その相互行為の背後にある関係性に着目することであります。

　日系ブラジル人文化、言語、アイデンティティは彷徨っているように見え
ます。しかし「彷徨う」ように見ているのは、実は私たちなのです。非対称
的関係から日本文化、日本語の変形、あるいは消失といった変化と見るため
かもしれません。しかし当事者の日系ブラジル人たちにとっては、日本語、
コロニア語、ポルトガル語をいかに認識し、自己を表象するかということは
より重要な問題です。非対称的関係を前提とした自分たちの認識や立場性を
内省し、自分がその場にいることがもたらす影響に注意を払う——それこそ
が、よりよい共在関係を彼ら／彼女たちと作り出すために、契機をもたらす
のではないでしょうか。

　田中は、コンタクトゾーンにおいて自己表象し、模倣し、あるいは抵抗す
る——トランスカルチュレイトする——他者を、「省察する他者」と名づけたい

と述べています（田中 2007: 36）。その上で他者は、われわれを異化する「省察的他者」として発見されなければならず、それは他者の他者自身についての想像を想像すること、また他者のわれわれについての想像を想像することを強いるのである、とします。この姿勢はより深く他者の文化、ことば、アイデンティティの理解や共感を試みる際に、文化相対主義の呪詛（アナテマ）から解き放たれ、「多文化共生」スローガンに内包される「道徳的文化相対主義」の罠に陥らないために有効であると私は考えています。

謝辞

　本章の執筆に際しては、在日コリアン、日系ブラジルの方々のお力添えがあった。特に神戸定住外国人支援センターの金宣吉理事長、神戸大学講師の高正子さん、サンパウロ大学の Leiko Matsubara Morales さん、森幸一さん、アマゾナス州立大学の内ヶ崎留知亜さん、ブラジリア大学の向井裕樹さんには公私ともに本当にお世話になりました。感謝申し上げます。長らく日系ブラジル人研究の中心的存在であった森幸一さんは 2019 年に急逝されました。ご冥福をあらためてお祈り申し上げます。

参照文献

郭政義（2011）「大阪の民族学級—在日の子どもたちとともに歩んだ 60 年—」『月刊みんぱく』3 月号、p.18.

木村大治（2003）『共在感覚—アフリカの二つの社会における言語的相互行為から—』京都大学学術出版会.

クリフォード，J.（2002）『ルーツ—20 世紀後期の旅と翻訳—』（毛利嘉孝他訳）月曜社.

リュカス，J. M.・コレルス，J.（1996）『スピノザの生涯と精神』（渡辺義雄訳）学樹書院.

総務省（2006）『多文化共生の推進に関する研究会報告書—地域における多文化共生の推進に向けて—』<https://www.soumu.go.jp/kokusai/pdf/sonota_b5.pdf>（2022 年 2 月 25 日閲覧）

田中雅一（2007）「コンタクト・ゾーンの文化人類学へ—『帝国のまなざし』を読む—」『コンタクト・ゾーン』1, 31-43.

Marcus, G., & Fischer, M. J. (1986). *Anthropology as cultural critique: The experimental moment in the human sciences Chicago*. University of Chicago Press.

McLean, K. C., & Syed, M. (2015). "Personal, master, and alternative narratives: An integrative framework for understanding identity development in context". *Human Development, 58*, 318-349.

Pratt, M. L. (1986). Fieldwork in common places. In J. Clifford, & G. Marcus (Eds.), *Writing culture: The poetics of ethnography* (pp.27-50). Berkeley, CA: University of California Press.

Pratt, M. L. (1992). *Imperial eyes: Travel writings and transculturation*. London, UK: Routledge.

おわりに

　本著刊行に向けて、様々な分野の専門家にご協力いただき、日系人の言語・文化の構築・習得・共有・変容といった事象を、多面的に、包括的に、包摂的に取り上げることができたと思っています。国際化が進む中、目まぐるしく世の中は変化しているように見えて、実は普遍的（に見える）な部分や、逆にそうではない部分などを、細かく、詳しく知ることは、より現代社会を知り、他者を理解することにつながります。既にフィールドワークのために数回ブラジルを訪れていますが、その都度、その土地で暮らす日系の人々のバイタリティ、レジリエンス、苦悩、喜びなどを垣間見ることで得る感動や尊敬の念などを、本著を通じて読者とも共有できたらと願いながら筆を執りました。

　昨今のインターネットなどテクノロジーの発展や人々の移動は、我々の相互交流を流動的で自発的、多面的、多重的、複雑にしている現状があります。そんな複雑な環境の中、人々はそれに対応した柔軟な生き方を模索しており、本著に描かれている人々の多様な取り組み・考えが、我々に多様な時代に対応する、創造性に満ちた示唆を与えてくれると考えます。

　また、本著で描かれている個人（ミクロ）、そして社会（マクロ）の関連性にも着目してほしいと思います。社会の制約の中でも人々はエイジェンシー（主体性）を確立させ、駆使し、社会に働きかけることができます。生きる上で人々は社会規律の受容や肯定ばかりではなく、時には拒絶や否定もすることで、自分の守りたいもの、守るべきもの、発展させていくもの等を追い求めていける強さがあります。

　現代はもはや貧困や戦争、差別や環境汚染など、国境を越えた世界規模での取り組みが期待されています。コロナ禍が世界を襲った時も、我々はその規模の大きさ、深刻さに慄きながらも否応なく対応することを余儀なくさせられました。今後もそのような数々の困難が待ち受けていることでしょう。そんな中で、柔軟で、創造力に満ちた解決策を、他者と一緒に導くことが現代では必然となってきています。本書を介して、異なった文化とことばの狭

間で生きる人々の創造性豊かな生き方・考えを知ることで、「こんなこと考えてもみなかった」「こういうことがあるんだ」「世の中はこんなに複雑なんだ」といった気付きを読者に促せたらと願います。我々の課題が浮き彫りになり、様々な可能性が目の前に広がった時こそ、その先に進めるのではないでしょうか。本著が少しでもその一助となればと願ってやみません。

坂本光代

　本書の刊行には、人類学や社会言語学といった専門分野の異なる研究者が関わっています。

　例えば、ダニエル・ロングさんは、日本の小笠原諸島や奄美地方、琉球の八重山地方や南大東島などで長くフィールドワークに携わってきました。またミクロネシアのサイパンやトラック、パラオなどでもフィールドワークを行い、言語接触に関する研究では、世界的な研究者と言っても過言ではありません。岡田浩樹さんは、日本各地はもとより、朝鮮半島や琉球諸島において長期間にわたるフィールドワークを行い、文化変容や文化接触と言語変化の関係については、我が国でもっとも詳しい人類学者の一人です。尾辻恵美さんは、長くオーストラリアにて教育と研究に携わり、多言語や多文化社会をつぶさに観察し、鋭い洞察をしてきた応用言語・社会言語学者です。また白石佳和さんは、台湾や南米などで編さんされた和歌や俳句といった短詩型文学の研究に取り組む気鋭の研究者です。私たちは、本書を通じて、我々が取り組んできた調査の方法や分析の方法のみならず、フィールドワークの楽しみ、フィールドワークによる研究の立ち上げ方とその意義についてお示ししたいと思っています。

　フィールドワークを行い、思索を繰り返すことで、観察力と思考力が磨かれ、他者に揺るがされることのない自分のオリジナルの研究スタイルが形成されます。新しい観点は、フィールドワークによって得られた情報、そしてその分析による思いつきやひらめきによって形成されるものであって、他者の論文や他者の著作からいくら学んでも、結果的に他者のもの真似でしかありません。自分のオリジナルの視点とスタイルを確立するために、フィール

ドワークは極めて有効な方法であると思います。

　若い人たちには、やわらかく、しなやかな思考があると言われますが、私たちの世代以上に古ぼけた方法論に縛られ、思考を停止しているとしか思えないような研究を目にすることも少なくありません。思考を停止した学問に未来はありません。本書は、言語学や日本語教育学を学ぶ若い人たちに向けて、私たちが取り組む豊かな学問の世界への招待状でもあるのです。

中井精一

　本書を編むことは「日系」と呼ばれる人の言語文化教育を中心に、人々がどのように日本、日本語、日本文化と向きあい、交渉し、越えていくのかについての様々な生態や挑戦を共有する試みでした。これまでの継承語教育研究等に対し、様々な批判的転回を含む本になったのではないかと思います。

　本プロジェクトを通じて、私は多くの言語的文化的多様性の中で生きている人と対話する機会を得ました。そのプロセスの中で日本語ネイティブだと思っていた自分が、言語的文化的多様性の中に投げ込まれた存在だと気づくようになりました。実は誰もが言語的文化的な多様性の中に生きています。そのため、マジョリティという意識を持つ人が、本書を読むことで、社会で共有されている前提に疑いの目を向け、言説から自由に、批判的に考えながら活動できるようになるといいと思います。多様性に拓かれた、平和で創造的な社会づくりのために、誰もが疑いつつ、同時に信じつつ生きられるようになれば幸いです。

　本書は、2019年9月にサンパウロで行われた国際シンポジウム「EJHIB 2019─社会・人・ことばの動態性と統合─(同時開催　第二回南米日本語教育シンポジウム)」での講演をもとに編纂されました。科学研究費補助金基盤研究B「南米日系社会における複言語話者の日本語使用特性の研究」(16H05676)ならびに「海外日本語継承(JHL)コーパスの開発と日本語・日本語教育研究への応用」(20H01271)の研究成果の一部です。

　本書の執筆にあたり、多くの方にご協力いただきました。特に、サンパウロ大学の松原礼子先生、故森幸一先生、そして、国際交流基金サンパウロ日

本文化センターに多大なご協力を賜りました。また、本書の企画・編集にあたっては、くろしお出版の坂本麻美さんに、カバーデザインは、たけなみゆうこさんに大変お世話になりました。本当にありがとうございました。

松田真希子

索 引

C

CEFR 141
CLD オンライン 65
CLD 児 119
Crosslinguistic Translanguaging
　　Theory（CTT） 6
Cummins 6

D

Dörnyei 65

E

Expanded Graded Intergenerational
　　Disruption Scale（EGIDS） 6

G

García 64
Gumperz 190

H

HAIKU 154

J

JICA 75
JICA ボランティア 75
JSL 対話型アセスメント DLA 123

N

"NIKKEI" 85

O

Oral Proficiency Assessment for
　　Bilingual Children（OBC） 123

T

third place 64

U

Unitary Translanguaging Theory
　　（UTT） 6

V

Vibra Joven 83

W

Well-being 13

あ

アイデンティティ 42
アイデンティティ観 189
アナテマ 205
アパデュライ 62

い

移住学習 80
移動労働者 37
意図に基づく人間観 95

う

ヴィゴツキー 129

え

エージェンシー 198

著者紹介

松田真希子（MATSUDA, Makiko）　編者、第 1 章

　金沢大学融合研究域、同大学院人間社会環境研究科教授。大学時代のインド留学をきっかけに日本語教育に興味をもち、約 20 年、日本の大学で留学生の言語文化教育に従事。2005 年にブラジル人を含む外国人の地域ボランティア活動に参加したことから南米日系人の言語文化研究へ。移動先で個人や家族が努力して適応するのではなく、誰もがありのままで参加できる社会デザインの研究や言語研究に取り組んでいる。

中井精一（NAKAI, Seiichi）　編者、第 10 章

　同志社女子大学表象文化学部日本語日本文学科教授。博士（文学）（大阪大学）。専門は、日本語学、社会言語学。金関恕先生の指導を受け考古学者になることを目指すが、学部 4 年生の春に真田信治先生と出会い、方言研究・社会言語学に転進した。自分の目で見て、耳で聞き、舌で味わい、自身のことばで語ることを信条に各地で調査・研究に取り組んでいる。

坂本光代（SAKAMOTO, Mitsuyo）　編者、第 5 章

　上智大学外国語学部英語学科、同大学院言語科学研究科教授。トロント大学大学院より 2000 年に博士号取得。バイリンガル研究の第一人者ジム・カミンズ博士に師事。8 歳で渡加、30 年以上カナダで過ごす中、自身の言語習得課程について疑問・興味を持ったことがきっかけでこの分野に進んだ。専門はバイリンガル・継承語・多文化教育。

伊澤明香（IZAWA, Sayaka）　第 4 章

　関西大学外国語学部、同大学院外国語教育学研究科准教授。専門は、地域・年少者日本語教育。サンパウロ大学大学院で修士号取得、大阪大学大学院で博士号取得。外国人集住地域で育ち、小学生の頃に日本語を話せないブラジル人の同級生がいたことから、この分野に興味を持つようになった。現在は外国にルーツをもつ子どもへの教育支援の連携体制構築についての研究に取り組んでいる。

岡田浩樹 （OKADA, Hiroki） 第 14 章

神戸大学大学院国際文化学研究科教授、神戸大学国際文化学研究推進インスティチュート長。専門は、文化人類学。東アジア諸社会を中心とした近代化、グローバル化による社会・文化の再編成をテーマとし、南西諸島からの移住者、在日コリアン、日系ブラジル人の越境や移動と地域社会の変化の問題に文化人類学的視点でとりくんでいる。

尾辻恵美 （OTSUJI, Emi） 第 13 章

シドニー工科大学准教授。専門は、社会言語学、多言語主義、批判的応用言語学、市民性・公共性とことばの教育。特にグローバル化が進む中、多様性が顕著化している街の日常言語活動を探るメトロリンガリズムの研究が有名である。最近は、セミオティック資源に目を向けた、言語イデオロギーと言語教育イデオロギーの転換に関する研究に取り組んでいる。

櫻井千穂 （SAKURAI, Chiho） 第 9 章

大阪大学大学院人文学研究科准教授。博士（言語文化学）。青年海外協力隊日本語教師として南米エクアドルに赴任。企業勤めを経て現職。複数言語環境で育つ子どもの言語と認知の発達について研究する傍ら、日本では言語的マイノリティの立場におかれる彼らの教育機会を保障するために、学校教育現場との協働でカリキュラム作りに取り組んでいる。

定延利之 （SADANOBU, Toshiyuki） 第 7 章

京都大学大学院文学研究科教授。博士（文学）。もともとは「正しい」言語学者だったが、職場（ATR・神戸大学国際文化学部など）や参加プロジェクト（音声合成）で他流試合を日常とするうち、コミュニケーションの観察を通して人間と社会を追究するようになった。代表的な著作は『コミュニケーションへの言語的接近』（2016 年、ひつじ書房）。

白石佳和 （SHIRAISHI, Yoshikazu） 第 11 章

高岡法科大学法学部准教授。大学院では源氏物語や平安和歌研究を行っていたが、大学院修了後は日本語教師となり、約 10 年、日本語学校に勤務。2017 年にブラジル・サンパウロ大学客員研究員として滞在したことを機に文学研究を再開し、ブラジル俳句の研究を始める。現在は、日系俳人増田恆河と彼が所属していた団体の活動について研究を行っている。

トムソン木下千尋（THOMSON, Chihiro Kinoshita） 第 2 章

　ニューサウスウェールズ大学日本研究課程教授。アメリカ、シンガポールを経て、1993 年より現職。教育学博士。元豪州日本研究学会会長。外務大臣表彰、日本語教育学会賞など受賞。編著は『外国語学習の実践コミュニティ――参加する学びを作るしかけ――』（2017）など。オーストラリアの繋生語（ケイショウゴ）コミュニティの健全な発展に貢献する実践研究に従事。

中島永倫子（NAKAJIMA, Eriko） 第 9 章

　国際交流基金海外派遣日本語専門家（ローマ日本文化会館 2021-2024 年）。兵庫県にて南米にルーツを持つ児童・生徒の支援に関わるようになり、JICA 日系社会海外協力隊及び国際交流基金海外派遣日本語専門家として、計 8 年ブラジルに赴任。南米全域の様々な日本語教育現場を訪問し、教師支援を担う傍ら、子どもの日本語教育支援を担当し、「南米子ども複言語コーパス」の作成に従事した。

長谷川アレサンドラ美雪（HASEGAWA, Alessandra Miyuki） 第 3 章

　ブラジル日本文化体育協会日本語学校日本語教師。ブラジル生まれ、4 歳のときに出稼ぎの娘として日本へ行く。その後、日本とブラジルの間を何度か行き来し、現在はブラジル在住。日本語教師、自身の人生経験を経て、人の成長に多大な影響を与える「学ぶ」という部分に興味を持ち、ブラジルで「Psicopedagogia（心理教育学）」の学士を取得中。

福島青史（FUKUSHIMA, Seiji） 第 3 章

　早稲田大学大学院日本語教育研究科教授。博士（日本語教育学）。海外 6 ヵ国で日本語教育に従事する。行く先々で、日本語は、研究対象、入試科目、留学・就職、趣味、両親・祖父母の言葉、パートナーの言葉、母語など、それぞれの人と様々な関わりを持つことを実感する。関心のある分野は、言語政策、言語教育政策、移民政策。

水上貴雄（MIZUKAMI, Takao） 第 6 章

　公益財団法人海外日系人協会事務局次長兼総務部長。JICA 海外開発青年（現JICA 日系社会青年海外協力隊）としてブラジル・パラナ州の日系日本語学校で 3 年間活動したのち、同協会に 1999 年に入職。入職後、JICA ボランティアの派遣関連業務や JICA が実施する研修業務を中心に日系社会支援業務に従事。研修ではニッケイ・アイデンティティに関する講義なども担当。

三輪聖（MIWA, Sei）　第 8 章

　テュービンゲン大学アジア地域文化研究所日本学科専任講師。関心は、民主的シティズンシップ教育、ドイツの政治教育、複言語・複文化主義に基づいた言語教育。幼少の頃、父親の仕事の都合でドイツ滞在経験あり。補習授業校での教授経験やドイツでの子育て経験から、複数の言語・文化の中を生きる子ども達がありのままの自分を解放して生きていけるような環境づくりに取り組んでいる。

ダニエル・ロング（LONG, Daniel）　第 12 章

　東京都立大学人文科学研究科教授。博士（文学）。専門は、社会言語学。小笠原諸島の言語調査をきっかけに言語接触に興味をもち、以降『小笠原諸島の混合言語の歴史と構造—日本元来の多文化共生社会で起きた言語接触—』や *English in the Bonin Ogasawara Islands* などを刊行。現在は、太平洋地域で使われている日本語起源借用語の研究に取り組んでいる。

サウセド金城晃アレックス（SAUCEDO KINJO, Akira Alex）　コラム 2

　ボリビア・オキナワ移住地生まれ。沖縄在住。沖縄調理師専門学校卒業後、琉球料理を学ぶために沖縄で就職。

寺本不二子（テリー寺本）（TERAMOTO, Fujiko）　コラム 3

　日本生まれ。シドニー在住。元カンタス航空勤務、ワイン業界指導者／ワインジャーナリスト。

松崎かおり（MATSUZAKI, Kaori）　コラム 1

　日本生まれ。両親はブラジル国籍。南山大学外国語学部卒業。大阪大学大学院人文学研究科日本学専攻博士前期課程在籍中。

「日系」をめぐることばと文化

移動する人の創造性と多様性

2022 年 10 月 4 日　　初版第 1 刷発行

編　者	松田真希子・中井精一・坂本光代
発行人	岡野秀夫
発行所	株式会社くろしお出版

〒102-0084　東京都千代田区二番町 4-3
TEL：03-6261-2867　FAX：03-6261-2879
URL：www.9640.jp　e-mail：kurosio@9640.jp

本文デザイン	竹内宏和（藤原印刷株式会社）
装丁デザイン	たけなみゆうこ（コトモモ社）
印刷所	藤原印刷株式会社